현대 농구교본

현대
농구교본

개정판 2쇄 인쇄 | 2025년 05월 15일
개정판 2쇄 발행 | 2025년 05월 20일
편저 | 미래레저연구회
표지 | 윤영화
펴낸곳 | 태을출판사
펴낸이 | 최원준
등록번호 | 제1973.1.10(제4-10호)
주소 | 서울시 중구 동화동 제 52-107호(동아빌딩 내)
전화 | 02-2237-5577 팩스 | 02-2233-6166
ISBN 978-89-493-0685-8   13690

ⓒ1999.TAE-EUL publishing Co., printed in Korea.
* 잘못된 책은 교환해 드립니다.

현대 농구교본

"기초 이론에서 부터 실기 완성까지"

미래레저연구회 편저

현대 농구의
개인기와 기본기
매뉴얼!!

태을출판사

야외 농구장에서 푸른 하늘을 배경으로 협동심, 인내력, 팀워크, 순발력, 경쟁심을 키워주는 농구로 모두 하나가 되자.

더 빠르게! 더 강하게! 바스켓을 향해 달리는 승부욕은, 선수의 기량을 한 단계 더 높여주는 비등점 역할을 한다.

바스켓에 볼을 넣은 순간은 목적 달성의 안도감으로 농구공과 일체감을 느끼게 한다.

플레이어의 능력을 최대한으로 발휘하는 스피디한 드리블은 관중의 탄성과 환호를 일으킨다.

왼손과 오른손, 왼발과 오른발을 자유자재로 사용하는 드리블은 농구의 민첩성을 키워준다.

열광적인 관중과 열정적인 선수들 모두 농구공이 바스켓에 들어가는 순간 농구공에 시선이 집중된다.

사자가 포효하듯, 온몸의 힘과 기술로 덩크 슛하고 있는 농구 선수의 모습이 역동적이다.

하늘이 맞닿을 듯한 순발력과 점프력으로, 최선을 다해서 슛에 집중해 보자.

스트레스 해소와 생활체육으로써의 농구의 대중화가 중요하다.

농구공을 넣을 때 만큼은 창공을 날고 있는 새가 되어, 무아와 무상, 자연과 하나되는 감성과 기분을 느껴 보자.

철옹성 같은 수비력을 파괴하는 파워 업의 점프 슛은 보는 사람으로 하여금 가슴속까지 시원하게 한다.

찬스에 강한 순발력, 지칠줄 모르는 끈기와 불굴의 도전력, 이것이야말로 농구 선수가 지녀야 할 기본 조건이다.

농구공에서 눈을 떼지 말고, 바스켓에 공이 들어가는 상상의 그림을 그려 보자.

농구 기술의 혁신적인 발전은 세계의 농구팬을 열광의 도가니로 몰아 넣기에 충분하다.

강한 다리의 힘과 튼튼한 허리, 손목의 유연성이 정확한 슛 능력의 기본이 된다.

상대방 바스켓에 볼을 넣으려는 오펜시브 플레이어와 자기편 바스켓에 볼이 들어가지 않게 하려는 디펜시브 플레이어의 역동적인 모습은 찬사와 열광을 불러온다.

훌륭한 농구 선수가 되기 위해 볼에 대한 기초적 능력과 체력 향상에 집중하자.

농구에 있어서 볼 다루는 법은 정확해야 하며, 고도의 집중력이 요구된다.

전광석화와 같은 몸놀림으로 적진을 파고들어 전개하는 점프 슛의 마력은 팬들로 하여금 환호성을 지르게 한다.

머 리 말

수백만의 열광적인 애호가를 가진 세계적 게임, 농구는 우리 나라에서도 선풍적인 인기를 얻고 있다. 바야흐로 농구 설비가 없는 새로운 체육관은 볼 수 없고, 도처의 교정이나 운동장에는 백 보드(Back board)가 속속 증가하고 있다. 올림픽 경기에 있어서 최다수의 국민 참가를 얻고 있는 이 경기의 존재 가치를 어느 누구도 무시하지 못한다.

육상 경기자는 이미 오래전부터 농구를 겨울의 컨디션 트레이닝으로서 중요시 여기고 있다. 또한, 두꺼운 선수층을 갖고 우수한 제일선 선수의 공급원을 갖고 있는 위대한 스포츠 제국(諸國)이 모두 이런 선수에게 농구를 시키고 있는 사실도 절대 이상한 일은 아니다. 그 외 많은 경기가 농구의 유익한 제동작에 의해 도움을 얻고 있다. 예로 들면, 번개와 같은 스타트, 그 도약, 그 신체의 비틀기, 그 몸의 피함, 신체 및 볼의 페인트 등이다.

그러나 농구가 특히 학교 스포츠로서 가치가 있는 이유는 엄격한 룰에 묶여서 소위 완력 행위를 방지해 신체 접촉이 없는 경기라는 점이다. 농구가 가장 정당한 게임으로서 오늘날 행해지고 있는 것은 창시자 네이스미스의 엄격한 경기 룰 적용의 정신에 힘 입은 바 크다. 그는 다음과 같이 쓰고 있다. '이윽고 당신이 위대한 심판

자 앞에 설 때, 신이 묻는 것은 승패가 아니고, 네가 어떻게 플레이를 했느냐이다.'

좁은 코트 안을 10명의 경기자가 뛰어다니며, 모든 수단을 다해서 경기자의 능력을 최대한으로 발휘하고, 탄력성 있는 경쾌한 몸놀림으로 볼을 바스켓에 넣으려고 서로 겨룬다. 이것에 의해 볼을 다루는 섬세한 기술, 완벽한 몸놀림이 생겨나고, 경기자는 이것을 몸에 익히는 노력을 해야 한다. 힘, 지구력, 민첩성, 유연성 등은 모두가 필요로 한다. 그렇지만 청소년에게 있어서 훨씬 중요한 것은 농구만이 갖는 교육적 가치이다. 신체 접촉에 의한 5회의 파울을 한 경기자는 퇴장이 명령된다. 심판은 비스포츠맨적인 행위를 한 경기자에게 그 자리에서 퇴장을 명령할 수 있다. 파울을 범한 사람은 그 때마다 그 자리에서 손을 올려 그 잘못을 스스로 인정해야 한다. 이것은 때로는 괴로운 일이지만, 교육적이다.

목적으로 하는 것은 어떤 수단을 동원하여 이기려고 하는 것이 아니고, 능력과 자제에 의한 승리이다. 경기의 기쁨, 심판에 대한 감사, 승리자를 축하하는 악수, 이것이야말로 농구의 진수라고 말할 수 있을 것이다. 본서는 '농구의 바이블'을 지향하는 것이 아니다. 다만, 실제적인 경기를 배워 익히기 위한 요령을, 특히 학교에 있어서 그것을 지향하는 데 불과하다.

아무쪼록 이 책을 통하여 농구의 정신을 이해하고 스포츠로 즐기는 데에 있어서 충분한 참고가 되었으면 하는 바램이다.

엮은이 씀

기초와 실전을 겸한
농구 교본
* 차 례 *

머리말 ·· 5

PART1 농구의 기초는 이렇게 익힌다

제1장 / 농구의 일반적 준비 연습
1. 개개 운동 ··· 21
2. 파트너 연습 ·· 23
3. 그룹으로 실시하는 연습 ··· 27

제2장 / 볼 다루는 법
1. 패스의 연습법 ··· 30
2. 드리블 ·· 33
3. 드리블의 연습법 ·· 34
   (1) 드리블 릴레이 ··· 34
   (2) 둘이서 하는 드리블 ··· 34
   (3) 방해 드리블 ·· 35
   (4) 변화가 있는 드리블 ··· 35
   (5) 슬라 롬(slalom) 드리블 ··· 35
   (6) 맹목 드리블 ·· 35
   (7) 리듬 드리블 ·· 36
   (8) 피벗 드리블 ·· 36
   (9) 피벗을 수반하는 드리블 릴레이 ································· 36

제3장 / 슛

1. 스탠딩 슛 ·· 37
   - (1) 양손을 사용하는 것 ·· 37
   - (2) 원 핸드 ··· 38
2. 움직이면서의 슛 ·· 39
   - (1) 쇼트 슛 ·· 41
   - (2) 미들 슛 ·· 42
   - (3) 롱 슛 ··· 45

제4장 / 연습 방법

1. 슛을 위해서 ··· 47
   - (1) 선두가 프리 스로 라인 부근부터 ······························ 47
   - (2) 서클 ··· 49
   - (3) 이 연습 방법은 드리블, 피벗, 슛을 동시에 연습한다 ······ 50
   - (4) 슛과 드리블 릴레이 ··· 51
   - (5) 러닝 슛 ·· 52
2. 게임 준비 ·· 53
   - (1) 크리스 크로스 ·· 53
   - (2) 이 연습은 두 명의 디펜시브 플레이어에 대해서 3명이 공격하는 경우에 특히 중요하다 ··· 55
   - (3) 페인트 피벗 슛 ··· 56
   - (4) 3대 3 ··· 57
   - (5) 4의 변형 ·· 58

제5장 / 경기시 주의 사항

1. 개개의 플레이어에 대해서 ·· 61
2. 오펜시브 플레이어에 대해서 ··· 62

3. 디펜시브 플레이어에 대해서 ·· 62
4. 슛을 위해서 ·· 63

제6장 / 학교에 있어서의 농구 경기 규칙

1. 경기의 개념 ·· 65
2. 경기장 ·· 65
3. 프리 스로 라인과 그 장소 ·· 66
4. 백 보드 ·· 67
5. 바스켓의 링 ·· 67
6. 네트 ·· 67
7. 볼 ·· 69
8. 팀 ·· 69
9. 심판의 복장 ·· 69
10. 플레이어의 수 ·· 69
11. 경기 시간 ·· 70
12. 심판 ·· 70
13. 스코어러 ·· 70
14. 타이머 ·· 71
15. 시합 개시·경기자의 배치 ·· 71
16. '슛'과 득점 ·· 72
17. 경기자의 교대 ·· 72
18. 볼 다루는 법 ·· 72

19. 볼을 들고 달리는 것 ·· 73
20. 피벗 ··· 73
21. 드리블 ·· 73
22. 아웃 오브 바운즈와 스로 인 ································ 74
23. 헬드 볼과 점프 볼 ··· 74
24. 볼에 발이 닿는 것 ·· 75
25. 게임을 지연시키는 것 ··· 75
26. 파울 ··· 75
27. 파울의 일람표 ··· 76
28. 벌칙 ··· 76
29. 더블 파울 ··· 77
30. 프리 스로 ··· 77

PART2 농구 실력을 향상시키기 위한 법

제1장 / 농구란

1. 농구의 역사 ·· 81
2. 시설과 용구 ·· 82
   (1) 코트 ·· 82
   (2) 볼 ·· 84
3. 게임의 방법 ·· 86
   (1) 게임의 진행 방법 ··· 86
   (2) 주요한 룰 ··· 87

4. 복장 ··· 92

   (1) 농구화 ·· 92
   (2) 양말 ··· 92
   (3) 연습복 ·· 93
   (4) 유니폼 ·· 93
   (5) 그 밖의 용품 ·· 93

제2장 / 기초적 능력의 양성

1. 볼에 익숙해지자 ·· 95

   (1) 볼 핸드링 ·· 95
   (2) 드리블 워크 ·· 106

2. 주력, 지구력을 키우자 ·· 112

   (1) 오펜시브 풋 워크 ··· 112
   (2) 디펜시브 풋 워크 ··· 122
   (3) 1대 1의 공방 ·· 127

3. 강도를 몸에 익히자 ··· 130

   (1) 웨이트 트레이닝 ·· 130
   (2) 볼 킵력 ··· 136

제2장 / 기초적 기술의 양성

1. 슛 ·· 141

   (1) 골 부근에서의 슛 ·· 141
   (2) 점프 슛 ·· 150
   (3) 세트 슛 ·· 154
   (4) 슛의 연습법 ··· 156

2. 드리블 ··· 161

(1) 드리블 체인지 ……………………………………… 161
　　(2) 턴 드리블 ………………………………………… 168
　　(3) 드리블의 연습법 …………………………………… 170
3. 패스 …………………………………………………… 174
　　(1) 패스의 종류 ………………………………………… 175
　　(2) 패스의 연습법 ……………………………………… 185
4. 리바운드와 루스 볼 ……………………………………… 191
　　(1) 리바운드 …………………………………………… 191
　　(2) 루스 볼 …………………………………………… 197

제4장 / 시합을 위한 개인 기술의 양성

1. 1대 1의 기술 …………………………………………… 201
　　(1) 오펜스의 기초 기술 ………………………………… 201
　　(2) 디펜스의 기초 기술 ………………………………… 210
2. 1대 1의 공방 …………………………………………… 216
　　(1) 외각 플레이어의 1대 1 …………………………… 216
　　(2) 센터 플레이어의 1대 1 …………………………… 218
　　(3) 드리블의 1대 1 …………………………………… 220
3. 2대 2의 공방 …………………………………………… 223
　　(1) 외각 플레이어 간의 2대 2 ………………………… 223
　　(2) 센터 플레이어 간의 2대 2 ………………………… 226
　　(3) 외각과 센터의 2대 2 ……………………………… 230
4. 3대 3의 공방 …………………………………………… 234
　　(1) 가로의 3대 3(가드, 포워드) ……………………… 234
　　(2) 세로의 3대 3(가드, 포워드, 센터) ………………… 237

제5장 / 속공법

1. 속공을 내기 위한 기초 연습 ··· 241
   - (1) 패스 앤드 런 ··· 241
   - (2) 투 맨의 러닝 슛 ·· 243
   - (3) 스리 맨의 러닝 슛 ·· 246
   - (4) 3대 2 ·· 248

2. 속공의 패턴화(만들기와 마무리) ···································· 250
   - (1) 리바운드에서의 속공 ······································· 251
   - (2) 슛이 넣어졌을 때의 속공 ·································· 253
   - (3) 프리 스로에서의 속공 ····································· 258
   - (4) 속공의 연습법 ·· 261

제6장 / 팀의 오펜스와 디펜스

1. 맨투맨 오펜스 ·· 263
   - (1) 프리랜스(프리 오펜스) ···································· 264
   - (2) 포메이션(서큘레이션) ····································· 264
   - (3) 포메이션(세트 플레이) ···································· 266

2. 존 오펜스 ··· 271
   - (1) 존 오펜스의 원칙 ·· 271
   - (2) 움직임의 패턴화 ·· 272
   - (3) 존 오펜스의 연습법 ······································· 281

3. 프레스에 대한 오펜스 ··· 282
   - (1) 맨투맨 프레스에 대한 오펜스 ···························· 282
   - (2) 존 프레스에 대한 오펜스 ································· 286

4. 맨투맨 디펜스 ·· 287
   - (1) 공방의 전환 ··· 287
   - (2) 새그와 플로트 ·· 288

5. 존 디펜스 ·· 289
  (1) 패스 커트 ·· 289
  (2) 존 디펜스의 종류와 특징 ······················· 291
  (3) 존 디펜스의 연습법 ······························· 295
6. 맨투맨 프레스 디펜스 ································ 296
  (1) 올코트 타이프 디펜스 ··························· 296
  (2) 더블팀 ·· 297
7. 존 프레스 디펜스 ······································ 298
  (1) 존 프레스의 구분과 종류 ······················· 298
  (2) 1-2-2 존 프레스의 연습법 ···················· 301

제7장 / 강해지기 위한 조건

1. 지도자의 역할 ··· 309
  (1) 연습 계획의 입안 ································· 309
  (2) 기술 지도 ·· 311
  (3) 건강 관리 ·· 311
  (4) 매니지먼트 ·· 311
  (5) 생활 지도 ·· 311
2. 연습에 대한 마음가짐 ································ 312
  (1) 지도자의 마음가짐 ································ 312
  (2) 선수의 마음가짐 ··································· 313

PART3 최고의 플레이어가 되기 위해서는

제1장 / 농구의 특성과 플레이어의 적성

1. 특성 ··· 317
2. 플레이의 구성 ·· 318
   (1) 입체적인 활동 범위의 양성 요소 ··········· 318
   (2) 평면적인 활동 범위의 구성 요소 ··········· 318
   (3) 경쟁 세기의 구성 요소 ·························· 319

제2장 / 경기장과 시설·용구

1. 경기장 ··· 321
   (1) 코트 ·· 321
   (2) 코트의 도면 ·· 322
2. 시설·용구·선수의 복장 ······························ 322
   (1) 백 보드 ··· 322
   (2) 바스켓 ·· 323
   (3) 볼 ··· 324
   (4) 게임 기구 ··· 325
   (5) 플레이어의 복장 ··································· 325

제3장 / 준비 운동과 보강 운동

1. 준비 운동 ·· 327
   (1) 스트레치를 중심으로 짠 트레이닝 ········· 327
   (2) 2인조에서의 보강 운동에 의해 유연성을 높인다 ········· 331
2. 보강 운동 ·· 335
   (1) 웨이트 트레이닝 ··································· 335
   (2) 웨이트 트레이닝 때의 유의점 ················ 338

제4장 / 기능의 학습과 연습법

1. 개인 기능 ·· *341*

   (1) 슛 ·· *341*
   (2) 패싱 ·· *360*
   (3) 드리블 ·· *373*
   (4) 리바운드 ·· *382*
   (5) 오펜시브 보디 컨트롤 ·· *389*
   (6) 페인트 플레이 ·· *395*
   (7) 디펜스 ··· *402*

2. 집단 기능 ··· *411*

   (1) 오펜스의 기본 플레이 ·· *411*
   (2) 디펜스의 기본 플레이 ·· *422*
   (3) 팀 플레이 —— 오펜스 ··· *428*
   (4) 팀 플레이 —— 디펜스 ··· *458*

제5장 / 룰과 심판법

□ 농구가 최초로 이루어진 무렵의 룰은 13조였다······ ····*471*

1. 경기 규칙 ·· *473*

   (1) 경기 시간 ··· *473*
   (2) 경기 인원수 및 코치 ·· *474*
   (3) 게임의 개시 ·· *474*
   (4) 점프 볼 ·· *475*
   (5) 골과 점수 ·· *477*
   (6) 바스켓 인터페어 ··· *478*
   (7) 골 후의 스로 인 ··· *480*
   (8) 게임의 승패와 몰수 ··· *480*
   (9) 동점과 연장 ·· *481*
   (10) 경기 시간의 끝 ··· *481*
   (11) 시계의 규정 ··· *481*

(12) 교대 ·· *484*
　(13) 플레이어의 위치 ·· *485*
　(14) 볼의 취급법 ·· *485*
　(15) 아웃 오브 바운드(아웃이라고 줄인다) ············ *486*
　(16) 드리블 ·· *486*
　(17) 프로그레싱 위드 더 볼 ·································· *487*
　(18) 헬드 볼 ·· *488*
　(19) 헬드 볼이 되는 특별한 경우 ·························· *489*
　(20) 오버 타임의 바이얼레이션 ······························ *489*
　(21) 백 패스 룰 ·· *491*
　(22) 규칙 위반과 벌칙 ·· *493*
　(23) 부당한 행위 ·· *495*
2. 심판법 ·· *500*
　(1) 심판 ·· *500*
　(2) 주심의 임무와 권한 ·· *500*
　(3) 양심판의 임무 ·· *501*
　(4) 스코어러의 임무 ·· *501*
　(5) 타이머의 임무 ·· *502*
　(6) 30초 타이머의 임무 ·· *502*
　(7) 게임의 진행 방법 ·· *502*
　(8) 심판의 움직임 ·· *504*

부록 농구의 기초 상식

부록 1 / 농구의 역사적 배경 ································ *513*
부록 2 / 릴랙스에 대해서 ·· *517*
부록 3 / 용어와 색인 ·· *519*

PART 1.
농구의 기초는 이렇게 익힌다

제1장 농구의 일반적 준비 연습
제2장 볼 다루는 법
제3장 슛
제4장 연습 방법
제5장 경기시 주의 사항
제6장 학교에 있어서의 농구 경기 규칙

제1장
농구의 일반적 준비 연습

일반적으로 신체를 단련하는 운동은 여러 가지가 있지만, 특히 다음의 운동은 농구 경기가 적합하다. 즉, 도약력을 기르는 것, 중심 이동을 해야 하는 운동, 동시에 동체(胴體)의 유연함을 요구하는 것, 특히 허리의 관절을 유연하게 하는 것 등이 적합하다. 다음에 그 몇 가지를 들어 보자.

1. 개개 운동

(1) 좌우 개각 혹은 비스듬히 전후로 개각한 자세에서 가벼운 도약, 잔도약.
(2) 복싱 스텝의 연습(전후, 좌우, 원을 그리고 따라다니는 자세, 발을 교차해서는 안 된다).
(3) 위의 같은 스텝 연습 사이에 높은 도약을 끼워서 실시한다.
(4) 깊이 웅크리고 모든 방향으로 뛴다.
(5) 높이 도약해서 팔과 팔을 뒤로 세게 당긴다(신체를 젖힌다).

(6) 높이 도약해서 무릎을 팔에 세게 끌어 당기거나 혹은 좌우로 개각하는 운동.

(7) 높이 뛰어 올라가서 신체를 비틀고, 복싱 자세로 제자리에 혹은 이동해서 착지한다.

(8) 밸런스 연습으로서 발을 모으고 스키의 점프 턴과 같이 180도 방향을 바꾼다.

(9) 소위 스타 스텝(피벗)(그림1) : 다리를 좌우로 벌린 자세에서 좌우 어느 쪽인가의 발을 축으로 해서 빙그르르 방향을 바꾼다.

한쪽 발을 지점으로 해서 바닥에 붙인 채 신체의 회전과 함께 한쪽 발을 중심으로 해서 다른 쪽 발을 돌린다. 이 때 앞다리에 비틀림이 생겨서는 안 된다. 체중을 양다리에 싣고, 한발로 서서 흔들리지 않도록 하며 복싱 자세를 취한다. 이 자세에서라면 곧 스타트할 수 있다. 축으로 한 발을 동작 중에 바꾸지 않는다.

[그림1]

2. 파트너 연습

(1) A는 좌우 개각하고 신체를 앞으로 굽히고 팔을 좌우로 뻗는다. B는 A의 오른쪽 무릎 관절을 쥐고, 왼쪽의 견갑골에 손을 대고 A가 동체를 비트는 것을 보조해 준다. 좌우 교대로 실시한다.

(2) A와 B는 마주보고 팔을 내리고, 서로 손바닥을 톱니바퀴와 같이 얽어서 서로 잡아 당긴다(그림2). 즉, A가 당길 때는 B가 이것에 저항하고, B가 당길 때는 A가 저항한다. 파트너가 보다 약한 경우에는 적당히 늦춰 준다. 상대방은 발폭을 좁게 하고, 잡아 당겨지는 사람은 보다 크게 개각한다. 등을 마주대고 같은 운동을 실시하며 어떤 경우에도 얽은 손을 놓지 않는다.

[그림2]

(3) 팔을 머리 위로 뻗고, 손바닥을 바깥쪽으로 향해 서서히 '바지 재봉선 방향으로' 내린다. 뒤에 선 파트너는 그 팔을 잡고 (손바닥을 안쪽으로 향하고) 앞 사람이 팔을 내리려고 하는 운동에 강하게 저항한다. 이 때 팔을 구부리지 않는다. 파트너의 힘에 맞춰서 강한 쪽이 천천히 늦춰 준다(그림3).

[그림3]

(4) 비스듬히 개각 오른발의 바깥쪽을 상대의 오른발 바깥쪽에 붙이고 서서, 팔을 뻗어 손목을 세게 마주 쥐고 수평까지 들어 올린다(관절을 구부리지 말라). 여기에서도 강한 사람이 계속 저항하고 늦춰 준다.

(5) 앉아서 발을 앞으로 뻗어 마주보고, 양손은 뒤를 짚고, 서로 오른발의 안쪽 복사뼈를 맞대어 발을 뻗은 채 상대의 발을 바깥쪽 지면에 꽉 누르도록 하고 서로 저항한다(그림4).

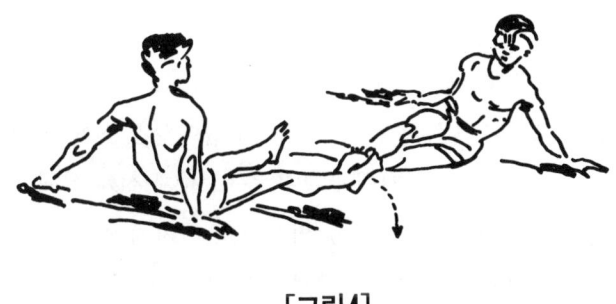

[그림4]

　(6) A는 똑바로 누워서 양손을 머리 아래에 깍지끼고, B는 A의 머리 위에 앉아서, A의 양팔꿈치를 단단히 지면에 꽉 누른다(그림5). A는 양다리를 모아 직각으로 올려서 좌우로 흔든다. 혹은 양다리를 모으고 큰 원을 그린다.

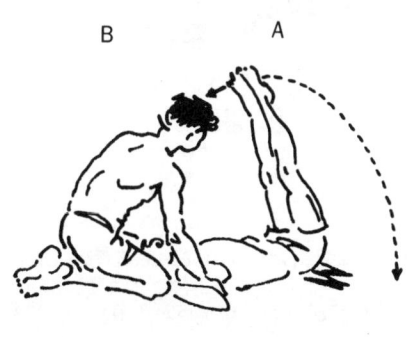

[그림5]

(7) A는 팔을 머리 뒤에 엇걸고, B는 뒤에서 손바닥을 위로 올려 B의 손목을 잡고, 신체를 막대기와 같이 잡아당기고 있는 A를 지면 빠듯한 곳까지 내린다. 그대로 수 차례 상하로 흔들고 다시 제자리로 되돌린다(미이라의 스윙).

(8) 대파(그림6) : (7)과 같이 B는 A의 잡아당긴 신체를 지면에 눕힌다. '미이라' A는 B의 지지에 의지하고, 세게 신체를 파도형으로 물결치게 해서 일어난다. 발을 뒤쪽으로 비키지 않으며 개각하고 있는다. B가 단단히 받치고 있지 않으면, '미이라' A는 기세가 남아서 안면을 때리므로 주의한다.

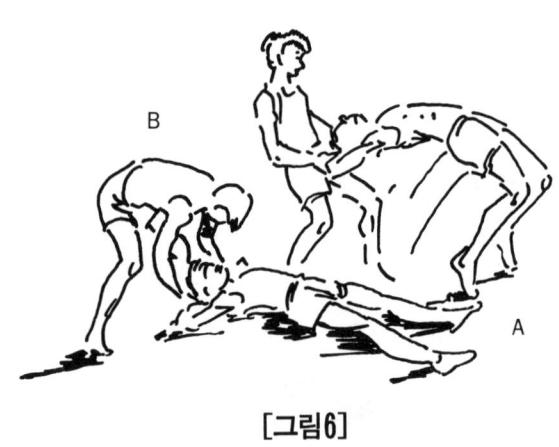

[그림6]

(9) A는 통나무 가장자리에 걸터 앉고 B는 A의 발목을 단단히 쥔다. A가 신체가 일직선이 되도록 뻗으면 B는 A의 신체를 시소와 같이 천천히 움직여 준다.

(10) 넓적다리를 횡목에 대고 엎드린 후 양팔을 겹쳐서 그 위에

이마를 댄다(휴식 자세). B는 A의 뒤꿈치를 단단히 쥔다. A는 휴식의 자세에서 신체를 펴고 수직으로 한다. 그 때 양팔을 크게 좌우로 흔들어 올린다. 흔들어 올렸을 때에, 그대로 멈추지 않고 원래의 자세로 돌아간다.

3. 그룹으로 실시하는 연습

트레이닝 때 특히 목표로 해야 할 점은 단거리를 전속력으로 달리거나, 기세 좋게 뛰어 올라가거나 혹은 방향을 바꿔서 스톱하거나 하는 연습을 하는 것이다. 이것은 경기를 하는 데에도 또한 상대에 대해서(페인트)도 꼭 필요하다.

(1) 다른 사람의 신체에 닿지 않도록, 서로 재빨리 사이를 누비고 나아가서 뒤섞여 뛰어 다닌다.

(2) 하나의 그룹은 천천히 일정 방향으로 나아가고, 다른 그룹은 그 사이를 재빨리 몸을 피하면서 누비고 나아가서 달린다.

(3) (1)의 연습과 같은 형태로 이것에 호루라기에 의한 신호로 높이 뛰어 올라가서, 좌우 개각 혹은 비스듬히 전후 개각으로 착지한다. 또한 같은 동작을 공중에서 방향을 바꾸어 실시한다.

(4) 적당히 배치한 장해물(예를 들면, 파트너, 기(旗), 체조 용구, 볼, 의자 등)을 누비고 나아가서 달린다. 또한, 그것을 릴레이식으로 실시한다.

(5) 파트너쪽을 빠져 나가서의 장해물 경주. 파트너는 주자가 임박하고 나서 비로소 한쪽 손을 뻗는다. 주자는 이것에 재빨리 '반응하고' 반대쪽으로 몸을 피해서 빠져 나가야 한다.

(6) (5)와 같지만, 이번에는 피벗을 사용해서 몸을 피한다(그림 7). 중요한 점은 파트너 앞에서 스톱했을 때, 오른발이 앞이 되어 있는 경우에는 그 오른발을 축으로 해서 뒤를 향하고(신체를 왼쪽으로 돌리고), 파트너의 오른쪽을 빠져 나가는 것이다. 그 때에는 우측에 스페이스를 만들도록 하고, 다시 파트너에게 신체의 정면을 향하지 않도록 주의한다. 좌우 어느 쪽의 발이라도 올바른 피벗을 무의식 중에 자유롭게 할 수 있도록 연습한다.

[그림7]

(7) 파트너는 달려 오는 사람에 대해서 오른손을 뻗는다. 달려온 사람은 파트너가 벌린 손쪽에 페인트하고, 곧 피벗으로 방향을 바꾸어 파트너의 좌측을 몸을 피해서 빠져 나간다.

제 2 장
볼 다루는 법

농구에 있어서 볼 다루는 법은 특히 정확해야 한다. 부정확하게 다루어진 볼은 작은 코트 안에서는 그 목표에까지 이를 수 없다. 그러나 이 최후의 목표인 슛을 하기 위해서는 우선 볼을 갖는 것이 근본적 선결 조건이다. 볼을 받을 때는 양팔을 뻗어서 잡고, 유연한 동작으로 '빨아 들이듯이' 손에 들며, 이 볼은 곧 자신의 신체에 끌어 당겨서 상대에게 빼앗기지 않도록 한다. 작은 볼을 사용해서 연습함으로써 볼의 패스에 필요한 힘을 기를 수 있다.

패스는 가능한 한 날카롭게 바닥과 수평한 패스를 보내야 한다. 그러기 위해서는 신체 전체를 사용해서 패스한다. 농구에 있어서 기초적인 패스는 양손 패스로 이는 가슴 높이에서 3~6m 전방의 상대에 대해 '밀어 내듯이' 실시하고, 볼을 패스한 후는 양손의 등이 서로 마주 향하도록 또는 양손의 등이 서로 닿을 정도로까지 한다. 손바닥이 볼에 닿는 것이 아니고, 손가락 내지 손가락 끝만 볼에 닿는다(손가락의 힘을 강하게 하기 위해 둘이서 실시하는 패스 연습은 중요하다). 핸드볼식의 던지는 법은 슛이 늦고 부정확해서 잘 사용하지 않는다.

볼링과 같은 한 손의 언더핸드 패스는 심하게 방해받았을 경우에 가끔 사용된다. 거의 모든 패스는 직접하든가, 혹은 지면에 가볍게 바운드시켜서 하든가 두 종류이다. 또한 한 가지 덧붙여서 말하자면, 아무리 훌륭한 연습을 해도 연습용 볼 수가 적으면, 절대 성과를 올릴 수 없다고 하는 점이다. 볼은 많으면 많을 수록 좋다.

1. 패스의 연습법

(1) 학생들은 3~6m의 간격으로 마주 보고 서서 모든 패스의 연습을 한다(그림8). 특히 양손으로의 푸시 패스의 연습과 바운드 패스도 연습한다.

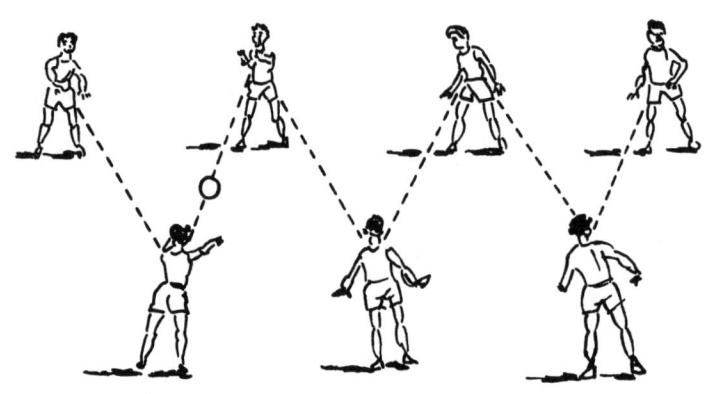

[그림8]

(2) 델타 패스(그림9). 5명의 학생이 일렬로 서고(A열), 그 전방 5m 떨어진 위치에 1명의 학생이 서서(B), 일렬로 늘어선(A열) 첫번째 학생부터 볼을 받는다. 이어서 그(B)는 이 볼을 A열의 첫번째 학생부터 옆으로 5m 떨어진 위치에 서 있는 또 한사람의 학생(C)에게 패스하고, 끝난 사람은 패스한 상대가 서 있던 위치로 이동한다. 단, (C)의 위치에 있던 사람은 A열의 마지막에 선다.

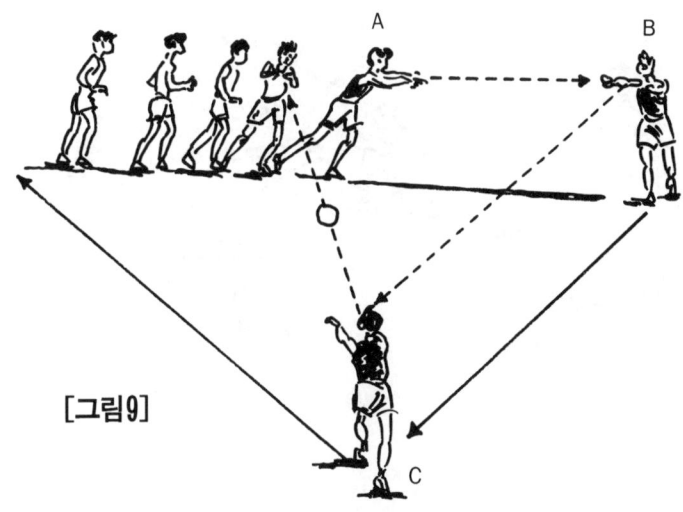

[그림9]

(3) 두 그룹이 마주 보고 그림과 같이 줄지어서 최초는 걸으면서, 차츰 뛰면서 패스를 한다(그림10). 볼은 세게 던지지 않는다. 상대와 스쳐 지나가고 나서 뒤쪽을 향해 패스하는 연습도 한다.

(4) 서클 패스(그림11). 한명의 학생이 원 중앙에 서서 다른 학생들에게 여러 가지 형태로 패스한다. 다른 학생들은 항상 패스된 형태와 같은 패스로 중앙의 사람에게 되돌린다. 같은 동작을

걸으면서 실시하고, 또한 뛰면서 실시한다.

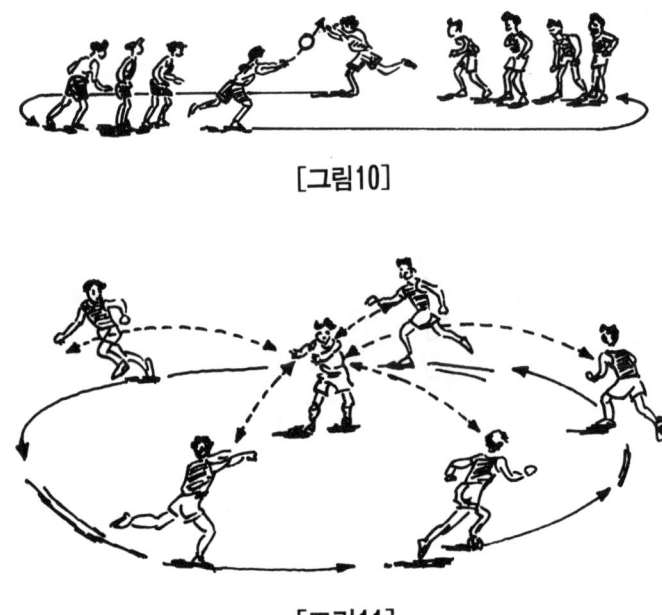

[그림10]

[그림11]

(5) 1의 경우와 마찬가지로, 두 그룹이 마주 보고 늘어선다. 그 중간에 '상대방'을 둔다(그림12). 처음에는 움직이지 않고, 이렇게 마주 본 사람과 모든 종류의 패스를 연습한다. 다음에 '상대방'은 그 선 위치를 바꾸지 않고 움직여서 볼을 빼앗으려고 시도한다. 볼을 빼앗겼다면, 빼앗긴 볼을 패스한 사람과 교체한다. 이 패스 연습을 할 때에 주의해야 할 점은 '상대방'을 볼과 신체로 페인트해서, 볼을 상대방의 주의를 향한 것과 반대쪽으로 패스하는 연습을 한다. 점프해서 실시하는 패스도 연습한다.

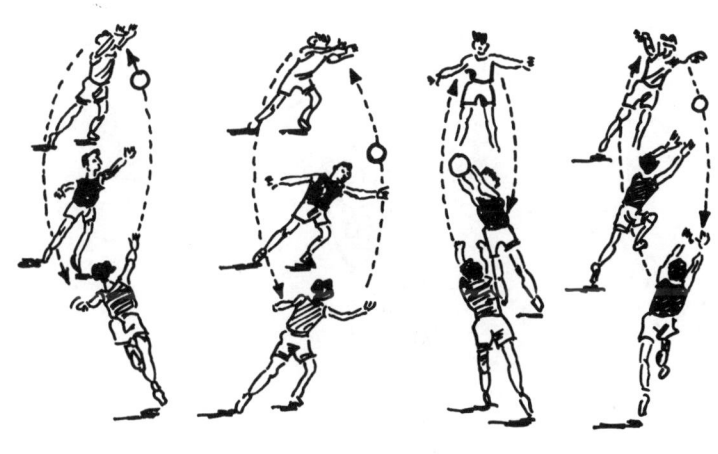

[그림12]

2. 드리블

농구에서는 볼을 손에 쥐면 2보까지는 괜찮지만, 그 이상은 걸을 수 없기 때문에 플레이어는 드리블을 하면서 코트 안에서 움직여야 한다(그림13). 드리블은 오른손이나 왼손 혹은 좌우를 교대로 바꿔서 실시할 수 있지만, 양손을 동시에 사용해서는 안 된다. 양손을 동시에 볼에 대거나, 한손 또는 양손으로 볼을 받쳐 들었을 때, 드리블은 끝난 것이 되어 새롭게 드리블을 시작하면 '더블 드리블'로서 반칙이 된다.

좌우 어느 쪽의 손이라도 드리블을 할 수 있도록 연습한다. 이렇게 해 두면 상대에게 등을 돌리도록 하면서 신체로 볼을 지킬 수 있다. 특히 낮은 드리블(지상 약 50cm 정도)을 연습한다. 볼은 두드리는 것이 아니고, 말하자면 빨아 당겨서 손가락으로 밀어낸다.

[그림13]

3. 드리블의 연습법

(1) 드리블 릴레이
볼은 마지막에 다음 사람에게 내던지는 것이 아니고, 양손으로 쥐고 정확히 패스하는 점에 주의한다.

(2) 둘이서 하는 드리블
2사람째의 드리블러는 선행하는 드리블러로부터 4m 떨어져서 따라가고, 선행하는 드리블러와 같은 드리블 동작을 해야 한다. 이렇게 해 나가는 사이에 학생은 차츰 볼에서 눈을 뗄 수 있게 되어, 다른 사람의 움직임에 주의할 수 있게 된다.

(3) 방해 드리블

둘이서 각각 자신의 볼을 좁은 장소 안에서 드리블하면서(코트의 코너부터 프리 스로 라인 부근까지) 오른쪽이나 왼쪽으로 움직여서 비어 있는 쪽의 손으로 상대의 볼을 쳐내려고 한다.

[그림14]

(4) 변화가 있는 드리블

호루라기 또는 고함 소리를 신호로 전후, 좌우로 드리블 방향을 바꾸어 움직인다.

(5) 슬라롬(slalom) 드리블

장해물(파트너, 기(旗), 의자 등)의 사이를 누비고 사행(蛇行)하면서 드리블한다. 또한 그것을 릴레이식으로 실시한다.

(6) 맹목 드리블

시선을 전방으로 향하고 볼을 보지 않고 동료나 공간을 보면서 드리블한다. 또한 이것을 4와 같이 실시한다.

(7) 리듬 드리블

탬버린이나 손뼉에 맞춰서 빠르게 혹은 느리게, 모든 방향을 향해서 드리블한다.

(8) 피벗 드리블

축이 되는 발을 지면에 고정시킨 채 실시한다.

(9) 피벗을 수반하는 드리블 릴레이

두 릴레이 그룹 사이에 1개의 장해물(파트너, 기, 볼, 의자 등)을 두고, 볼을 든 사람은 장해물의 1m 바로 앞까지 드리블해 가서 그곳에서 볼을 쥐고 피벗으로 뒤로 방향을 바꾸어 다음 사람에게 볼을 패스한다. 이 때 피벗으로 옮기기 전에 볼과 신체로 한번 페인트 한다.

제 3 장
슛

농구의 패스가 다른 구기에 있어서의 패스와 다르듯이, 슛 방법도 또한 독특하다. 수평 방향으로의 슛은 거의 사용되지 않지만, 충분히 연습을 해 둘 필요가 있다. 러닝하면서 혹은 점프해서, 침착하게 정확한 슛을 하기는 매우 어렵다. 모든 종류의 슛을 실시하는 경우에 기본적으로 주의해야 할 것은 신체 전체로 사용해서 또는 신체의 움직임을 남김없이 활용해서 슛해야 한다고 하는 점이다. 슛도 역시 손가락 끝을 살려서 이루어지는 것이기 때문에 매우 섬세한 감각이 필요하다.

1. 스탠딩 슛

(1) 양손을 사용하는 것(그림15)
① 보드를 사용하는 언더핸드 슛
링으로부터 1.80m의 거리
② 약 3.50m 거리에서의 슛
보드는 사용하기도 하고 사용하지 않기도 한다.

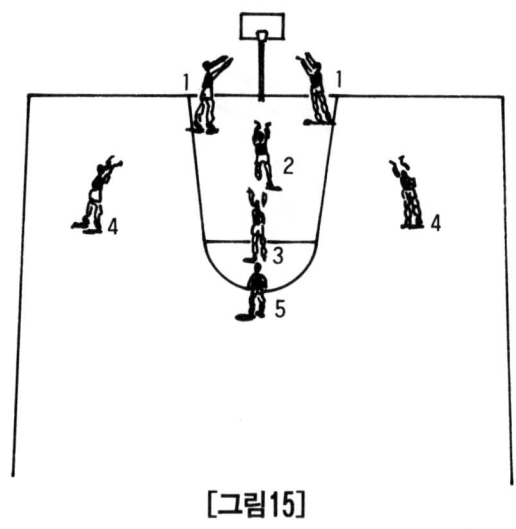

[그림15]

③ 언더핸드의 프리 스로(그림16)

양손 중지로 볼의 양극을 누르고, 다른 손가락은 가볍게 볼에 댄다. 이 때 손바닥으로 볼을 누르지 않는다. 볼을 든 채 양팔을 내리고, 무릎을 구부린 자세에서 신체 전체의 탄력을 이용해서 던진다. 양눈은 바스켓을 가만히 쳐다 본 채 움직이지 않는다. 보드를 사용해서 슛하는 경우에는 볼에 가볍게 역 비틀기를 걸면 좋다.

이 정통의 프리 스로의 방법은 일류 플레이어들에 의해 즐겨 사용된다. 신체의 밸런스 유지에 좋고 또한 양손으로 볼을 다룸으로써 한손으로 하는 슛보다도 큰 성공률을 주기 때문이다.

(2) 원 핸드

처음 양손으로 볼을 머리 높이까지 갖고 가서, 그곳에서 한손을 전방으로 높이 뻗어서 던진다. 손가락 끝으로서 마지막에 비틀기를 건다.

[그림16]

2. 움직이면서의 슛 (그림17)

움직이고 있는 상태에서의 슛은 볼을 단단히 쥔다고 하는 점이 전제가 되어야 비로소 제대로 이루어진다. 볼을 확보하고, 상대방에게 공격의 틈을 주지 않고, 볼의 방향을 확실히 정하기 위해서 가능한 한 오래 양손으로 볼을 유지해야 한다. 뛰어난 경기사는 선부 13종류의 기본적인 슛의 형을 구별하고 있지만, 그 중 몇 가지를 여기에 소개한다.

바스켓으로부터의 거리에 따라서 쇼트 슛, 미들 슛, 롱 슛으로

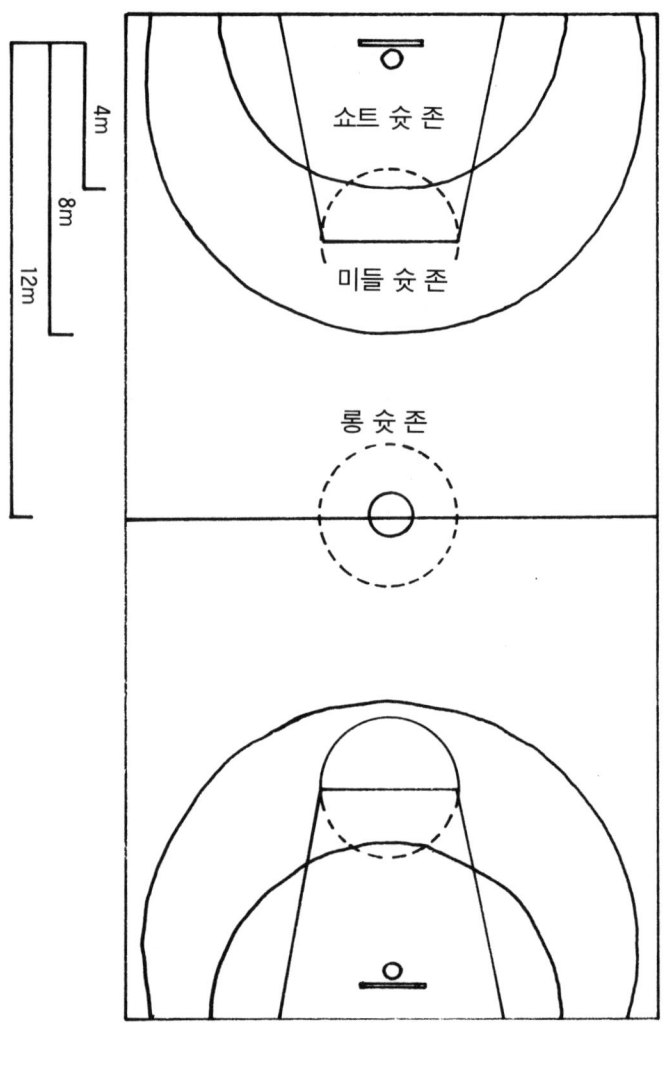

[그림17]

구별한다(그림17). 어느 형의 슛이나 결국은 신체를 완전히 펴고, 최후에 손가락 끝의 비틀기를 살린다고 하는 점을 기반으로 하고 있다. 모든 슛에 대해서 좌우 양쪽에서 할 수 있도록 연습한다.

(1) 쇼트 슛(그림18)

달리면서 혹은 드리블을 하면서 왼쪽 다리를 이용하여 높이 점프 해서 신체를 펴고, 볼을 머리 위까지 양손으로 들어 올린다. 그리고 최후의 밀어내기와 비틀기를 오른손으로 걸어서 보드를 사용하여 혹은 사용하지 않고 바스켓 속에 던져 넣는다.

[그림18]

(2) 미들 슛
① 달리면서 하는 원 핸드 슛(그림19)

쇼트 슛과 마찬가지로 마치 '볼에 덮개를 씌우는 듯한 손짓'으로 손가락 끝으로 비틀기를 거는 것을 잊어서는 안 된다.

[그림19]

② 페인트와 스크루 점프(그림20)

바스켓에 등을 돌리고 서서 팔을 뻗어 볼을 오른쪽 윗 방향으로 페인트하고, 곧 신체를 돌려서 왼쪽으로 돌아 들어가면서 왼발로 높이 점프해서 신체를 잔뜩 펴고 오른손으로 슛을 한다.

PART 1. 농구의 기초는 이렇게 익힌다 43

[그림20]

③ 보스 핸드 오버헤드 슛(그림21)

팔꿈치를 가볍게 구부리고 양손으로 볼을 머리 위로 올리고 우선 무릎을 가볍게 구부리고, 다음에 신체와 팔을 전부 펴서 슛을 한다. 양손의 손가락 끝으로 비틀기를 건다.

[그림21]

④ 오른손의 훅 슛(그림22)

왼쪽 어깨를 바스켓 쪽으로 하고, 바스켓에 대해 옆 방향이 된다. 왼발을 성큼 내디디면서 왼발로 점프한다. 볼은 신체의 우측 옆에서부터 오른손을 머리 위로 끌어당기듯이 해서 슛을 한다. 보드를 사용하면 유리한 경우가 많다.

PART 1. 농구의 기초는 이렇게 익힌다 45

[그림22]

(3) 롱 슛(그림23)

볼을 가슴 높이로 들고, 양발을 가볍게 좌우로 벌리고, 양무릎을 구부린 자세에서 신체를 완전히 다 펴고, 볼을 양손으로 밀어 낸다. 손가락 끝으로 볼을 덮어 감싸듯이 하고, 엄지는 안쪽으로 다른 손가락 끝은 바깥쪽을 향하도록 한다.

[그림23]

제 4 장
연습 방법

1. 슛을 위해서

처음에는 가장 간단한 스탠딩 슛을 연습했지만, 이번에는 움직이면서 여러 가지의 슛을 연습한다. 기세 좋게 달려 가서 점프하여 침착하면서 아름다운 슛을 하는 것은 가장 어려운 기술이다. 이것은 팔 힘에 의해서가 아니고, 신체 전체의 움직임을 사용해야만 능숙하게 할 수 있게 된다. 그 경우에는 가능한 한 높이 점프해서 적의 방어를 조금이라도 곤란하게 만들도록 유의해야 한다.

(1) 선두가 프리 스로 라인 부근부터 시작하도록 두 줄이 각각 양 사이드 라인을 따라 서서, A그룹의 사람은 슛을 하고, B그룹의 사람은 볼의 팔로우와 패스를 맡는다(그림24).

A그룹의 플레이어 No.1은 여러 걸음 드리블을 해서 점프하여 슛을 한다. B그룹의 플레이어 No.1은 A그룹의 사람이 슛 자세에 들어간 순간에 스타트해서 땅을 기듯이 빠르게 달려가서 높이 뛰어올라가 볼이 떨어지거나 또는 보드를 맞고 되튀겨 오는 공을 받아

내어 A그룹의 No.2에게 패스한다. 그리고 B그룹의 No.1은 A그룹 줄의 뒤에 선다. 이 연습에서는 신체를 활발히 움직이는 점과 점프하는 점이 중요하다.

볼을 패스하는 사람은 스타트가 너무 빨라도 안 되고, 볼이 지면에 떨어지고 나서 굽는 것 같아도 안 된다. 또한, 바스켓 밑에 멈춰서는 일이 없도록 한다.

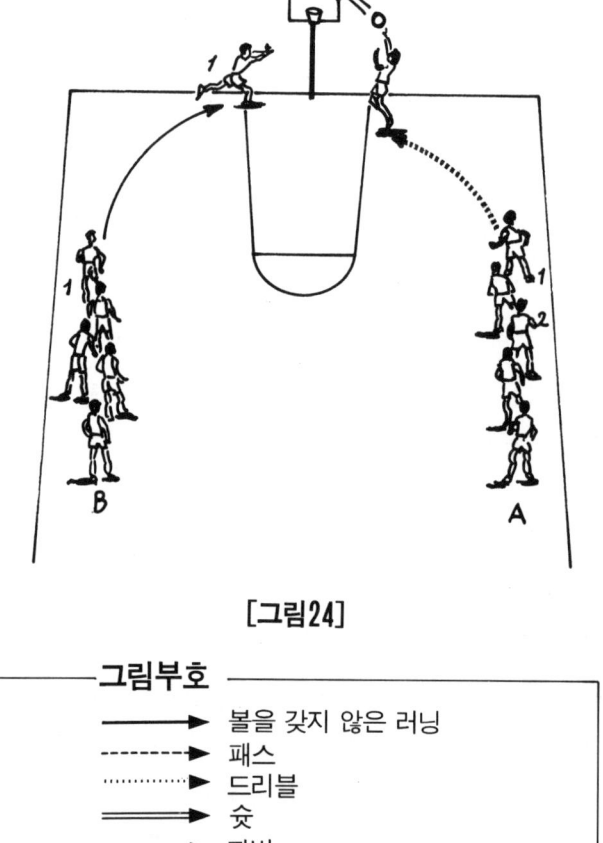

[그림24]

그림부호
⟶ 볼을 갖지 않은 러닝
┅┅▶ 패스
┈┈▶ 드리블
⇒ 슛
⟶○ 피벗

(2) 서 클

예를 들면, 7명이라든가 9명과 같은 홀수의 플레이어가 바스켓 밑을 빠져 나가서 원을 그리면서 움직인다. No.1이 러닝 슛을 하고, No.2는 팔로우해서 No.3에게 패스한다. 이와 같이 해서 모든 플레이어가 줄 뒤에 서서 끊임없이 움직이면서 달리고 점프하고 슛하는 것, 되튀겨 오는 볼을 받는 것, 그리고 좋은 패스를 하는 것을 연습한다. 이 경우에도 스타트는 낮은 자세에서 기민하게 하는 것이 중요하다. 김빠진 연습은 농구에 어울리지 않는다. 이 '원형' 연습에서 바스켓 밑을 빠져 나와서 머리 너머로 한손 슛을 해도 좋다(미들 슛의 d 참조)(그림25).

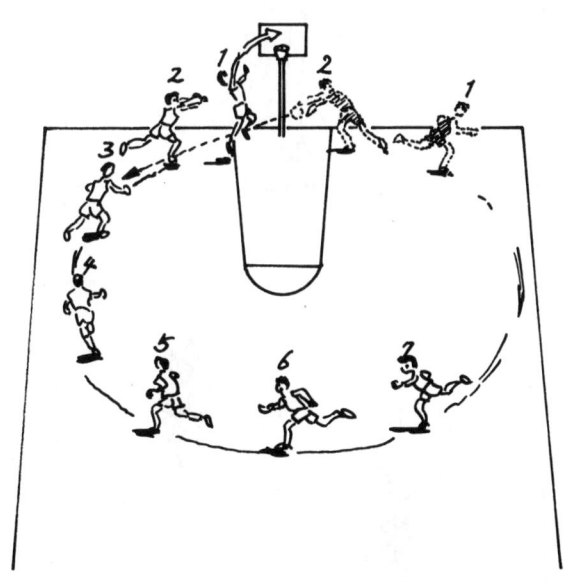

[그림25]

(3) 이 연습 방법은 드리블, 피벗, 슛을 동시에 연습한다
(그림26)

No.1은 볼을 드리블해서 전진하고, No.6이 그 왼쪽 뒤 약 4m의 간격을 두고 함께 달린다. No.1은 일단 피벗을 해서 No.6에게 볼을 패스한다. No.6은 다시 프리 스로 라인의 깊이까지 드리블하고 다시 No.1에게 패스를 되돌린다. No.1은 그 볼을 슛한다.

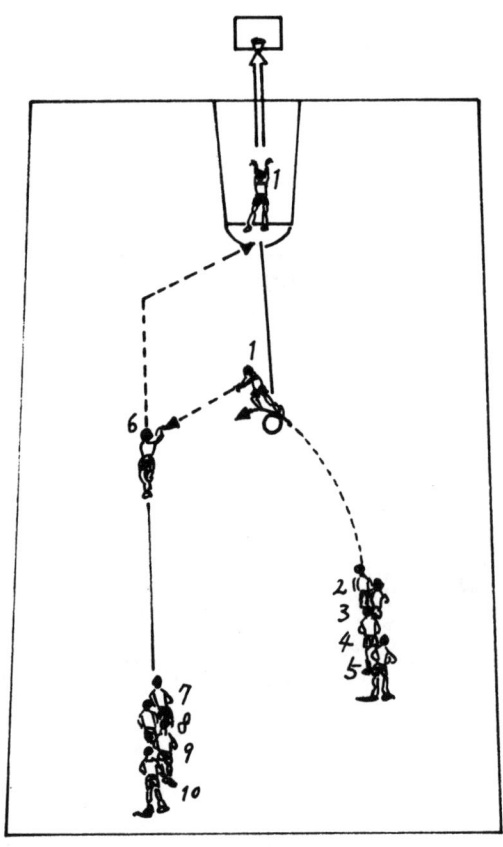

[그림26]

PART 1. 농구의 기초는 이렇게 익힌다 51

(4) 슛과 드리블 릴레이(그림27)

2 그룹이 프리 스로 라인 부근에 줄서서 드리블을 하면서 코트를 가로 질러 슛을 한다. 슛이 성공하면 드리블로 되돌아 온다.

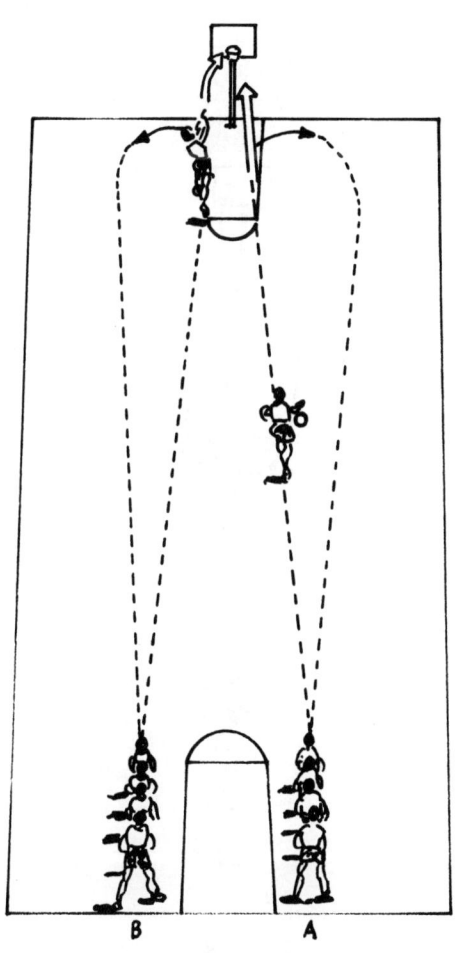

[그림27]

(5) 러닝 슛(그림28)

바스켓을 향해서 세로로 일렬로 늘어선다. 1명의 플레이어는 바스켓 가까이에 서서 달려 오는 플레이어에게 바운드 패스를 포함한 여러 가지 종류의 패스를 보낸다. 달려 가는 사람은 그 패스를 받아 슛을 한다. 슛은 처음에는 3~4m 떨어진 곳에서부터 그 이후 7m 정도까지 점점 늘려 간다.

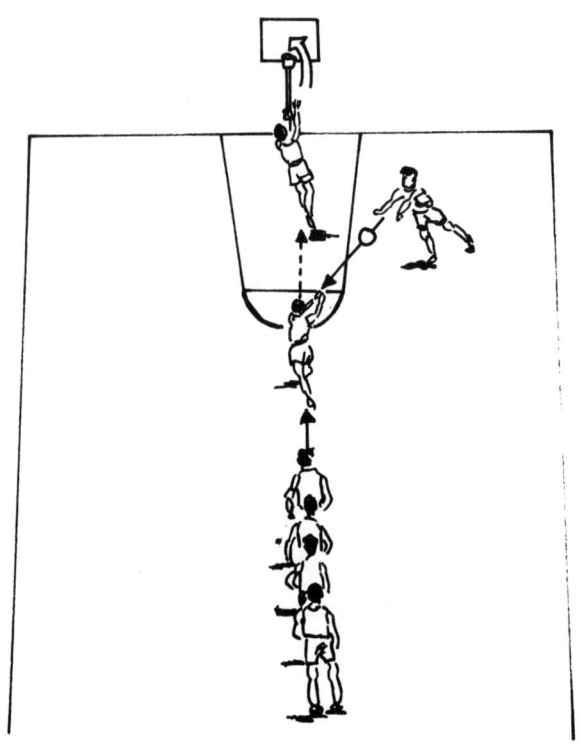

[그림28]

2. 게임 준비

연습을 충분히 한 팀은 그 독특한 시스템을 갖고 있으며, 그것에 의해 게임을 하고 있다. 이런 것은 학교 수업에서는 좀체로 잘 되는 것이 아니고 학교 학생이 모여서 만드는 팀의 경우에는 고작 몇 가지의 확실한 시스템을 확실히 정해서 그것을 연습해 둔다고 하는 정도이다. 이것은 상대 팀이 그 시스템을 간파해 버릴 때까지는 잘 되는 경우가 많다.

(1) 크리스 크로스(그림29)

이 연습은 다른 구기에 있어서도 농구에서 받아 들여, 즐겨 이용되고 있는 연습 방법으로 좋은 패스 워크와 원활한 위치 이동을 조직적으로 연습하는 데 유용하다. 이 방법에 의해 가장 간단히 또 신속하게 코트를 종단해서 볼을 운반할 수 있고, 또한 상대를 혼란시킬 수도 있다.

볼은 No.2의 손에서 비스듬히 전방을 향해 달리고 있는 No.3에게 2~3m의 짧은 간격에서 가볍게 패스된다. No.2는 그 후 No.3의 후방을 지나서, No.3이 있었던 쪽으로 달려 빠지지만 곧 다시 중앙으로 돌아 들어가서 No.1로부터 볼을 받는다…… 등을 반복한다.

볼을 패스한 플레이어는 패스한 상대의 후방을 지나서 상대가 앞에 있었던 쪽으로 달려 빠진다고 하는 점에 주의해야 한다. 또한, 주의해야 할 점은 이 3명의 연습은 같은 장소를 빙글빙글 도는 것이 아니고, 전체가 앞으로 진행해 간다고 하는 것이다. 슛에 적합한 장소에 온 사람이 슛을 한다. 다른 두 사람은 슛에 실패한 볼이 떨어지는 것을 곧 받아서, 다시 슛을 할 수 있도록 팔로우한다.

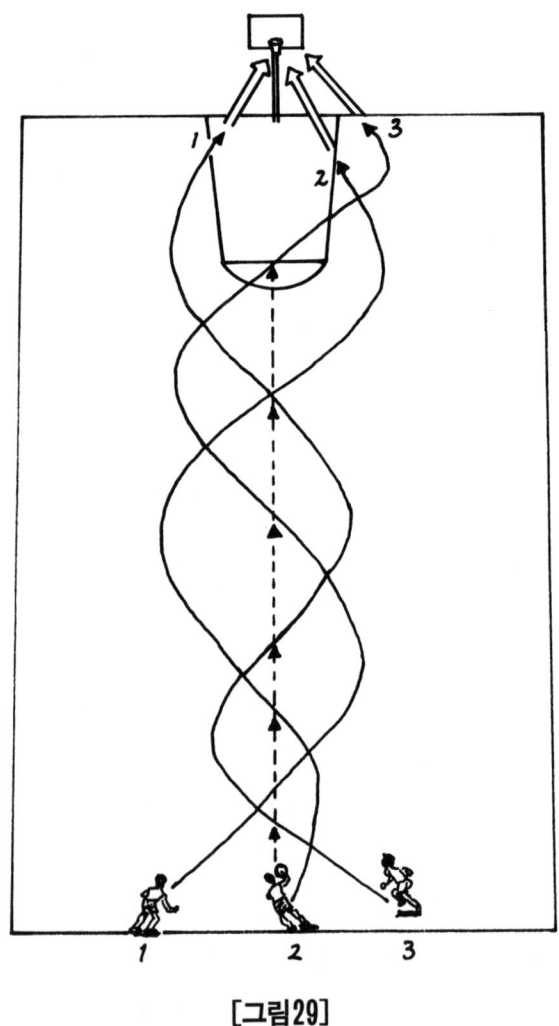

[그림29]

(2) 이 연습은 두명의 디펜시브 플레이어에 대해서 3명이 공격하는 경우에 특히 중요하다(그림30)

No.1, No.2, No.3은 오펜스이고, No.7, No.8은 디펜스이다. No.1은 코트의 중앙을 가로 질러서 No.8의 뒤쪽으로 달려 들어간다. No.2는 달려가는 No.3에게 볼을 패스하고, No.7의 후방으로 달려 들어 간다. No.3은 No.2 또는 No.1에게 볼을 패스하고, No.2 또는 No.1이 슛을 한다. No.3은 디펜스를 자기 쪽으로 끌어 당기기 위해 바스켓을 향해 드리블을 해도 좋다.

자기 팀에게 노 마크의 사람이 생기지 않으면, 더욱 드리블을 계속해서 슛을 한다. 디펜시브 플레이어 2명에 대해서, 오펜시브

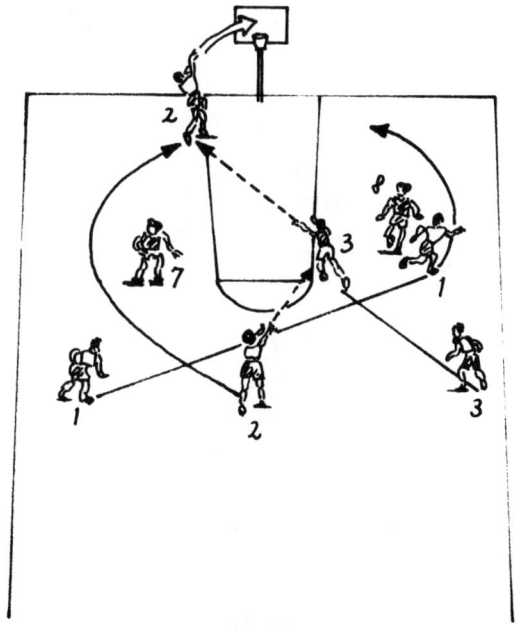

[그림30]

플레이어 3명이라고 하는 비율의 유리함을 충분히 활용해야 한다. 특히, 3명의 오펜시브 플레이어는 한군데에 모여서는 안 된다. 그렇지 않으면 디펜시브 플레이어가 3명의 오펜시브 플레이어를 전부 마크할 수 있게 된다. 노 마크가 되도록 반복해서 상대 팀이 없는 장소를 뚫고 달려 들어간다.

(3) 페인트 피벗 슛(그림31)

No.1은 프리 스로 라인의 후방에 서서 No.2로부터 볼을 받는다. No.2는 자신이 패스한 볼의 뒤를 따라 No.1의 위치에 가서, 디펜스로서 No.1을 방해한다. No.1은 가볍게 양발을 좌우로 벌리고 서서 볼과 신체로 페인트를 걸어 두고, 피벗으로 다른 방향으로 돌아 들어가서 짧게 드리블해서 슛을 한다.

[그림31]

(4) '3대 3'(그림32)

3명의 플레이어로 이루어지는 팀이 2조씩, 각각 코트의 반면(半面)을 사용해서 연습한다. 오펜스가 슛에 성공하면(2점), 볼은 보통 시합의 경우와 마찬가지로 엔드 라인 밖에서 디펜스에 의해 던져진다. 이 때부터 디펜스는 오펜스가 된다. 새롭게 디펜스가 된 사람은 볼이 코트에 던져질 때에는 그것을 커트해서는 안 된다. 이런 방법으로 클래스 전체를 그 상응의 스피드로 신속하게 연습시킬 수 있다. 한쪽 팀이 6점이 되면, 양팀은 다음 조와 교대한다.

[그림32]

(5) 4의 변형(그림33)

플레이어는 그림에 나타난 위치에 선다. 심판은 디펜스의 한 사람을 지명하고, 그 사람은 달려서 반대쪽 바스켓 기둥을 찍고, 곧 되돌아와서 같은 팀 디펜스에 가담한다. 이 동안 오펜스의 3명은 달려간 플레이어가 되돌아 와서 하프 라인에 이를 때까지, 남은 2명의 디펜스를 상대로 슛을 성공시키도록 시도한다. 달려간 플레이어가 하프 라인에 이를 때까지 슛이 성공하면, 오펜스는 1점을 얻고, 성공하지 못할 경우에는 디펜스가 1점을 얻는다.

최초로 10점을 얻은 쪽이 최초의 연습에서 승자가 되고, 그 다음 오펜스와 디펜스가 교대한다. 쌍방이 각각 1회씩 이겼을 경우에는 2회의 연습에서 얻을 점수를 합계해서 승패를 정한다. 이 연습의 목표는 짧은 시간내에 2명의 디펜스를 깨뜨리고, 신속하게 슛을 성공시키도록 오펜스를 훈련하는 것이다. 한편, 디펜스는 디펜스로, 같은 팀의 한 사람이 하프 라인에 되돌아 올 때까지 모든 수단을 다해서 오펜스를 방해하여 슛을 성공시키지 못하도록 지연시켜야 한다.

PART 1. 농구의 기초는 이렇게 익힌다 59

[그림33]

제 5 장
경기시 주의 사항

1. 개개의 플레이어에 대해서

(1) 항상 볼에서 눈을 떼지 말라!

(2) 볼을 향해서 뛰어 나가고 또 점프하고 잡는다. 볼이 자신에게 올 때까지 기다려서는 안 된다!

(3) 자신의 신체로 볼을 지켜라!

(4) 같은 팀 플레이어가 자신에게 패스하기 쉽도록 하고, 항상 같은 팀 플레이어가 마크당하고 있지 않은 쪽으로 달려 들어가라!

(5) 일반적으로 패스는 항상 재빨리 또 낮게 하라. 높은 패스를 하면 늦어지는 경우가 많기 때문에 상대에게 커트 당하기 쉽다.

(6) 같은 팀끼리 한군데에 모이지 않는다. 그리고 노마크가 되도록 유의하라!

(7) 드리블은 많이 해서는 안 된다. 그것보다도 신속하고 정확한 패스를 많이 하라!

(8) 신체와 볼로 페인트하는 방법을 익혀라!

2. 오펜시브 플레이어에 대해서

(1) 항상 세로 방향으로 움직여서 게임을 진행할 것!
(2) 볼을 패스한 후 곧 노 마크가 되도록 움직여라!
(3) 코트 구석에 오래 있지 말라. 코트 구석에서는 움직일 수 있는 범위가 매우 제한된다!
(4) 무리한 상태에서 슛을 하지 말라!

3. 디펜시브 플레이어에 대해서

(1) 앞에 있는 플레이어와 바스켓 사이에 있어라!
(2) 바스켓 가까이에서는 같은 팀 플레이어와 가능한 한 바짝 붙어서 지켜라!
(3) 너무 바스켓에 접근해서 지키지 말라!
(4) 바스켓에 뛰어들어 오는 상대 선수에게 바짝 달라 붙어서 떨어지지 않도록 하고, 상대 팀 플레이어가 슛을 하면 다시 볼을 빼앗기지 말라!
(5) 바스켓 밑에 서서 볼이 날아 오는 것을 보고 있지 말고, 뛰어 들어오는 상대 선수와 함께 점프해서 슛 방해를 하라!
(6) 상대 팀 선수의 슛이 실패했을 경우는 볼이 보드로부터 되튀겨 왔을 때에 높이 점프해서 빼앗아 자신의 신체로 그것을 지켜라!
(7) 피벗을 어떤 경우라도 완전히 할 수 있도록 익혀라! 피벗의

도움을 빌어서 가끔 궁지에서 벗어날 수 있다!

(8) 눈치채지 않도록 상대의 뒤에 붙어서 그 상대를 향해 볼이 패스되었을 때, 재빨리 뛰어 나가서 볼을 빼앗아라! 특히 상대 팀의 스로 인 때는 이 점에 주의하라!

4. 슛을 위해서

(1) 경솔하게 하늘에 운을 맡기는 슛을 하는 것보다 오히려 유리한 위치에 있는 같은 팀 플레이어에게 볼을 패스하라!

(2) 롱 슛은 운에 좌우되는 것으로 대부분의 경우, 상대 팀에게 좋은 볼을 건네주는 것과 같다. 롱 슛은 큰 차이로 지고 있을 때에만 사용하라!

(3) 슛을 하기 전에 바스켓을 보라!

(4) 성공하지 못한 슛은 오펜스 플레이어에게 있어서는 패스된 볼과 마찬가지로 어떤 경우에도 다시 손에 넣어야 한다. 그 때문에 볼이 보드로부터 되튀겨 온 것을 점프해서 잡도록 유의하라!

(5) 좋은 각도를 선정해서 가능한 한 둥글게 슛하는 것이 원칙이다. 특수한 플레이어의 특기는 예외라고 생각하라!

(6) 가능한 한 정면에서 슛할 것. 측면에서의 슛(혹 슛과 같은)을 하는 경우는 백 보드를 고려하라!

(7) 부득이 측면에서 직접 슛할 경우에는 링 후방의 테두리를 노려라!

(8) 프리 스로의 경우는 바스켓에 직접 양손으로 가볍게 언더핸드의 슛을 하는 것이 가장 좋다. 보드를 사용할 때는 약간 뒤 비틀

기를 주어라!

(9) 농구에 있어서는 이 바스켓에의 슛이야말로 다른 구기의 슛과 본질적으로 다른 것이기 때문에 여러 가지 각도에서의 슛을 충분히 연습하라.

제 6 장
학교에 있어서의 농구 경기 규칙

1. 경기의 개념

농구는 5인 대 5인의 팀으로 실시하는 단체 경기이다. 각 팀이 목표로 하는 바는, 손으로 볼을 상대 팀의 바스켓 위로 던져 넣어 가능한 한 많은 득점을 올리는 것으로 상대가 볼을 패스하거나, 득점하려고 하는 것을 방해하는 것이다. 경기 때, 가장 기본적인 원칙은 모든 신체의 접촉을 일제히 회피한다고 하는 점이다.

2. 경기장(그림34)

경기장은 아무런 장해물이 없고(실내 혹은 옥외), 종횡의 길이는 가능한 한 균형이 잡힌 것이 좋다. 최대한의 크기는 15m×28m로, 코트의 범위를 나타내는 경계선은 잘 보이도록 확실히 그어 두어야 한다.

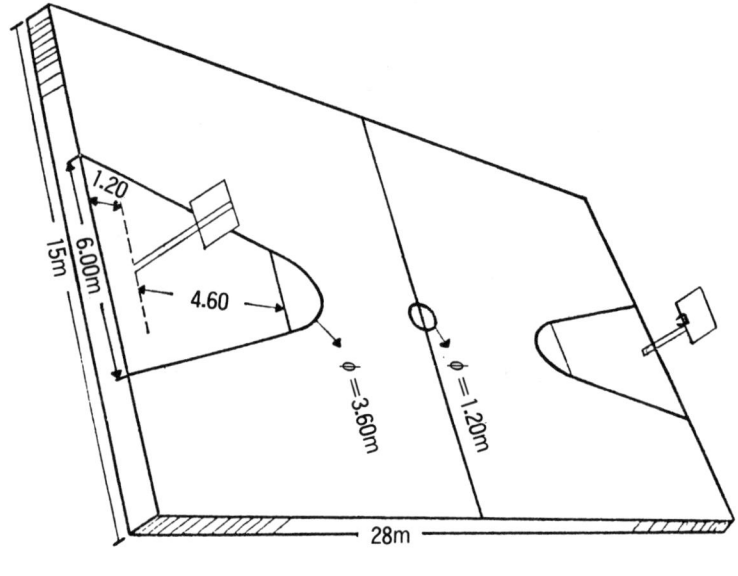

[그림34]

3. 프리 스로 라인과 그 장소(그림34)

백 보드 뒤의 엔드 라인으로부터 5.80m의 지점에 프리 스로 라인을 긋는다. 즉, 백 보드는 프리 스로 라인으로부터 4.60m의 지점에 있다. 보드와 평행으로 3.60m 길이의 선을 긋는다. 프리 스로 라인의 한가운데를 중심으로 해서 반경 1.80m의 반원을 코트 중앙을 향해 긋는다. 엔드 라인을 향해서 6m 폭이 되도록 퍼져 가서 그것을 연결한 선을 프리 스로 존이라고 한다.

4. 백 보드(그림35)

백 보드는 폭 1.80m, 높이 1.20m의 크기로 매끄럽고 튼튼한 재료(목재의 경우는 두께 3cm)로 하얗게 칠해서 폭 5cm의 검은 틀을 단다. 이렇게 함으로써 보드는 뒤에서 선명하게 눈에 띈다. 보드는 그 하단이 지상 2.75m의 높이가 되도록 하고, 또한 보드는 엔드 라인으로부터 재어서 1.20m 코트 안에 비쭉 나오도록 한다. 경우에 따라서는 기둥을 보드와 함께 직접, 코트 안에(1.20m 지점에) 세울 수도 있지만, 지주를 코트 밖으로 구부려서 설치할 수 있으면 물론 최상이다. 실내 시설의 경우에는 가끔 기둥을 사용하지 않고 보드를 매달 수 있다. 기둥을 사용할 경우에는 잘 보이도록 눈에 띄는 색으로 칠한다.

5. 바스켓의 링(그림35)

2cm 굵기의 철재로 만들고, 링의 내경은 45cm로 한다. 링의 안쪽에서부터 보드 표면의 가장 가까운 곳에서 15cm로 한다. 바스켓의 링은 지상 3.05m의 높이에 있다.

6. 네 트(그림35)

네트는 60cm의 길이로 아래가 뚫려 있어 볼의 통과를 확실히 알 수 있도록 되어 있는 것.

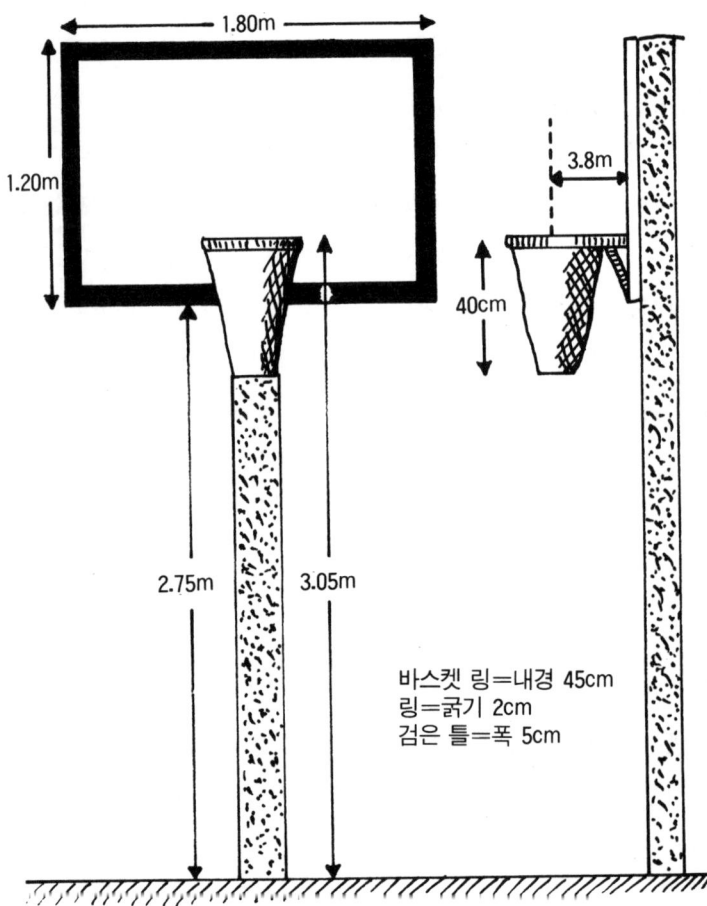

[그림 35]

7. 볼

농구볼은 가죽이나 고무 혹은 합성재로 만들어진다. 학생들의 게임의 경우라면, 큼직한 축구용 볼이라도 별지장 없다. 시합용 볼을 인정하느냐 마느냐는 심판이 결정한다.

8. 팀

각 팀은 5명의 선수로 구성되고, 7명까지의 교체 선수를 둘 수 있다. 양팀은 상호 구별하기 쉬운 복장을 착용해야 한다. 그 유니폼에 번호를 달면 가장 좋다.

9. 심판의 복장

긴 바지를 입는 것이 바람직하다.

10. 플레이어의 수

게임은 풀 멤버 각 5명으로 시작해야 한다. 게임의 진행중에 플레이어의 수가 줄어 가는 경우(퍼스널 파울 때문에 실격하고, 보결이 없는 경우)는 1팀의 플레이어가 단 1명이 될 때까지 게임은 속행된다. 그 때 1명이 되면 심판은 게임을 중단하고, 게임 종료를 선언한다. 1명이 되어 버린 쪽의 팀이 그 때까지 보다 많은 득점을 하고 있었을 경우는 그 게임은 2：0으로 그 팀의 패배가 된다. 그 팀의 득점이 상대방 팀보다 적은 경우는 게임 중단 때의 득점이 스코어가 된다.

11. 경기 시간

전후반 각 20분간(중학생은 15분간)이고, 휴식 시간은 전후반 사이에 10분간이다.

12. 심 판

게임은 1명, 가능하면 2명의 심판에 의해 운영된다. 심판은 스포츠 정신에 따라서 게임 수행의 책임을 진다. 심판의 판정에는 아무도 항의할 수 없다.

13. 스코어러

스코어러는 리스트에 모든 플레이어와 보결의 이름을 기입하고, 게임중의 득점과 반칙을 기입해 간다. 1명의 플레이어가 5회의 퍼스널 파울을 범하고 퇴장해야 할 때에는 스코어러가 심판에게 그 사실을 알린다.

14. 타이머

 타이머는 정해진 시합 시간을 재서 플레이어의 교대, 파울, 심판에 의한 타임 아웃, 시합 시간의 종료나 하프 타임의 종료를 각각 계시한다.
 심판은 다음과 같은 경우에는 타이머에 대해서 타임 아웃을 요구할 수 있다. 즉, 불명확한 점이 있는 경우, 플레이어가 쓸데없는 시간을 낭비하는 경우, 볼을 교환해야 하는 경우 혹은 그 외, 시합을 중단해야 하는 예상치 못했던 사건이 발생했을 경우 등이다.

15. 시합 개시 · 경기자의 배치

 시합 개시에 있어서 각 팀은 각각 상대의 바스켓 쪽을 향해 입장해서 상대와 심판에게 인사한다(게임이 종료했을 때에도 마찬가지로 스포츠맨의 인사를 하고 퇴장한다). 다음에 플레이어는 임의의 위치에 서고(상대의 코트에 들어가는 것도 별지장 없다), 2명의 플레이어만이 각각 상대의 바스켓을 향해 중앙에 선다.
 심판은 이 2명의 '점퍼' 중간에서 볼을 높이(약 3m) 던져 올린다. 볼이 최고점에 달했을 때에 심판은 휘슬을 분다. 중앙의 2명의 점퍼는 볼을 같은 팀 쪽으로 쳐서 떨어뜨리기 위해 볼을 향해 점프할 수 있다. 점프하는 플레이어는 2번까지 볼을 때릴 수 있지만(단 주먹을 사용해서는 안 된다), 스스로 볼을 잡는 것은 금지되어 있다. 다른 플레이어는 이 2명의 점프를 방해할 수 없다. 점퍼로부터 2m터 이내에 접근해서는 안 된다.

16. '슛'과 득점

1명의 플레이어가 상대팀의 바스켓에 볼을 위에서 던져 넣는 데에 성공했을 경우는 자신의 팀을 위해서 2점의 득점을 한 것이 된다. 프리 스로가 성공했을 경우에는 1점이 된다. 득점이 있었을 때에는 그 볼은 심판의 휘슬 없이 상대방 팀에 의해 엔드 라인 바깥에서부터 스로 인해서 시합은 속행된다.

17. 경기자의 교대

경기자의 교대는 자신의 팀이 볼을 갖고 있는 경우에만 팀 주장을 통해서 요구할 수 있다. 주장이 퇴장을 명령받은 경우에는 대리자가 그것을 한다. 교대는 시간을 낭비하지 않도록 해야 한다. 교대는 볼이 '데드'일 때, 예를 들면, 프리 스로 전에 할 수 있다. 프리 스로를 하는 사람을 교대시킬 수 없다.

18. 볼 다루는 법

플레이어는 볼을 손으로 굴리거나, 던지거나, 밀어내거나, 치거나, 혹은 드리블할 수 있다. 주먹의 사용은 금지되어 있다.

19. 볼을 들고 달리는 것

볼을 손에 들고 2보까지는 괜찮지만, 그 이상은 허락되지 않는다. 그후는 볼을 패스하거나 슛을 하거나 물론 드리블을 해도 좋다. 또한 피벗을 할 수도 있다. 이 볼을 들고 달리는 룰에 위반했을 경우는 캐링 더 볼(Carrying the ball)이라고 해서 상대방이 반칙이 있었던 장소의 사이드 라인 바깥쪽에서부터 스로 인하게 된다.

20. 피벗(pivot)

볼을 들고 있는 플레이어가 한쪽 발을 바닥에 고정시키고(피벗 풋), 다른 쪽의 발 만을 움직여도 그것은 캐링 더 볼은 되지 않는다. 이 동작을 피벗이라고 한다. 플레이어가 볼을 뛰어 올라가서 잡고, 양발을 동시에 지면에 짚고 섰을 경우는 좌우 어느 쪽이라도 자신이 좋아하는 쪽을 피벗 풋으로 할 수 있다. 볼을 받을 때, 한쪽 발(A)을 다른 쪽 발(B)보다도 빨리 지면에 짚고 섰을 경우는 한쪽 발(A)만을 피벗 풋으로서 사용할 수 있다. 자유롭게 움직일 수 있는 것은 다른 쪽의 발(B)이다.

21. 드리블(Dribble)

드리블 즉, 손가락 끝으로 볼을 가볍게 지면에 튀기는 동작은 어느 쪽인가 한쪽의 손만으로 실시한다. 물론 한쪽씩 사용하면 좌우 교대로 바꿔도 좋다. 또한, 드리블은 어떤 방향으로 해도 좋다. 볼을 일단 양손으로 잡고, 혹은 한손으로 받쳐 들었을 경우는 드리블은 끝났다고 간주된다. 또한, 드리블이 시작했을 경우에는 심판은 '더블 드리블'로서 휘슬을 분다. 이것은 위반이 되어 캐링 더 볼의 경우와 마찬가지로 상대방에게 스로 인을 준다.

22. 아웃 오브 바운즈(Out of Bounds)와 스로 인(throw in)

플레이어가 볼을 코트 경계선 넘어서 밖으로 내보냈다면 그 볼은 아웃이 된다. 벌칙으로서 경계선상의 볼이 나간 지점에서부터 상대방에게 스로 인을 준다. 누가 볼을 아웃시켰는지 확실치 않은 경우는 심판은 가장 좋은 프리 스로 라인이나 코트 중앙에서 점프 볼로 한다.

23. 헬드 볼(Held ball)과 점프 볼(Jump ball)

2명의 플레이어가 볼을 동시에 잡고 놓지 않아 시합의 속행이 불가능해졌을 경우, 이것을 헬드 볼이라고 한다. 이 경우 심판은 가장 가까운 프리 스로 라인이나 코트 중앙에서 이 2명에게 점프 볼을 시켜 플레이를 재개한다.

24. 볼에 발이 닿는 것

발이 볼에 닿는 것은 허락되지 않는다. 그러나 그것은 고의로 발을 내밀었을 경우를 말하는 것으로 볼이 발에 부딪쳐 왔을 경우는 이 범위에 들지 않는다. 벌칙으로서 상대방은 반칙이 있었던 장소에 가장 가까운 경계선 밖에서 스로 인한다. 심판에게 주의 받았음에도 불구하고, 반복해서 했을 경우는 파울을 당한다.

25. 게임을 지연시키는 것(딜레잉 더 게임)

한쪽 팀이 약 30초간 볼을 자신들 사이에서만 패스하고, 공격도 슛도 하지 않는 경우에는 그 팀은 심판으로부터 주의를 받는다. 이 팀이 그 후 10초 이내에 슛하지 않는 경우는 볼은 상대방의 것이 되어 아웃, 더블 드리블, 캐링 더 볼 등의 경우와 마찬가지로 코트 밖에서 스로 인을 상대에게 준다.

26. 파 울

파울이 있었을 경우는 심판은 휘슬을 불고 벌칙으로서 상대방에게 프리 스로가 주어진다. 파울은 스코어러에 의해 기록된다. 1시합 중에 5회의 파울을 범한 사람은 퇴장을 명령받는다.

27. 파울의 일람표

플레이어는 다음의 행위를 해서는 안 된다.

1. 상대의 볼의 보유 여하에 관계없이 그 상대를 밀거나, 잡거나(홀딩), 들이받거나(푸싱) 혹은 상대에게 부딪치거나(차징) 해서는 안 된다(상대의 신체에 접촉하는 일 없이 볼을 낚아채거나, 쳐서 떨어뜨리거나 하는 것은 그 때에 신체 접촉이 없으면 허락된다).

2. 난폭한 플레이를 해서는 안 된다(예를 들면, 난폭한 드리블을 해서 상대에게 부딪치거나, 밀어 쓰러뜨리는 경우).

3. 스포츠맨답지 않은 행동을 해서는 안 된다(예를 들면, 심판에게 무례한 태도를 취하거나, 인사를 거절하거나 하는 경우). 이것에 대해서 완고한 결정을 하는 것이 심판의 임무다.

28. 벌 칙

슛을 하려는 플레이어에 대해서 파울을 범했을 경우는 심판은 휘슬을 불고, 그 파울을 범한 플레이어에게 파울이 기록된다. 이 경우 휘슬을 분 후에 성공한 슛은 득점으로 인정된다. 그 슛이 성공하지 못한 경우는 파울을 범한 플레이어는 물론 파울이 기록되고, 파울을 당한 플레이어에게 심판은 볼을 주어 프리 스로를 2회 시킨다.

파울 당한 플레이어가 슛을 하려고 할 때가 아닌 경우라면, 심판은 휘슬을 불고, 파울이 기록되지만, 파울 당한 플레이어는 심판으로부터 볼을 받아 1회의 프리스로를 할 수 있다. 파울을 범한 플레이어는 스코어러가 확실히 알 수 있도록 손을 들어야 한다.

29. 더블 파울

쌍방의 2명의 플레이어가 동시에 서로 상대에 대해서 파울을 범한 경우를 더블 파울이라고 한다. 심판은 휘슬을 불고, 각각의 플레이어에게 파울이 기록된다. 시합은 가장 가까운 프리 스로 라인이나 코트 중앙에서의 점프 볼에 의해 속행된다.

30. 프리 스로(Free throw)(그림36)

프리 스로를 하는 사람(파울을 받은 플레이어)은 프리 스로 라인에서 심판으로부터 볼을 건네 받는다. 프리 스로는 그 때부터 10초 이내에 해야 한다. 프리 스로를 하는 사람은 프리 스로 라인을 밟아도, 넘어서도 안 된다. 다른 플레이어는 프리 스로를 하는 사람에게 방해가 되지 않도록 프리 스로 존을 따라서 늘어선다(그림 참조). 바스켓에 가까운 위치를 상대방의 플레이어가 차지하고, 나머지는 교대로 늘어선다. 심판은 프리 스로 존 전체를 건너다 볼 수 있도록 프리 스로를 하는 사람의 비스듬히 뒤에 선다.

프리 스로 때, 볼이 바스켓에 들어가지 않고, 링이나 보드에 닿았을 경우에는 그 닿은 순간부터 다시 플레이는 계속된다. 양팀은 볼을 잡으려고 싸운다. 볼이 링에도 보드에도 닿지 않고 지면에 떨어졌을 경우에는 볼은 데드가 되어 상대방의 팀에게 넘어가고 프리 스로 라인의 연장상에서 스로 인당한다. 프리 스로가 성공했을 경우(1점)는 볼이 상대방에게 건너가서 보통의 슛이 성공한 것과 마찬가지로 엔드 라인의 뒤에서부터 다시 스로 인 된다. 볼이 링 또는 보드에 닿기 이전에는 어떤 플레이어도 프리 스로 존에 들어가 설 수 없다.

　프리 스로를 하는 사람이 상대방 플레이어에게 방해받았을 경우 (프리 스로 존에 빨리 들어가 서거나, 소리를 지르거나, 손을 움직이는 등)은 심판은 프리 스로가 실패했을 경우에 또 1개의 프리 스로를 허가할 수 있다.

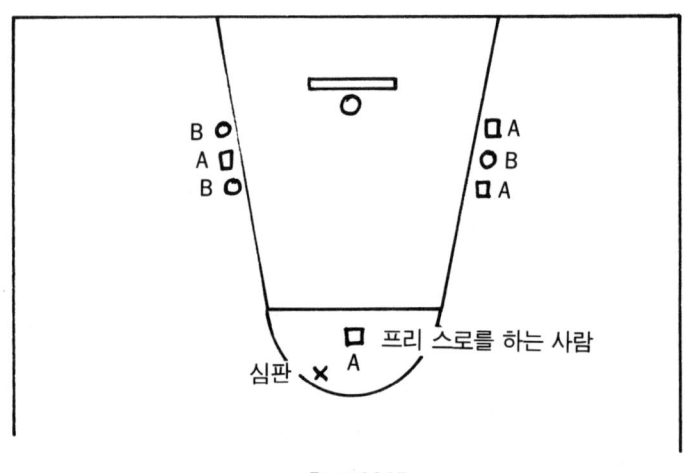

[그림36]

PART 2.
농구 실력을 향상시키기 위한 법

제1장 　농구란
제2장 　기초적 능력의 양성
제3장 　기초적 기술의 양성
제4장 　시합을 위한 개인 기술의 양성
제5장 　속공법
제6장 　팀의 오펜스와 디펜스
제7장 　강해지기 위한 조건

그림의 기호

- 볼 또는 볼 소지자
- 패스를 하는 보조자
- 오펜스 플레이어
- 디펜스 플레이어
- → 플레이어가 달리는 코스
- ---→ 패스의 코트
- ∿→ 드리블의 코스
- 스크린
- 피벗 풋(축이 되는 발)
- 프리 풋
- E⋯A 오펜스 또는 디펜스 플레이어
- ■ 장해물
- ⋯⋯ 슛

제1장
농구란

1. 농구의 역사

농구는 1891년 미국의 메사츄세츠주 스프링필드에 있었던 YMCA 체육 학교의 제임스 네이스미스 박사에 의해 고안되었다.

겨울 동안 실시하는 스포츠라고 하면 체조 정도로, 당시는 실내 경기가 발달해 있지 않았다. 그래서 상사였던 L.H. 규릭 박사의 의뢰를 받은 네이스미스 박사는 새로운 실내 경기의 창안에 몰두했다.

그리고,

① 손으로써 다루지만, 손으로는 다 숨길 수 없는 볼로 플레이 할 것.

② 누구나 간단히 플레이 할 수 있고 배우기 쉬울 것.

③ 숙련하기 위해서는 상당한 노력 연구를 요하고, 완성의 영역에는 상당히 도달하기 어려울 것.

④ 아메리칸 풋볼과 같은 상호 충돌을 억제하고, 실내에서 플레이 할 수 있을 것.

이상의 기본적인 원칙을 기본으로 해서 13개조로 된 경기 규칙을 완성했다. 경기를 실시할 때에 골로써 최초로 이용한 것이 체육관에 있었던 복숭아 바구니였다고 한다. 이와 같이 해서 탄생한 농구 경기는 YMCA를 통해서 미국 전지역으로 퍼져 갔다.

2. 시설과 용구

(1) 코 트
① 코트의 크기
세로 28m, 가로 15m로 한다. 코트의 크기는 경계선 안쪽에서 잰다.

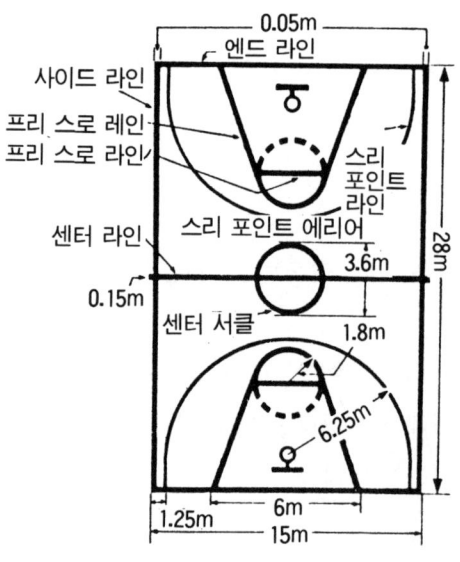

[그림1-2-1] 코 트

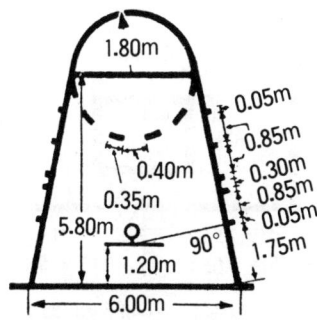

[그림1-2-2] 프리스로 레인

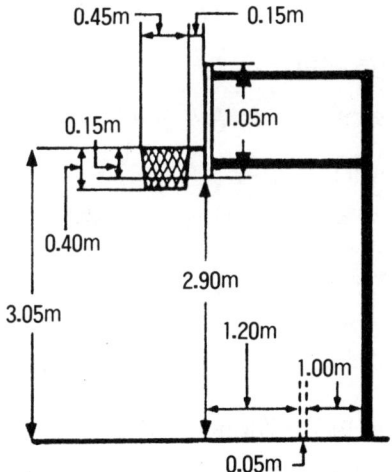

[그림1-2-3] 바스켓과 지주

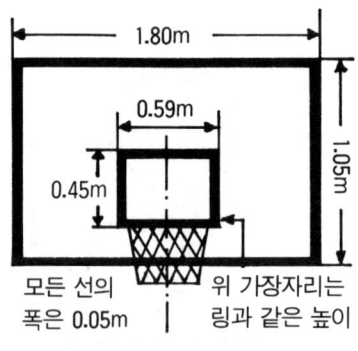

[그림1-2-4] 백 보드

② 프런트 코트와 백 코트

1팀의 프런트 코트란 상대 팀의 바스켓 뒤의 엔드 라인부터, 센터 라인에 가까운 쪽의 가장자리까지의 코트 부분을 말한다. 센터 라인을 포함하는 다른 부분을 백 코트라고 한다.

③ 스리 포인트 라인

바스켓 중앙의 바로 아래를 중심으로 하는 반경 6.25m의 반원과, 그 양끝을 사이드 라인과 평행히 엔드 라인까지 연장한 것으로 반경의 치수는 원주의 선 바깥쪽까지로 한다.

(2) 볼

① 크기

주위는 74.9cm 이상~78cm 이하(7호)

② 무게

567g 이상~650g 이하

③ 탄력

1.8m의 높이(볼의 최저점)부터 단단한 나무 마루에 떨어뜨렸을

때, 튀긴 볼의 최고점이 마루로부터 1.2m 이상~1.4m 이하가 되도록 한다(그림1—2—5).

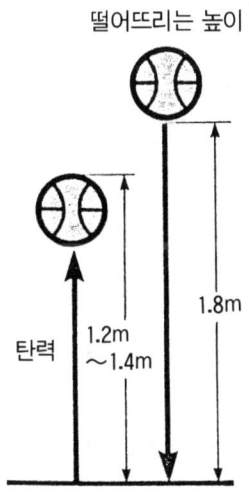

[그림1—2—5] 볼의 탄력

④ 시합구

공식 시합의 볼은 사용하고 있는 볼로 규격에 맞는 것을 준비한다.

〈주〉㉠ 중학교의 볼
- 크기 : 주위 72m 이상~74cm 이하(6호)
- 무게 : 500g 이상~540g 이하

㉡ 미니농구의 공
- 크기 : 주위 69cm 이상~71cm 이하(5호)
- 무게 : 470g 이상~500g 이하

3. 게임의 방법

(1) 게임의 진행 방법
① 경기 인원수

1팀 5명의 선수로 구성되고, 7명까지의 교체 선수를 둘 수 있다.

② 경기 시간

전후반 각 20분(중학생은 15분간), 하프 타임은 10분간이다. 연장전은 각 5분간으로 필요한 횟수만큼 실시한다.

③ 게임의 개시

게임은 센터 서클에서의 점프 볼에 의해 시작된다.

④ 득점

스리 포인트 라인의 안쪽(라인을 밟으면 안쪽)에서의 슛에 의한 골은 2점, 스리 포인트 에어리어(라인의 바깥쪽)에서의 슛에 의한 골은 3점, 프리 스로에 의한 골은 1점이다.

⑤ 작전 타임(차지드 타임 아웃)

각 하프에 2회씩, 1분간의 타임 아웃을 취할 수 있다. 타임 아웃을 청구할 수 있는 것은 심판의 호루라기가 울렸을 때, 즉 게임 워치가 멈춰 있을 때와 상대팀에게 슛을 당했을 때이다.

⑥ 선수 교체

선수 교체는 인원과 횟수에 제한이 없으며 20초 이내에 교체해야 한다.

⑦ 파울 수

개인의 파울은 5회에 퇴장이 된다. 1팀이 각 하프에 7회의 파울을 범했을 경우, 8회째부터의 파울(오펜스 파울은 제외한다)에 대해서는 벌로써 원 앤드 원의 프리 스로가 상대 팀에게 주어진다.

연장 시한은 후반의 일부로 간주된다.

⑧ 프리 스로

㉠ 스리 포인트 에어리어에서의 슛에 대한 파울……3개

㉡ 스리 포인트 라인의 안쪽에서의 슛에 대한 파울……2개

㉢ 7파울 이후의 파울……원 앤드 원 스로(최초의 프리 스로가 성공하면, 또 1개의 프리 스로가 주어진다. 최초의 프리 스로가 실패라면 그대로 게임을 속행한다)

㉣ 바스켓 카운트 원 스로……슛 동작 중에 파울이 일어나고, 그 슛이 성공했을 경우, 1개의 프리 스로가 주어진다.

(2) 주요한 룰
① 바이얼레이션(Violation)

바이얼레이션이란 신체 접촉을 따르지 않는 규칙 위반으로 상대 팀의 볼이 된다.

㉠ 트래블링(traveling) : 볼을 든 채, 규정된 이상의 스텝을 밟는 것.

㉡ 더블 드리블(double dribble) : 양손으로 드리블하거나, 드리블 종료 후 다시 드리블하는 것. 단, 드리블 전후에 있어서의 파울은 1회의 드리블이라고는 간주하지 않는다.

㉢ 킥 볼(kick ball) : 볼을 발로 차 버리는 것.

㉣ **3초 룰**: 볼을 갖고 있는 팀의 플레이어가 상대의 바스켓에 가까운 제한 구역 내에 3초를 넘어서 머물렀을 때.

㉤ **5초 룰**: 볼을 들고 있는 플레이어가 상대에게 철저히 방어당해서 패스, 드리블, 슛 어느 것도 하지 않고 5초를 넘었을 때

㉥ **스로 인의 바이얼레이션**
- 5초 이내에 스로하지 않을 때
- 볼을 떼기 전에 1보의 폭을 넘어서 움직였을 때

〈주〉 스로 인 때 라인을 밟아도 좋지만, 코트안을 밟아서는 안 된다.

㉧ **10초 룰**: 백 코트에서 볼을 가진 팀이 10초 이내에 볼을 프런트 코트로 보내지 않을 때.

〈주〉 프런트 코트로 볼을 보낸다란 볼이 프런트 코트의 마루에 닿거나, 프런트 코트에 있는 그 팀의 플레이어에게 닿는 것을 말한다.

◎ **30초 룰**: 볼을 가진 팀이 30초 이내에 슛을 하지 않을 때

〈주〉 파울, 킥 볼일 때는 다시 30초를 재지만, 패스를 커트 당해 다시 스로 인을 하는 경우는 나머지 시간을 잰다.

㉩ **백 패스 룰**: 프런트 코트에서 볼을 가진 팀이 볼을 백 코트로 되돌렸을 때

〈주〉 프론트 코트에서 패스 커트하려고 손에 댄 볼을 백 코트에 있는 같은 팀이 가져도 좋다.

㉪ **점프의 바이얼레이션**
- 볼이 탭당할 때까지 한쪽의 점퍼가 점프의 정위치를 떠나거나, 점퍼 이외의 플레이어가 서클(원통)안에 들어갔을 때

- 볼이 최고점에 이르기 전에 탭했을 때
- 점퍼가 3회 탭했을 때

〈주〉 점퍼가 라인을 밟고 점프해도 바이얼레이션은 되지 않는다.

㉠ **프리 스로의 바이얼레이션**

- 슈터가 5초 이내에 슛을 하지 않거나, 프리 스로 라인을 밟고 슛을 하거나, 볼이 링에 닿지 않았을 때. 또한 슛하는 체하고 일부러 그만 두었을(페인트를 했을) 때
- 슈터 이외의 플레이어가 볼이 손에서 떠나기 전에, 프리 스로 레인을 밟거나 안에 들어갔을 때

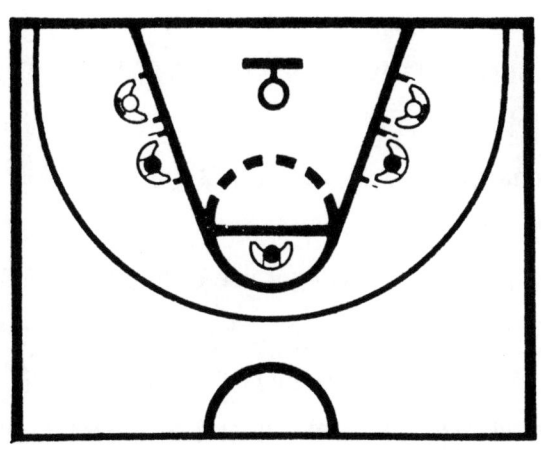

[그림1-3-1] 프리 스로 때 서는 법

〈주〉 슈터쪽 플레이어의 경우는 슛이 성공하면 득점으로 하고, 실패했을 때는 상대 팀의 볼이 된다. 상대 팀 플레이어의 경우는 슛이 성공하면 득점으로 하고, 바이얼레이션은 무시한다. 실패했을 때는 다시 한다. 양팀의 플레이어가 동시에 바이얼레이션을 범했을 경우는 슛이 성공하면 득점으로 하고, 실패했을 때는 그 프리 스로 라인에서 점프로 한다. 그림과 같이 슈터의 상대 팀 플레이어가 링에 가까운 위치를 차지한다.

〈주〉 위치를 차지할 수 있는 것은 6명의 플레이어 뿐이다.

② 퍼스널 파울

상대와의 신체 접촉으로 인한 파울이다.

㉠ 블로킹(blocking) : 상대의 진행을 몸으로써 막는 것.

㉡ 홀딩(holding) : 손이나 팔로 상대를 눌러 행동의 자유를 막는 것.

㉢ 푸싱(pushing) : 손이나 몸으로 상대를 무리하게 밀거나, 누르고 움직이려고 하는 것.

㉣ 차징(charging) : 볼을 갖고 있지 않더라도 무리하게 진행해서 상대에게 부딪치는 것.

㉤ 이리걸 유스 오브 핸즈(ilegal use of hands) : 손으로 상대를 치거나 잡거나 하는 것.

㉥ 핸드 체킹(hand checking) : 방어측 플레이어가 상대의 진행을 막기 위해서, 혹은 방어하기 쉽게 하기 위해서 상대에게 손을 대는 것.

㉦ 스크린(screen) : 플레이어가 미리 있는 위치를 차지해서 상대가 바라는 위치로 가는 것을 지연시키거나 방해하거나 하는

것.

〈주〉 벌칙

• 슛 동작 중이 아닌 플레이어가 파울했을 때는 가장 가까운 사이드 라인에서 상대팀의 스로 인이 된다.

• '7파울' 이후 또는 슛의 동작 중에 파울을 했을 때는 프리 스로가 된다.

• 오펜스측의 플레이어가 파울을 했을 때는 가령 '7파울' 이후라도 프리 스로는 되지 않고, 가장 가까운 사이드 라인에서의 스로인이 된다.

③ 인텐셔널(intentional) 파울

인텐셔널 파울이란 고의 파울이라고 심판이 판단한 퍼스널 파울이다.

〈주〉 벌칙

• 2개의 프리 스로(3점 슛의 경우는 3개)가 상대 팀에게 주어진다. 스로의 성부에 관계없이 볼은 슈터쪽에 주어져서 센터 라인의 아웃부터 스로 인이 된다.

④ 테크니컬(technical) 파울

테크니컬 파울이란 스포츠맨 정신에 현저히 위배하는 언동을 취했을 경우에 플레이어뿐 아니라, 교대 요원, 코치, 어시스턴트 코치, 팀 관계자 모두가 적용 대상이 된다.

〈주〉 벌칙

• 플레이어의 파울……2개의 프리 스로가 상대 팀에게 주어지고, 그대로 게임을 속행한다. 슈터는 팀 주장이 지정한다.

• 플레이어 이외의 파울……2개의 프리 스로가 상대 팀에게

주어지고, 스로의 성부에 관계없이 볼은 슈터쪽에 주어지며, 센터 라인의 아웃에서의 스로 인이 된다.

⑤ 디스콸러파잉 파울(disqualifing foul)

플레이어의 테크니컬 파울, 퍼스널 파울로 특히 악질적인 것, 상당히 스포츠맨답지 않은 파울을 디스콸러파잉 파울이라고 한다. 플레이어는 즉시 실격, 퇴장당한다.

⑥ 더블 파울

더블 파울이란 양팀의 플레이어가 거의 동시에 서로 퍼스널 파울을 범했을 경우로, 가까운 서클에서 파울을 범한 2사람 플레이어의 점프로 한다.

4. 복장

(1) 농구화

농구는 점프와 대시 앤드 스톱의 연속이기 때문에 발목이나 발바닥의 보호를 위해서도, 기술 숙달을 위해서도, 농구용의 신발을 사용할 필요가 있다. 농구화는 복사뼈까지 감싸는 긴 부츠와 복사뼈 밑까지의 반부츠가 있다. 최근은 반부츠가 많은 것 같은데, 발목이 약해서 염좌하기 쉬운 플레이어는 긴 부츠를 신도록 한다.

(2) 양 말

구두 쏠림이나 물집을 예방하기 위해서, 우선 얇은 양말(면제품이 좋다)을 신고, 그 위에 두툼한 양말을 겹쳐 신도록 한다.

(3) 연습복

연습복은 가벼운 복장으로 흡한성이 있는 것이라면 어떤 것이라도 좋을 것이다. 여름은 특히 땀의 양이 많기 때문에, 1회의 연습에 2~3장의 예비가 필요하다. 겨울은 연습복 위에 저어지를 착용해서 몸이 따뜻해지고 나서 벗도록 한다. 저어지도 흡한성과 동시에 보온성이 있는 것을 선택하도록 한다.

(4) 유니폼

유니폼은 팀마다 만들기 때문에, 개인적으로 준비한다고 할 수는 없지만, 연습복과 마찬가지로 흡한성이 있는 것을 선택하도록 한다. 경기 규칙에 따르면 농담(담색은 흰색) 두 벌을 준비하고, 상하 모두 동색이어야 한다. 유니폼에 붙이는 번호는 가슴 번호는 세로 10cm 이상, 등번호는 20cm 이상, 폭은 2cm 이상으로 규정되어 있다. 번호는 4번부터 시작되는 일련 번호로 유니폼의 색과 확실히 구별할 수 있는 단색이 아니면 안 된다.

(5) 그 밖의 용품

① 리스트 밴드

땀이 손가락 끝이나 손바닥에 생기는 것을 막는다.

② 헤어 밴드

본래는 배팅을 막는 목적이 있었지만, 현재는 머리카락이 눈이나 안면을 가리는 것을 막기 위해서 이용되는 경우가 많다.

③ 서포터

무릎, 넓적다리, 팔꿈치, 어깨용 등이 있다. 특히 다치지 않았으면 대어서는 안 된다.

제 2 장
기초적 능력의 양성

1. 볼에 익숙해지자

 농구는 볼을 다루는 경기이기 때문에, 기본적으로 볼을 자유롭게 다루는 것이 필요하다. 볼 핸드링이나 드리블 워크의 연습은 장소를 가리지 않고 혼자서 간단히 할 수 있기 때문에, 연습 시간의 전후 등을 이용해서 연습한다.

(1) 볼 핸드링
 볼 핸드링의 장점은 악력(握力)의 강도가 상당히 관계하기 때문에, 악력 강화의 연습도 중요하지만, 여기에서는 볼에 익숙해지는 것을 중심으로 한 일반적인 볼 핸드링의 연습을 소개한다. 어느 경우나 볼을 보지 않는 것과 좌우 양손 모두 마찬가지로 연습하는 것이 중요하다.

① 볼 집어 올리기
 한손에 볼을 올려놓고, 손가락 끝만으로 세게 튕겨 올린다.
② 8자 회선

다리를 어깨폭보다 넓히고, 무릎을 구부린 자세를 취하고, 양무릎 주위를 8자를 그리듯이 돌린다.

• 볼 쥐어 올리기

• 8자 회선

③ 몸의 각 부분을 이용한 볼 돌리기

폐각의 자세로 목, 허리, 무릎의 주위를 돌린다.

• 목 돌리기

• 허리 돌리기

• 무릎 돌리기

④ 다리 밑의 볼 캐치(전후 캐치)

양다리를 좌우로 벌리고, 다리 밑의 볼을 몸 앞에서 들고, 볼이 마루에 떨어지기 전에 재빨리 뒤에서부터 바꿔드는 동작을 반복한다.

• 전후 캐치

⑤ 다리 밑의 볼 캐치(크로스 캐치)

양다리를 좌우로 벌리고, 다리 밑의 볼을 몸 앞과 뒤에서 들고, 볼이 마루에 떨어지기 전에 재빨리 손을 반대로 해서 바꿔드는 동작을 반복한다.

• 크로스 캐치

⑥ 손가락 끝의 볼 돌리기

• 손가락끝의 볼 돌리기

⑦ 2사람의 볼 패스①

등을 마주대고, 어깨폭 정도로 다리를 벌리고 서서, 볼을 건네준다.

• 2인의 볼 건네주기①

⑧ 2사람의 볼 패스②

등을 마주대고, 다리를 어깨폭 정도로 벌리고, 약간 틈을 두고 선다. 머리 위와 다리 사이를 교대로 볼을 건네준다.

• 2인의 볼 건네주기②

⑨ 볼을 던져 올려 캐치(양손)

볼을 머리 위로 던져 올리고, 몸 앞과 뒤에서 교대로 캐치한다.

• 던져 올려 캐치(양손)

⑩ 볼을 던져 올려 캐치(한손)

볼을 한손에 올려놓고, 등뒤로 던져 올려 반대 손으로 캐치한다.

• 던져 올려 캐치(한손)

(2) 드리블 워크

여러 가지 형태의 드리블 연습을 함으로써, 볼에 익숙해질 수 있다. 어느 경우에나 볼을 보지 않는 것과, 좌우 양손 모두 마찬가지로 연습하는 것이 중요하다.

① 8자 드리블

손가락 끝으로 볼을 두드리듯이 가는(細) 드리블을 많이 하면서, 다리 주위를 8자를 그리듯이 드리블한다.

• 8자 드리블

② 다리 밑 드리블

다리를 좌우로 벌리고, 다리 밑에 있는 볼을 앞에서 오른손과 왼손으로 1회씩 드리블하고, 재빨리 뒤에서 마찬가지로 드리블한다.

• 다리 밑 드리블

③ 전후 드리블

다리를 넓게 전후로 벌리고, 가능한 한 폭넓게 드리블한다. 도중 가는 드리블도 넣는다. 무릎을 부드럽게 사용해서 중심 이동을 충분히 하는 것과 핸드 가드(반대손으로 상대를 막는 자세)를 하는 것이 중요하다.

• 전후 드리블

④ 좌우 드리블(한손)

다리를 좌우로 벌리고 전후 드리블과 같은 요령으로 연습한다.

• 좌우 드리블(한손)

⑤ 좌우 드리블(양손)

다리를 좌우로 벌리고, 좌우 교대로 드리블한다. 무릎을 부드럽게 사용해서, 중심 이동을 충분히 하는 것이 중요하다.

• 좌우 드리블(양손 · 앞)

• 좌우 드리블(양손 · 뒤)

⑥ 볼을 2개 사용한 드리블①

볼을 2개 사용해서, 몸의 양옆에서 교대로 드리블한다. 무릎을 구부리고 가는 드리블도 넣는다.

• 교대 드리블

⑦ 볼을 2개 사용한 드리블②

몸의 양옆에서 동시에 드리블한다.

• 동시 드리블

2. 주력, 지구력을 키우자

농구에 있어서 빠르기는 상대와의 상대적인 빠르기를 의미하기 때문에, 아무리 단거리 달리기가 빨라도 그대로 살릴 수 있는 경우는 없다. 또한, 경기 시간 내를 풀로 달릴 수 있을 만큼의 스태미너도 중요하다. 그래서 바스켓적인 주력, 지구력을 키우기 위한 풋 워크가 필요해진다.

(1) 오펜시브 풋 워크
① 볼을 들고서의 조깅
볼을 들고 볼 핸드링 연습을 하면서, 코트를 2~3회 왕복한다. 드리블 연습을 덧붙여도 좋다.

● 스 킵

② 스킵(skip)

손을 가능한 한 높이 휘둘러 올리고, 넓적다리를 가슴으로 끌어당겨 스킵을 한다. 앞, 옆, 뒤 3종류의 연습을 한다.

③ 3보—4보

3보 대시하고 4보 조깅한다. 2줄로 서서 코트를 2~3회 주위를 돈다. 3보 사이에 풀스피드가 되도록 노력한다.

④ 사이드 킥①(5회)

무릎을 깊이 구부리고 좌우로 크게 킥한다. 발뒤꿈치를 붙이지 않고 발끝, 특히 엄지로 킥하는 점을 유의한다.

• 사이드 킥①

⑤ 사이드 킥②(10회)

무릎을 가볍게 구부리고, 좌우로 가능한 한 빠르게 킥한다. 다리가 벌어진 채의 상태가 되지 않도록 주의한다.

⑥ 넓적다리 올리기(10회)

배근을 뻗어, 넓적다리를 가슴까지 끌어 올리도록 해서, 제자리에서의 구보를 한다.

• 넓적다리 올리기

⑦ 연속 점프(폐각 · 5회)

넓적다리를 가슴으로 끌어당기듯이 연속 점프를 한다.

• 연속 점프(폐각)

⑧ 연속 점프(개각 · 5회)

수평으로 올린 손에, 발끝을 되도록 개각 점프를 한다.

〈주〉 이상 ④~⑧의 풋 워크에 대해서는 그림 2—2—1과 같은 형태로 2회씩 2세트 실시하면 좋다.

• 연속 점프(개각)

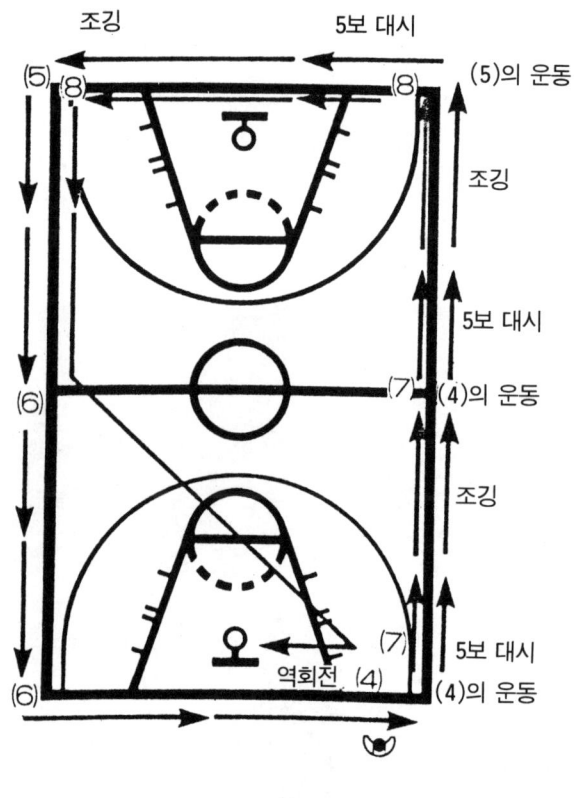

[그림2-2-1]

⑨ 10분 러닝

㉠ 2줄로 서서 코트를 10분간 러닝한다. 서서히 스피드 업해서, 5분 경과하면 반대로 돈다. 빠른 템포의 음악에 맞춰서 러닝하면 보다 효과적이다.

ⓒ 2주 대시하고 1주 조깅한다. 소위 인터벌 달리기로, 지구력을 높이기 위해 효과적인 연습이다. 5분 경과하면 반대로 돈다.

ⓒ 3개의 서클을 따라서 대시하고, 엔드 라인을 조깅한다. 서클에 들어가는 부분에서는 어깨를 넣는 점을 유의한다(그림2—2—2).

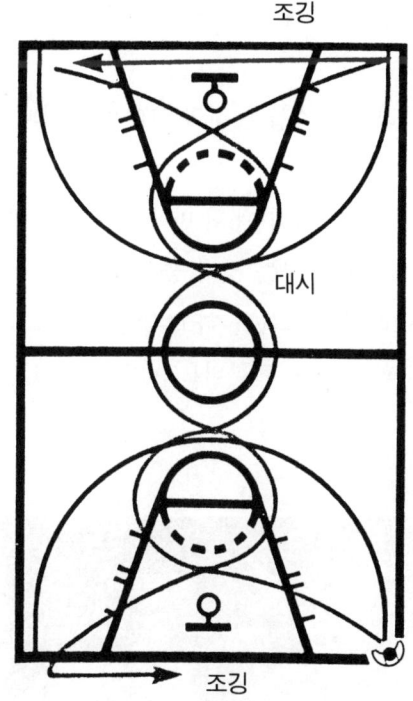

[그림2—2—2]

⑩ 대시 앤드 스톱

㉠ 슬라이드 스톱 : 다리를 전후로 해서 2박자에 스톱한다.

㉡ 점프 스톱 : 다리를 평행으로 해서 1박자에 스톱한다.

⑪ 턴

㉠ 프런트 턴 : 스트라이드 스톱을 하고 앞 회전을 해서 역방향으로 대시한다.

㉡ 백 턴 : 스트라이드 스톱을 하고 뒤 회전을 해서 역방향으로 대시한다.

㉢ 셔틀 턴 : 스트라이드 스톱을 하고 그대로의 상태에서 백 러닝을 한다.

〈주〉 호루라기의 신호로 4회~5회 반복한다. 스톱에서 역방향으로 내딛는 제1보째를 빨리 하는 것이 중요하다.

㉣ 직각 턴 : 스트라이드 스톱을 하고 뒷발을 축으로 해서, 진행 방향에서부터 90도의 각도로 턴한다(그림2—2—3).

PART 2. 농구 실력을 향상시키기 위한 법   121

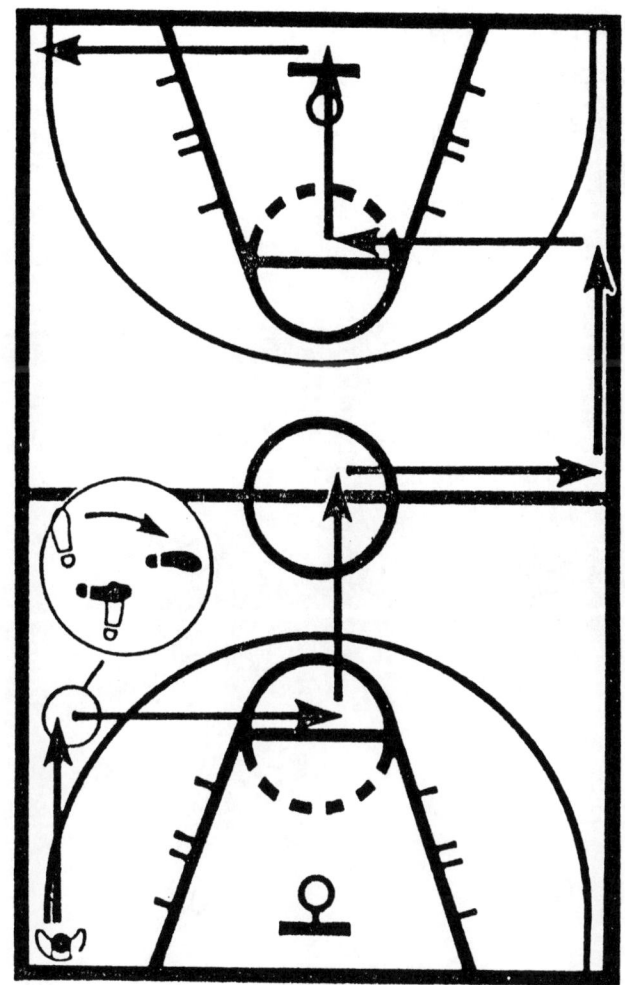

[그림2-2-3] 직각 턴

(2) 디펜시브 풋 워크
① 게 걸음

양손은 수평으로 올리고, 무릎은 직각으로 구부려 옆으로 반보씩 이동한다.

(옆)　　　　　　　(정면)

• 게걸음의 자세

② 슬라이드 스텝

무릎을 적당히 구부리고, 발목의 킥력으로, 다리를 크로스하지 않고 측진한다. 3보~5보마다 몸의 방향을 바꾼다.

③ 크로스 스텝

몸은 정면으로 향한 채로 옆으로 달린다. 3보~5보에 몸의 방향을 바꾼다.

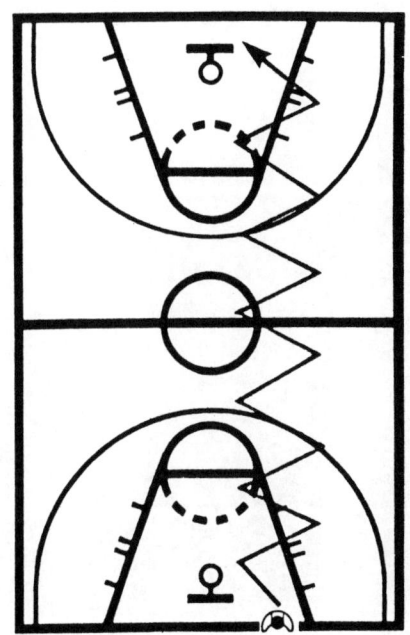

[그림2-2-4] 슬라이드 스텝 · 크로스 스텝

• 슬라이드 스텝

● 크로스 스텝

④ 이미지 디펜스

올코트를 사용해서, 오펜스 플레이어를 가상하고, 슬라이드 스텝과 크로스 스텝을 적절히 사용하면서 자유롭게 연습한다.

⑤ 서클 디펜스

서클을 이용해서 슬라이드 스텝, 크로스 스텝, 러닝 스텝을 사용해 연습한다. 20초~30초 정도가 적당하다.

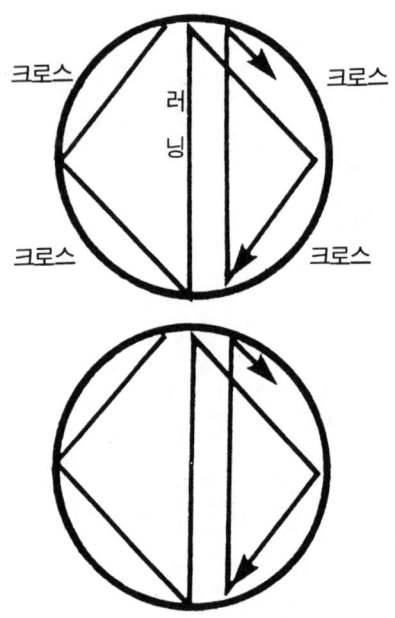

[그림2-2-5] 슬라이드 스텝

(3) 1대 1의 공방
① 슬라이드 스텝의 1대 1
오펜스 플레이어는 페인트를 사용하면서 상대를 뿌리치도록 빨리 걷는다. 디펜스 플레이어는 손을 수평으로 올리고, 슬라이드 스텝만으로 따라 붙는다.

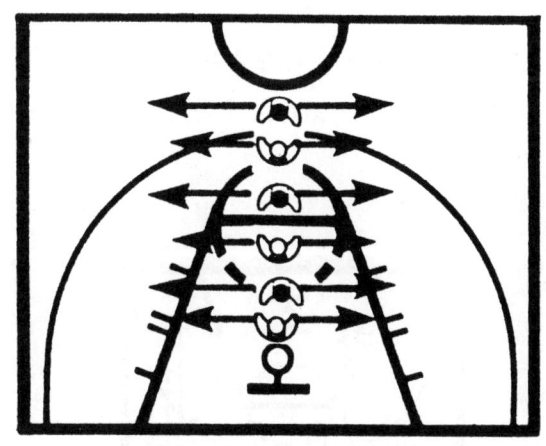

[그림2-2-6] 슬라이드 스텝의 1대 1

✿印- 오펜스
✿印- 디펜스

순간적인 페인트에 대해서는 복서즈 스텝(양다리 동시에 킥하는 스텝)으로 딛는다.

② 노멀의 1대 1

두 사람의 플레이어가 정대하고 서서, 여러 가지 풋 워크를 사용해서 빠져 나가려고 하는 오펜스 플레이어를, 여러 가지 스텝을 사용해서 빠져 나가지 못하도록 한다. 처음은 가능한 한 슬라이드 스텝을 사용하고, 놓칠 듯한 상태가 되면 크로스 스텝을 사용한다. 놓치면 러닝 스텝으로 따라잡는다.

③ 추적의 1대 1

오펜스 플레이어는 디펜스 플레이어에게 등을 돌리고 상대하고, 달아나는 움직임을 하면서 갑자기 뒤돌아보고 달아나려고 한다. 디펜스 플레이어는 러닝 스텝으로 추적해서, 슬라이드 스텝으로 지킨다(그림2—2—7).

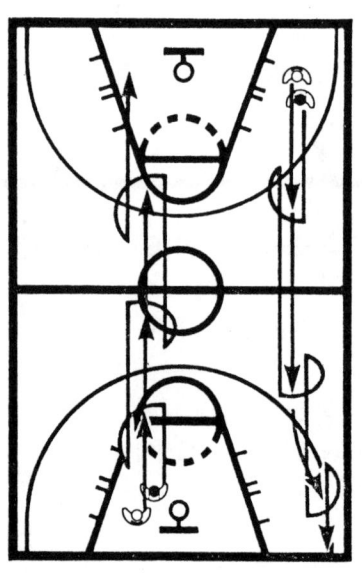

[그림2—2—7] 추적의 1대 1

④ 백 가드의 1대 1

 오펜스 플레이어가 움직이는 폭을 프리 스로 라인 정도로 한정하고 1대 1을 한다. 디펜스 플레이어는 상대에게 등을 돌리듯이 서서, 슬라이드 스텝으로 놓치지 않도록 디펜스한다. 오펜스, 디펜스를 교대로 실시한다(그림2—2—8).
 한쪽으로 오펜스 플레이어를 보도록 하고, 반대로 빠지려고 하는 경우라도 같은 체세(體勢)에서 등으로 누른다.

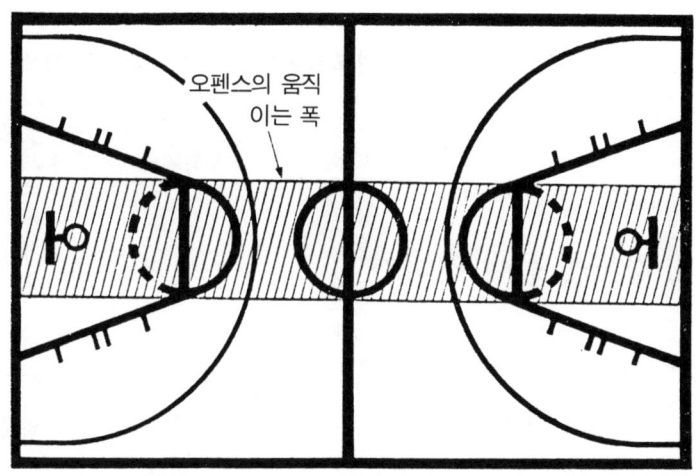

[그림2—2—8]

•같은 체세　　•허리로 누른다　　•백 가드의 자세

3. 강도를 몸에 익히자

근대 농구는 격투기라고 불릴 만큼 '경쟁의 강도'가 요구되고 있다. 기초적인 근력 트레이닝과 기술적인 볼 킵력의 양성에 의해 강도를 몸에 익히는 것은 불가결한 요소라고 말할 수 있다.

(1) 웨이트 트레이닝

근력 트레이닝의 방법은 여러 가지 있지만, 여기에서는 철아령을 사용한 트레이닝 방법을 소개한다. 무리가 없는 무게의 철아령을 사용해서, 빠르고 정확하게 실시하는 것이 중요하다. 2~3세트를 반복한다. 종료 후는 반드시 유연 체조를 실시할 필요가 있다.

① 조깅하면서 위, 옆, 앞, 아래의 순서로 움직인다(5회).

② 양손을 몸쪽에 붙인 상태에서 어깨의 높이까지 들어 올린다 (10회).

③ 앙와(仰臥) 자세. 양손을 똑바로 위로 뻗은 상태에서 양몸쪽 아래쪽으로 내려서, 다시 원래대로 되돌린다(10회).

④ 앙와 자세. 양손을 똑바로 위로 뻗은 상태에서 머리 바로 뒤까지 내려서, 다시 원래대로 되돌린다(10회).

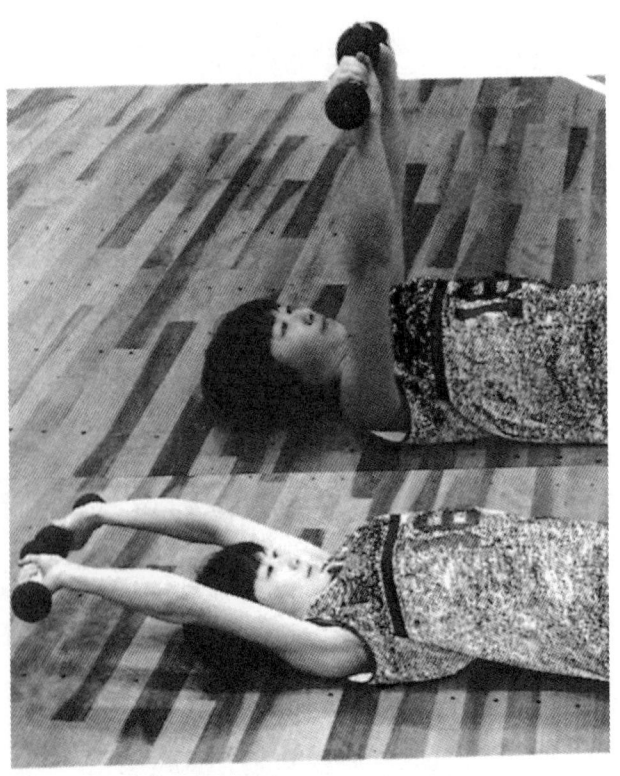

⑤ 벽에 기댄 자세. 팔꿈치를 구부려서 철아령을 들고, 교대로 가슴까지 들어 올린다(10회).

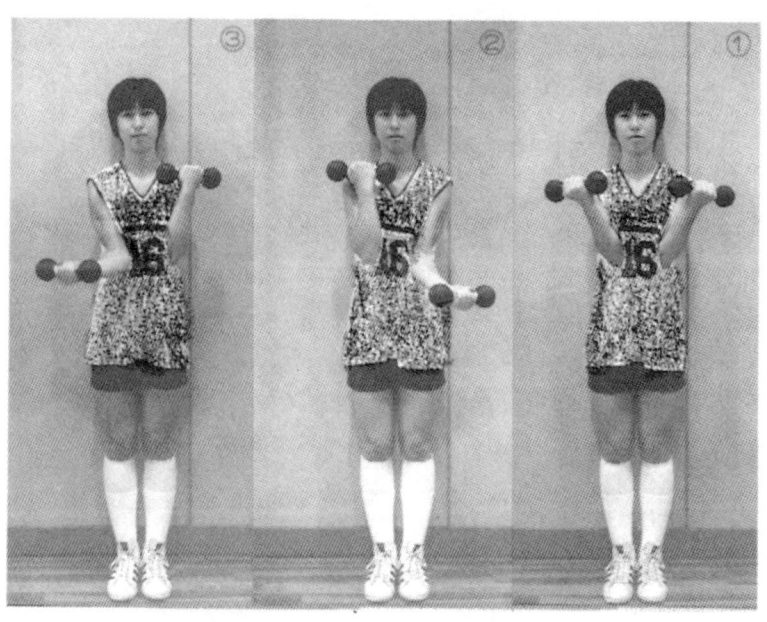

⑥ 다리를 전후로 벌리고, 교대로 바꾸면서 점프한다(스쿼트 점프)(10회).

(2) 볼 킵력

근력 트레이닝을 했다고 해서, 상대에게 볼을 뺏기지 않는 킵력이 붙었다고 할 수는 없다. 볼의 이동 방법, 피벗 방법을 근력 트레이닝과 나란히 실시하는 것이 중요하다.

① 1대 1의 볼 이동

양다리를 좌우로 어깨폭보다 넓게 벌리고 볼을 든다.

한사람의 디펜스 플레이어가 볼을 빼앗으러 오는 것을, 발을 마루에 붙인 채 볼을 이동시키는 것만으로 볼을 킵하는 것을 연습한다. 볼의 이동과 중심 이동은 절대로 동시에 실시해서는 안 된다.

② 1대 1의 피벗

슛, 드리블의 페인트를 포함해서 연속 피벗을 실시한다. 디펜스 플레이어는 오펜스 플레이어의 움직임에 대응해서 스냅을 사용하면서 움직임을 저지하려고 노력한다.

오펜스 플레이어의 피벗은 자유롭게 실시하는 것보다도, 2가지 정도의 패턴을 정해서 실시하는 편이 효과적이다(그림2—3—1).

PART 2. 농구 실력을 향상시키기 위한 법 137

• 1대 1의 볼 이동

• 1대 1의 피벗

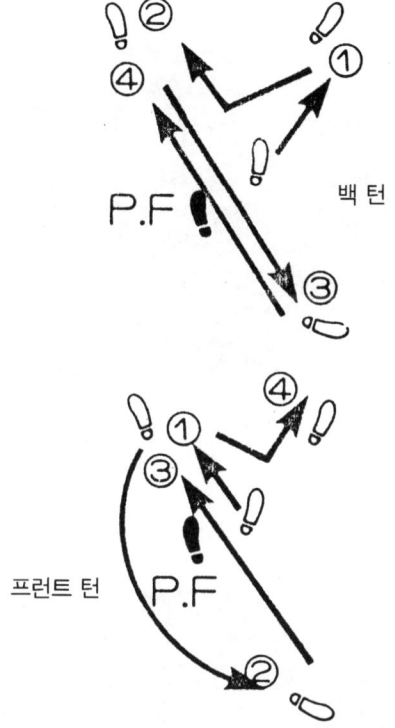

[그림2-3-1] 연속 피벗의 패턴례

③ 1대 2의 피벗

두 사람의 디펜스 플레이어가 볼을 뺏으려고 하는 것을 여러 가지 피벗을 사용하여 뺏기지 않도록 한다. 볼의 이동과 몸의 이동을 동시에 해서는 안 된다. 볼을 먼저 이동하고, 순간 늦춰서 몸의 이동을 실시하든가 또는 그 반대를 실시한다.

● 1대 2의 피벗

제 3장
기초적 기술의 양성

1. 슛

 농구는 득점을 겨루는 경기이기 때문에 슛에 관한 연습이 가장 중요한 것은 말할 필요도 없다.

 3점 슛(링에서 6.25m의 반원 바깥쪽에서의 슛)의 매력은 물론 있지만, 골 부근의 슛 연습을 게을리해서는 절대로 게임에 이길 수 없다. 어느 슛이나 진지하고 끈기있게 연습하는 것이 중요하다.

(1) 골 부근에서의 슛

 드리블에서의 슛, 골을 향해 달려 들어가 패스를 받아서의 슛, 골 부근에서 패스를 받아서의 슛 등, 골에 가까운 곳에서의 슛에는 여러 가지가 있다. 디펜스에 대응해서 어떤 형태라도 슛할 수 있도록 하는 것과 동시에 100%의 확률을 목표로 해서 연습한다.

① 레이업 슛(오버핸드)

 러닝(또는 드리블)하면서 볼을 받아 손목을 젖혀서 볼을 얹어 슛한다. 오른손 슛의 경우, 공중에서 볼을 받아, 오른발, 왼발의 순으로 스텝을 해서 슛한다.

• 레이업 슛(오버핸드)

② 레이업 슛(언더핸드)

러닝(또는 드리블)을 하면서 볼을 받아 그대로 볼을 위로 가져가서 슛을 한다. 스텝의 요령은 오버핸드의 경우와 같다.

• 레이업 슛(언더핸드)

③ 2단 모션에서의 슛

레이업 슛(오버핸드)와 같은 요령으로 슛의 체세에 들어가서, 머리 위까지 가져 간 볼을 일단 가슴까지 끌어당기고, 다시 한번, 팔꿈치를 잔뜩 뻗어 머리 위에서 슛한다.

슛　　한번 더　　끌어 당긴다　　볼을 머리 위로
　　　뻗는다　　　　　　　　　　가져간다

• 2단 모션에서의 슛

④ 쇼트 스텝의 레이업 슛(언더핸드)

오른손 드리블로 슛하는 경우, 보통 오른발, 왼발의 순으로 스텝을 해서 오른손으로 슛을 하지만, 그것을 제1의 스텝(오른발)으로 힘차게 딛고, 왼손으로 슛하는 방법이다. 볼의 회전이 반대가 되지 않도록, 특히 주의한다.

왼손으로 슛   오른발 스텝

• **쇼트 스텝 레이업 슛**

⑤ 백 슛

백 슛의 뒤쪽에서 슛하는 방법이다. 보기 보다도 쉽고, 또 실전적이기 때문에 적극적으로 연습해야 한다.

슛　　　　　스텝　　　　　캐치

• 백 슛

⑥ 훅 슛

링에 대해서 몸을 옆으로 하고, 팔꿈치를 받아서 한손에 볼을 얹어, 어깨보다 높은 위치에서 팔꿈치를 구부리면서 손목의 스냅을 이용하여 슛하는 방법이다. 센터 플레이어에게 필요한 슛이다.

스냅으로 슛

• 훅 슛

⑦ 턴 슛(수직 다리)

링에 등을 돌리고 서서, 볼을 받는 순간에 다리를 전후로 한다. 뒷발을 피벗 풋으로 해서 180도 턴해 슛한다. 센터 플레이어에게 필요한 슛이다.

| 턴 | 세로다리 |

• 턴 슛(세로다리)

⑧ 턴 슛(평행 다리)

링에 등을 돌리고 서서, 그대로의 상태에서 볼을 받는다. 135도 턴하여 비스듬히 뒤로 내딛어 슛한다. 센터 플레이어에게 필요한 슛이다.

턴   평행다리

• 턴 슛(평행 다리)

(2) 점프 슛

게임에 있어서 점프 슛이 차지하는 비율은 매우 크기 때문에 꼭 마스터해야 한다. 노 마크에서의 점프 슛뿐 아니라, 디펜스 플레이어를 피하고서의 점프 슛의 기술도 몸에 익힐 필요가 있다. 또한 슛이 되기 위해서 다음 점에 주의해서 연습한다.

- 전력 투구하라.
- 발끝을 링으로 향하라.
- 반드시 링을 보라
- 같은 장소에서 연습하라.
- 1일 500개 이상 연습하라.
- 링의 바로 앞을 노려라.

① 볼에 미트해서의 점프 슛

볼 밑에 휙 들어가는 듯한 기분으로 볼을 받아, 점프해서 슛을 한다. 받는 다리는 점프 스톱해서 스트라이드 스텝이라도 좋지만, 발끝이 링 방향을 향해 있는 것이 중요하다. 공중에서의 폼은 팔꿈치를 당기지 않는 것, 손목을 젖히지 않는 것, 몸이 링에 정대(正待)해 있는 것이 필요하다.

슛   팔꿈치를 펴지 않는다   발끝은 링으로   볼에 미트

• 미트 점프 슛

② 서든 스톱의 점프 슛

드리블에서 급격히 스트라이드 스톱을 하고, 동시에 점프해서 슛을 한다. 이것은 디펜스 플레이어가 슛 블록을 하기 전에 슛하는 방법이다. 서든 스톱을 하기 위해서는 최후의 드리블 지점보다, 뒷발이 앞으로 나오지 않도록 해야만 한다(그림3—1—1).

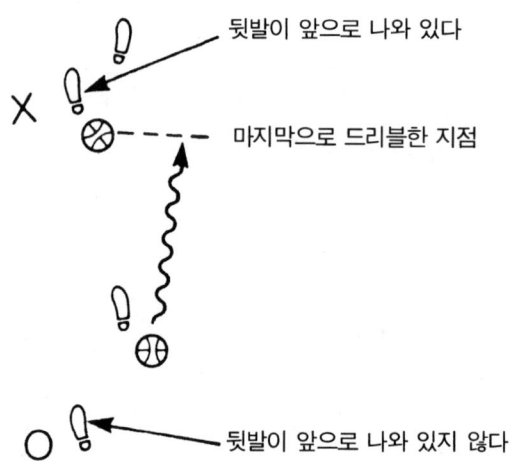

[그림3—1—1]

③ 피벗 점프 슛

서든 스톱의 점프 슛을 할 것을 전제로 하고, 슛 모션을 해서, 그것을 페인트로 해 다리를 크게 앞으로 내딛어 슛하는 방법이다.

　　다리를 넣어 슛　　　　　　슛 페인트

　　　　　•피봇 점프 슛

(3) 세트 슛

한손, 또는 양손으로 하는 슛을 세트 슛이라고 한다. 남자의 경우는 점프 슛이 많이 사용되지만, 여자의 경우는 완력이 남자에 비해서 뒤떨어지기 때문에, 세트 슛이 유효한 무기가 된다.

① 원 핸드의 세트 슛

㉠ 손목을 젖혀서 얼굴 앞에서 슛을 한다. 볼 밑으로, 링이 보이는 곳에 세트하는 것이 좋다.

㉡ 팔꿈치를 옆으로 당기지 않도록 주의한다.

㉢ 전력 투구할 것을 유의하고, 거리의 원근은 무릎의 구부리는 방법으로 조정한다.

던지는 법　　　자세(정면)　　　자세(옆)

• 원 핸드의 세트 슛

② 더블 핸드의 세트 슛

㉠ 양손으로 볼을 들고, 얼굴 앞에서 세트한다. 볼 위로 링이 보이는 곳에 세트하는 것이 좋다.

㉡ 양팔꿈치는 몸쪽에 붙이도록 하고, 옆으로 당기지 않도록 주의한다.

㉢ 손목의 스냅을 살려서 던져 올리고, 거리의 원근은 무릎의 구부리는 방법으로 조정한다.

| 던지는 법 | 자세(정면) | 자세(옆) |

• 더블 핸드의 세트 슛

(4) 슛의 연습법

2인 1조, 또는 3인 1조 교대로 연습하는 방법도 있지만, 여기에서는 움직이면서의 슛 연습법을 소개한다.

① 골 부근의 슛

〈주〉 슛한 사람은 사이드로 움직여서 패스를 받아, 다음 사람에게 숄더 패스를 한다. 패스를 한 사람은 슛이 들어가면 엔드에서의 스로 인, 떨어지면 바운드해서 패스 아웃을 한다.

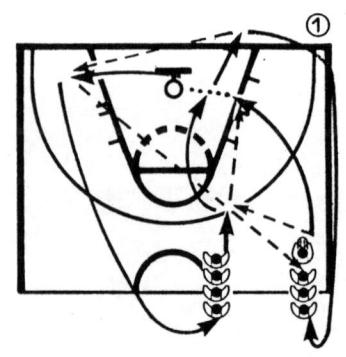

- 레이업 슛
- 2단 모션에서의 슛
- 백 슛

[그림3-1-2]

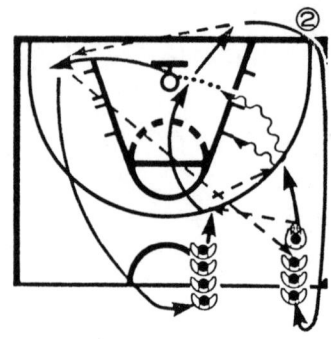

- 레이업 슛
- 2단 모션에서의 슛
- 피벗 슛
- 쇼트 스텝 레이업 슛
- 백 슛

[그림3-1-3]

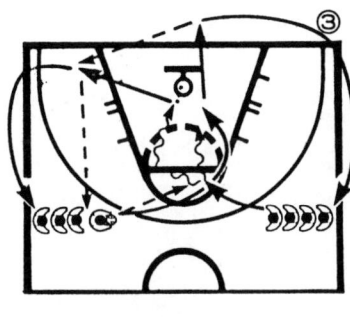

[그림3-1-4]

- 레이업 슛
- 2단 모션에서의 슛
- 피봇 슛
- 쇼트 스텝 레이업 슛
- 백 슛
- 훅 슛
- 턴 슛

[그림3-1-5]

- 레이업 슛
- 백 슛

〈주〉 Ⓐ에서는 인사이드 턴

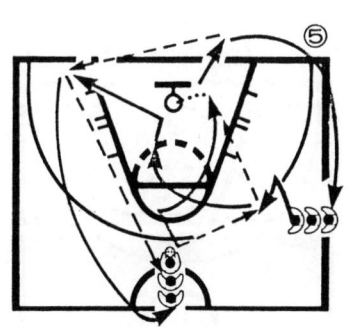

[그림3-1-6]

- 레이업 슛

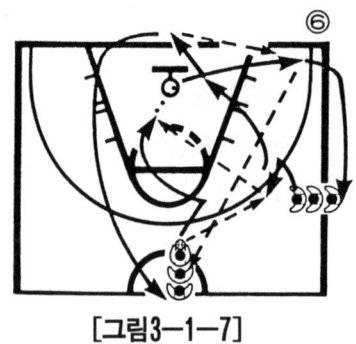

[그림3-1-7]

• 레이업 슛

② 점프 슛

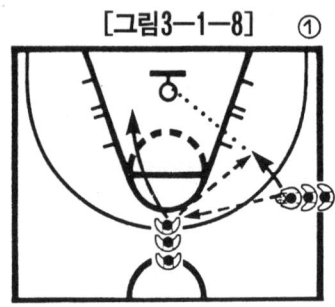

[그림3-1-8] ①

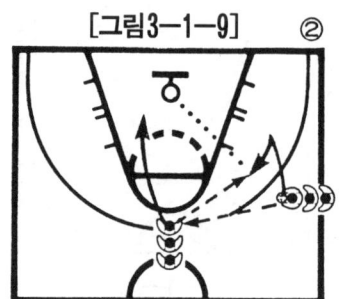

[그림3-1-9] ②

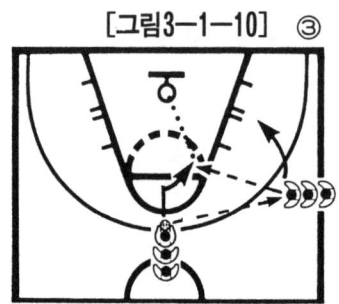

[그림3-1-10] ③

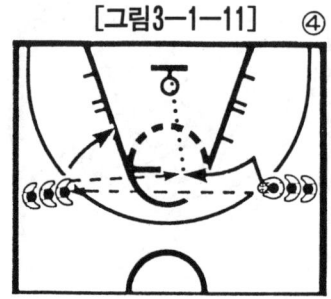

[그림3-1-11] ④

PART 2. 농구 실력을 향상시키기 위한 법   159

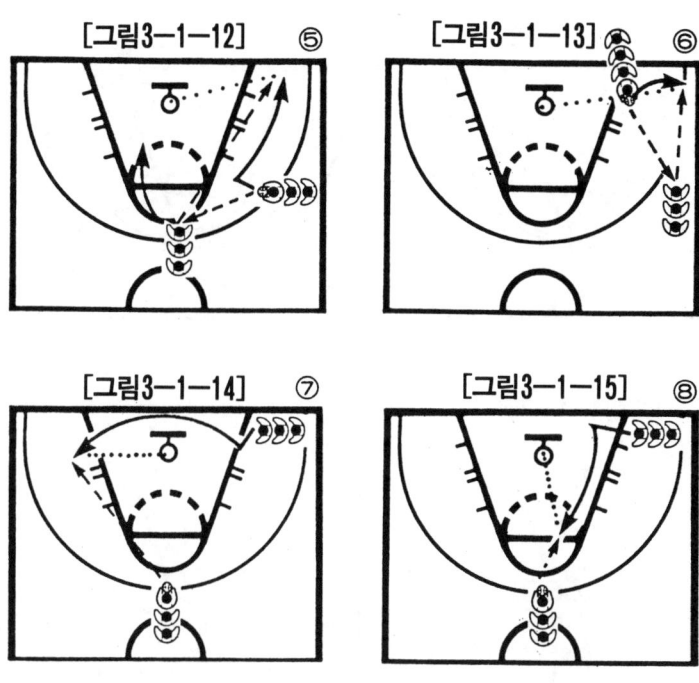

⟨주⟩ 피벗을 하지 않고 슛

③ 드라이브 인 슛

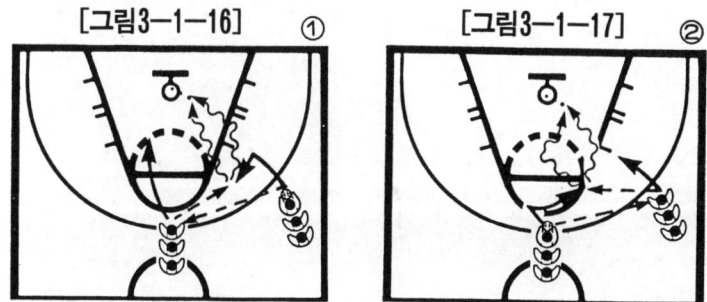

⟨주⟩ 골 부근의 슛과 중복하는 것은 제외한다

[그림3-1-18] 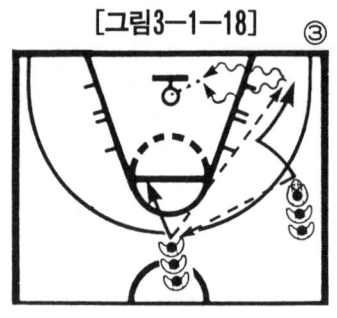 [그림3-1-19]

[그림3-1-20]  [그림3-1-21]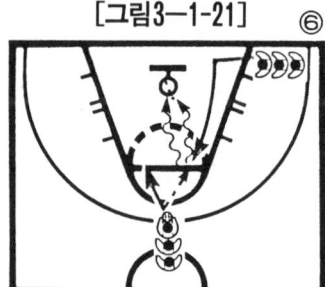

④ 슛 연습상의 주의

㉠ 항상 디펜스를 상정하고 연습할 것.

㉡ 슛의 일반 원칙을 잊지 말 것.

㉢ 리바운드부터 패스 아웃까지 할 것.

㉣ 패스를 한 사람은 자신이 리바운드에 참가하는지, 세이프티맨의 역할을 하는지, 확실히 인식해 둘 것.

㉤ 앞 사람이 떨어뜨리면 자신이 꼭 넣는다고 하는 마음으로 슛할 것(팀으로써 2번 연속해서 떨어뜨리지 않도록 할 것).

2. 드리블

슛을 성공시키기 위해서는 볼을 상대에게 뺏기지 않는 드리블 기술과 상대를 앞지르는 드리블 기술을 몸에 익히는 것이 중요하다. 드리블의 종류는 여러 가지가 있지만, 가장 중요한 것이 스피드의 직선 드리블이라는 점을 잊어서는 안 된다. 볼을 보지 않고 풀스피드로 직선 드리블을 할 수 있으면, 다른 드리블 기술은 의외로 간단히 마스터할 수 있을 것이다.

(1) 드리블 체인지

소위 반격 연습이다. 어느 경우에나 반격하는 순간까지 양어깨가 진행 방향을 향하고 있다고 하는 점이 포인트이다.

① 프런트 체인지(앞)

반격하는 드리블을 비스듬히 전방으로 밀어 내고, 볼을 뒤쫓는 것 같은 타이밍으로 반격하는 방법이다.

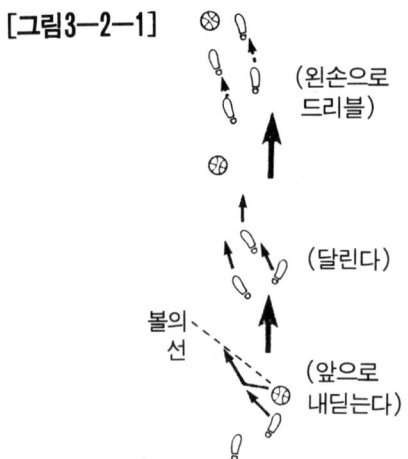

• 프런트 체인지(앞)

• 프런트 체인지(앞)

② 프런트 체인지(옆)

반격하는 드리블을 바로 옆으로 밀어내고, 곧 반대 손으로 짚는 방법이다. 바로 옆이란 엔드 라인에 평행이라고 하는 의미이다.

[그림3-2-2]

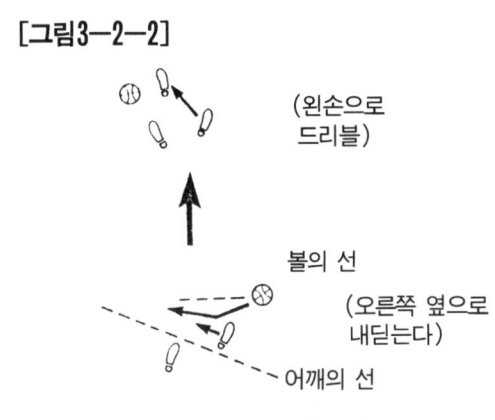

• 프런트 체인지(옆)

• 프런트 체인지(옆)

③ 프런트 체인지(뒤)

반격하는 드리블을 바로 앞으로 당기고, 곧 반대 손으로 밀어내는 방법이다. 오른손 드리블의 경우, 왼발을 앞으로 해서 스트라이드 스톱을 하고, 오른발을 축으로 해서 왼발을 당기면서 볼을 바로 앞으로 당기고, 오른발을 내딛음과 동시에 왼손으로 볼을 밀어낸다.

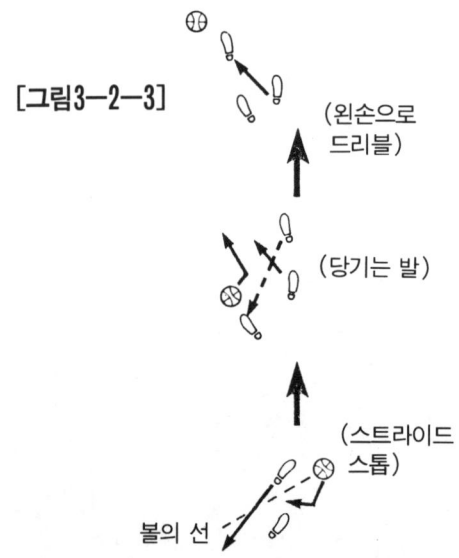

[그림3-2-3]
(왼손으로 드리블)
(당기는 발)
(스트라이드 스톱)
볼의 선

• 프런트 체인지(뒤)

● 프런트 체인지(뒤)

④ 다리 밑 체인지

오른손 드리블의 경우, 왼발을 앞으로 해서 스트라이드 스톱을 하고, 다리 사이로 반격을 하는 방법이다.

⑤ 백 체인지

오른손 드리블의 경우, 오른발을 짚은 순간에 오른발을 올리면서 몸 뒤에서 반격하는 방법이다. 볼을 손으로 돌리지 않고 두드리듯이 해서 반격하는 것이 중요하다.

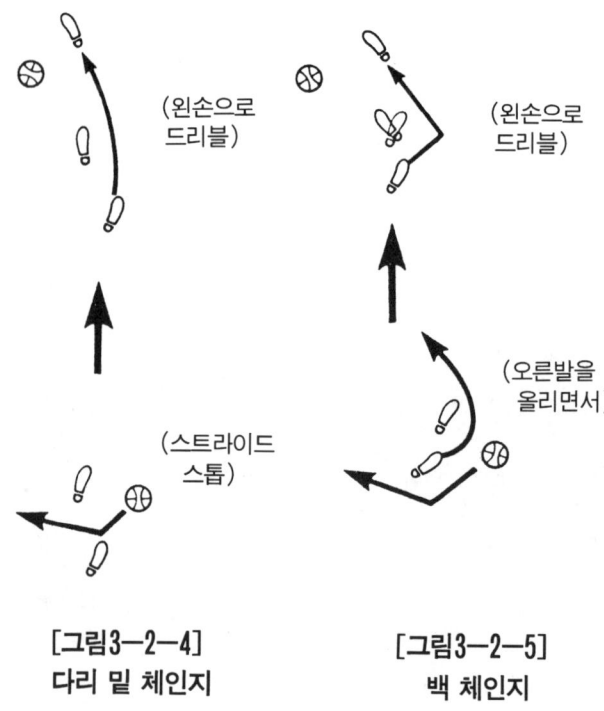

[그림3-2-4] 다리 밑 체인지

[그림3-2-5] 백 체인지

PART 2. 농구 실력을 향상시키기 위한 법　167

• 다리 밑 체인지

• 백 체인지

(2) 턴 드리블

뒤 회전의 턴을 하면서 방향 전환을 하는 연습이다. 뒤 방향의 상태를 가능한 한 짧게 하는 것이 중요하다.

① 백 핸드 턴

오른손 드리블의 경우, 왼발을 앞으로 해서 스트라이드 스톱을 하고, 백 턴을 함과 동시에 왼손 드리블로 바꾸는 방법이다.

② 백롤 턴

오른손 드리블의 경우, 왼발을 앞으로 해서 스트라이드 스톱을 하고, 백 턴을 하면서, 오른손만으로 볼을 쥐는 듯한 느낌으로 이동한다. 바운드시키면, 즉시 왼손으로 드리블한다.

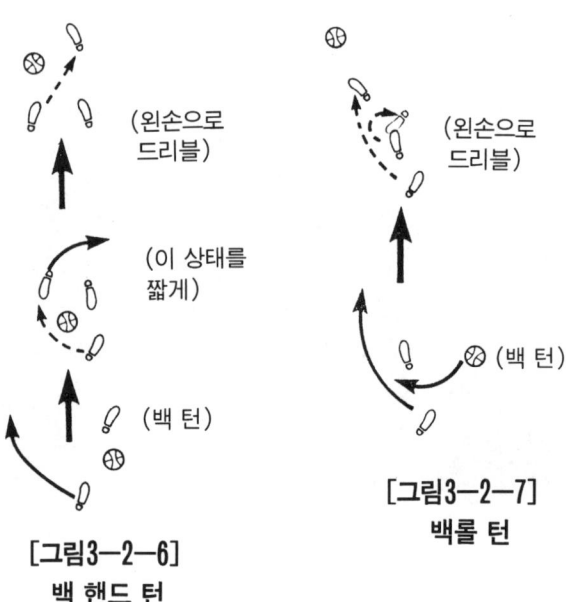

[그림3-2-6] 백 핸드 턴

[그림3-2-7] 백롤 턴

● 백 핸드 턴

● 백롤 턴

(3) 드리블의 연습법

그림3—2—8과 같이 3줄~4줄로 엔드 라인부터 엔드 라인까지, 체인지 및 턴의 연습을 한다. 양쪽 엔드 라인에 적색과 청색의 깃발을 든 사람을 두고, 드리블을 하면서 올라간 깃발의 색을 콜한다. 볼을 보지 않고 드리블하는 습관을 몸에 익히기 위한 연습 방법이다. 그 외의 연습 방법으로서는 서클을 이용하거나, 장해물을 놓거나, 디펜스를 붙이거나 해서 연습을 하는 방법이 있다.

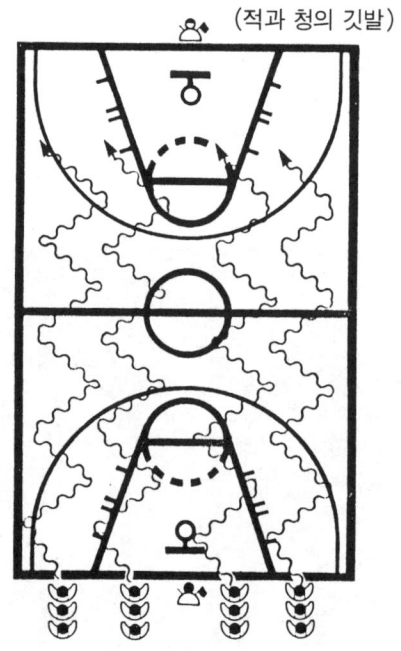

[그림3-2-8]

① 서클의 이용

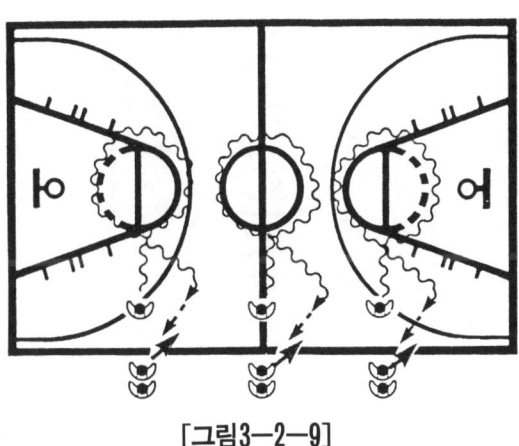

[그림3-2-9]

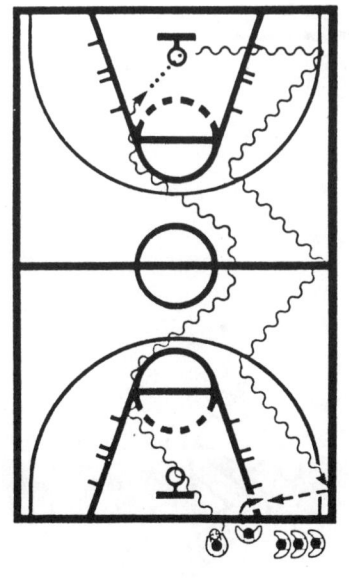

[그림3-2-10]

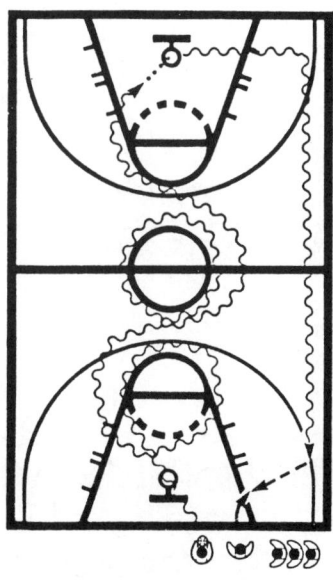

[그림3-2-11]

② 장해물의 이용

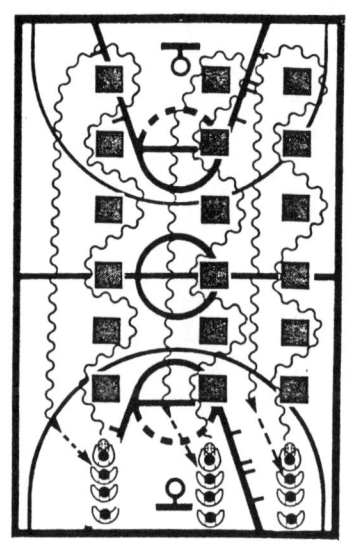

[그림3-2-12]

〈주〉 장해물로써 사람을 세워 놓고, 손을 어깨 높이로 올리게 해 두는 방법도 있다.

③ 디펜스 붙이기

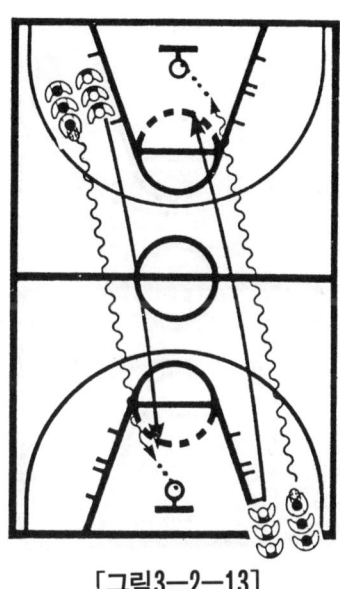

[그림3-2-13]

〈주〉 디펜스는 크로스 스텝

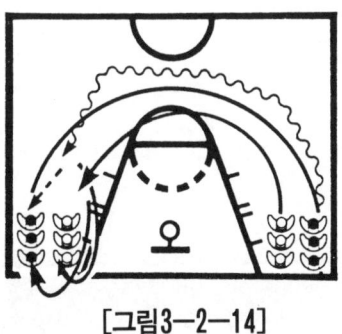

[그림3-2-14]

〈주〉 디펜스는 슬라이드 스텝

④ 드리블 경쟁

[그림3-2-15]

〈주〉오른손과 왼손을 각 1회씩 실시할 것

3. 패 스

　최근, 패스에 관한 연습이 약간 중시되는 경향이 있지만 패스의 힘이 없기 때문에, 보다 좋은 슛 찬스를 엉망으로 만들어 버리는 경우를 가끔 볼 수 있다. 올바른 패스의 방법을 몸에 익힌다. 그와 동시에 실전에서 많이 사용되는 패스를 연습한다.

(1) 패스의 종류

기본적인 패스의 종류를 익힘과 동시에 실전적인 패스의 방법을 습득한다. 실전적인 패스란 상황에 따라서 어디에서나 할 수 있는 패스이다. 그러기 위해서는 모션을 하지 않는 패스(노모션 패스)를 몸에 익힐 필요가 있다. 또한, 좋은 패스는 올바른 캐치로부터 생기는 점을 잊어서는 안 된다.

① 체스트 패스

볼을 가슴 앞에서 들고, 양팔꿈치는 몸쪽에 붙인다. 무릎과 허리의 탄력을 이용해서 손목의 스냅을 이용하여 볼을 밀어낸다. 엄지, 검지, 중지 3개의 손가락으로 볼을 역회전시키는 것과 양다리의 무릎은 구부리고, 뒷발은 마루에서 떼는 것이 포인트이다.

손을 뻗어서 캐치   팔꿈치를 펴지 않고   손목을 젖힌다

• 체스트 패스

② 사이드 핸드 패스(원 핸드)

팔꿈치를 몸쪽에 붙이고, 손을 바로 옆으로 해서 볼을 든다. 팔꿈치부터 앞으로 밀어 내듯이 해서 손목의 스냅을 이용하여 패스를 한다. 이 때, 팔꿈치가 몸보다 뒤로 가지 않도록 주의한다.

팔꿈치를 밀어낸다   팔꿈치는 몸쪽에   손을 뻗어서 캐치

• 사이드 핸드 패스

③ 바운드 패스

체스트 패스, 사이드 핸드 패스와 같은 요령으로 볼을 마루에 바운드시킨다. 실전에서는 디펜스 플레이어의 발밑에 바운드시키지만, 대면으로 연습할 경우는 중간 지점에서 바운드시킨다.

• 바운드 패스(양손)

④ 오버헤드 패스

볼을 양손으로 들고, 머리 위에 준비한다. 한발을 앞으로 내딛고, 중심을 앞발로 이동하면서 손목의 스냅을 이용해 패스한다. 던질 때에는 팔꿈치를 가볍게 구부린다. 그리고 던져내린 팔꿈치를 재빨리 원래대로 되돌리면서 패스를 한다.

팔꿈치를 올린다   휘둘러 내린다   제자리로 돌린다

• 오버헤드 패스

⑤ 숄더 패스

다리를 전후로 벌리고, 볼을 어깨 위에서 준비하고, 반대 손을 가볍게 덧붙인다. 팔꿈치를 가능한 한 뻗어 위에서부터 던져 내린다. 마루와 평행한 패스가 되도록 유의한다.

재빨리 던지는 위치로   팔꿈치를 올린다   마루와 평행한 패스

• 숄더 패스

⑥ 언더핸드 패스(한손)

볼을 양손으로 들고, 가슴 부근에서 준비한다. 축이 되는 다리를 깊이 구부리고, 또 한쪽의 다리를 내딛으면서, 무릎의 높이에서 손목의 스냅을 살려 패스를 한다. 양손의 언더핸드 패스도 있지만, 실전에서는 별로 사용되지 않는다.

가슴에서   다리를 내딛고   스냅을 살린다
준비한다

• 언더핸드 패스(한손)

⑦ 점프 패스

점프해서 오버헤드 패스를 한다. 실전에서 흔히 사용되는 패스이다.

• 점프 패스

⑧ 비하인드 백 패스

패스를 하는 방향에 대해서 몸을 옆으로 향하고 선다. 허리 높이에서 등뒤로 손목의 스냅을 이용하여 패스를 한다.

스냅을 살려서   등뒤에서   가슴에 준비

• 비하인드 백패스

⑨ 훅 패스

패스를 하는 방향에 대해서, 몸을 옆으로 향하고 선다. 볼 소지자에 가까운 쪽의 다리를 앞으로 내딛고, 점프하면서 어깨를 축으로 해서 볼을 휘둘러 올린다. 마지막은 한손으로 볼을 잡듯이 하고, 손목과 손가락의 스냅을 이용해서 패스한다.

스텝을 끼고   한손에 얹어   스냅을 이용해서

● 훅 패스

❿ 탭 패스

공중에서 받은 볼을 갖지 않고, 손목과 손가락 끝의 스냅만으로 컨트롤해서 가까이에 있는 같은 팀 플레이어에게 패스한다.

타이밍을 맞춰서　　　볼을 잡지 않고　　　손가락끝으로 탭

• 탭 패스

(2) 패스의 연습법

패스의 연습 방법에는 여러 가지가 있지만, 한번에 많은 방법을 연습할 필요는 없다. 기술의 발달 단계나 목적에 따라서 필요한 것만을 선택하도록 한다.

① 대면 패스

㉠ 2인의 대면 패스 : 볼을 2개 사용한다. 사이드 훅 패스를 하는 방법과, 한 사람이 체스트 패스를 하고, 또 한 사람이 바운드 패스를 하는 방법이 있다.

• 사이드 훅 패스(위)와 체스트 패스와 바운드 패스(아래)

ⓛ **팀으로 실시하는 대면 패스(1)** : 정면에서 오는 볼을 캐치해서 정면에 있는 사람에게 패스를 하고, 달려서 패스를 한 줄에 선다 (그림3—3—1).

ⓒ **팀으로 실시하는 대면 패스(2)** : 디펜스를 붙여서 패스 연습을 한다. 패스를 하는 사람은 슛이나 드리블의 페인트를 사용하면서, 받는 쪽이 캐치 자세를 취한 순간에, 자세를 취한 쪽에 정확한 패스를 보낸다. 익숙해지면 드리블을 사용해도 좋다(그림3—3—2).

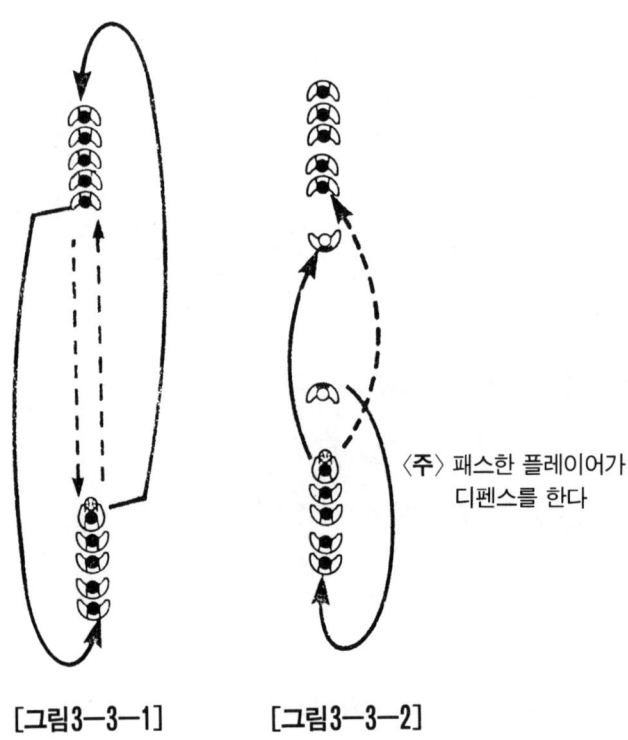

〈주〉 패스한 플레이어가 디펜스를 한다

[그림3-3-1]   [그림3-3-2]

② 트라이앵글 패스(3각 패스)

삼각형을 만들고 달리면서의 패스 연습이다.

㉠ 정삼각형을 만들고, 패스를 한 방향으로 대시한다(그림3—3—3).

㉡ 직각 삼각형을 만들고, 패스를 한 방향으로 대시한다. 패스의 장단을 만듦으로써 강약의 컨트롤을 습득시키는 것이 목적이다 (그림3—3—4).

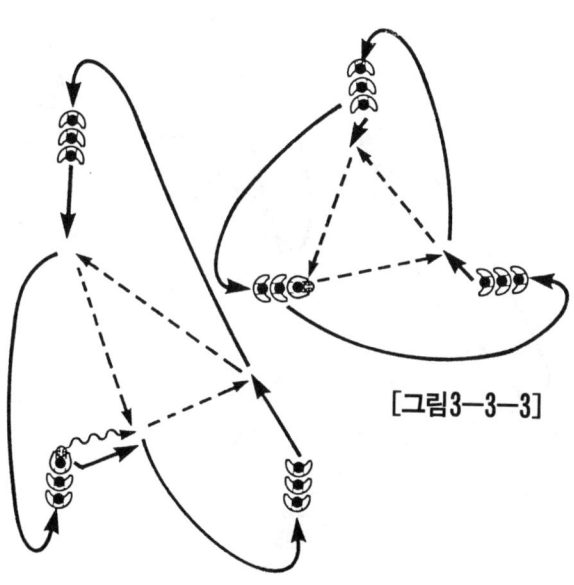

[그림3—3—3]

[그림3—3—4]

ⓒ 정삼각형을 만들고, 미트해서 볼을 받아, 패스를 한 방향과는 반대쪽으로 대시한다(그림3—3—5).

ⓔ 정삼각형을 만들어 달리면서 패스를 하고, 패스를 받은 사람의 등을 터치할 수 있도록 대시한다(그림3—3—6).

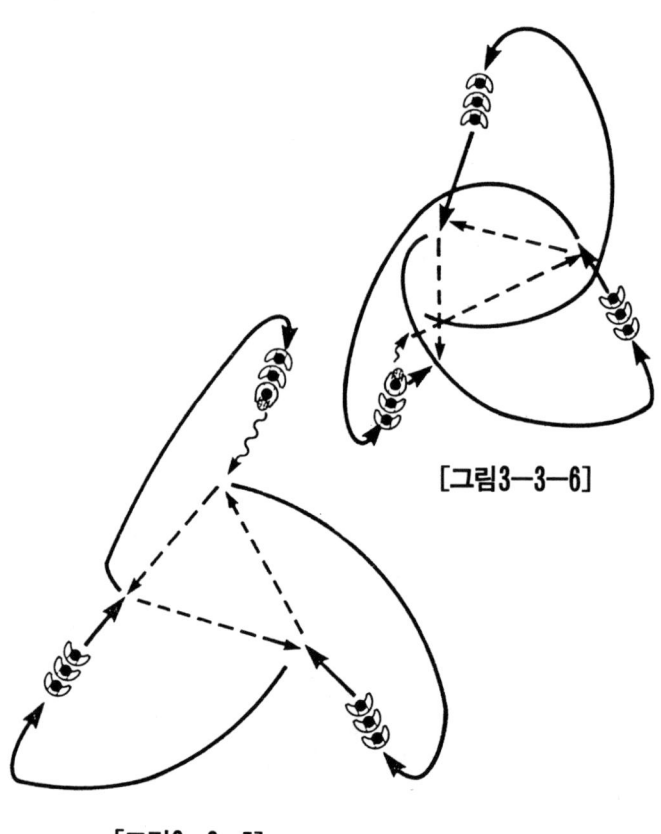

[그림3—3—6]

[그림3—3—5]

㉱ 정삼각형을 만들어 달리면서 패스를 한다. 패스를 한 사람은 순간 디펜스를 하도록 한다(그림3—3—7).

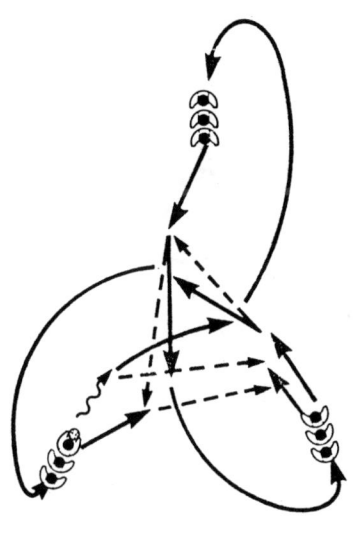

[그림3—3—7]

③ 스퀘어 패스(사각 패스)

㉠ 볼에 미트해서 캐치하고, 패스하고, 다음 줄까지 대시한다 (그림3—3—8).

㉡ 달리면서 볼을 받아 패스하고, 다음 줄까지 대시한다(그림3—3—9).

㉢ 볼을 2개 사용한다. 미트해서 볼을 캐치하고, 달려들어오는 플레이어에게 패스하고 대시한다. 다시 한번 패스를 받아 다음 플레이어에게 패스한다(그림3—3—10).

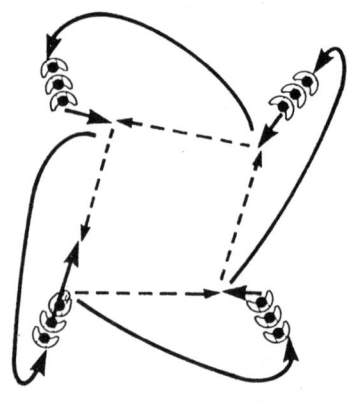

[그림3-3-8]

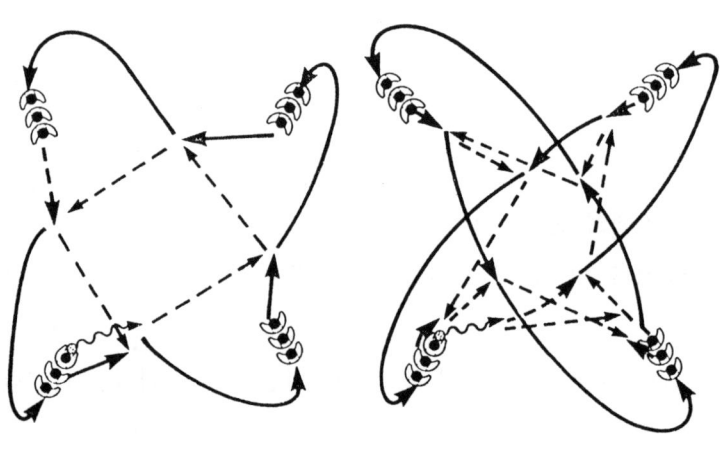

[그림3-3-9]   [그림3-3-10]

4. 리바운드와 루스 볼

 리바운드가 강한 팀이 시합에 이긴다고 할 만큼, 리바운드 볼의 확보는 중요하다. 동시에 리바운드에 부수하는 루스 볼의 확보도 간과해서는 안 되는 중요한 요소이다.

(1) 리바운드

 리바운드의 연습법은 수없이 있지만, 단지 연습했기 때문에 숙달한다고 하는 성질의 것은 아니다. 리바운드 볼의 확보는 '무엇이든지 잡자'고 하는 플레이어의 정신적인 면에 의지하는 것이기 때문이다. 리바운드에 관한 연습은 기술면의 숙달과 함께 의식을 향상시킨다고 하는 목적이 있음을 잊어서는 안 된다.

① 리바운드 볼의 잡는 법

 ㉠ **양손**: 점프의 최고점에서 볼을 잡아 재빨리 머리 부분까지 끌어 당기고, 다음 순간에 휙 볼을 머리 뒤로 가져 간다. 그대로의 상태에서 다리를 어깨폭보다 넓히고 착지한다.

 ㉡ **한손**: 점프의 최고점에서 한손을 뻗어 손목을 젖혀서 볼을 감아 들이고, 다음 순간에 반대 손을 덧붙여서 확실히 잡아 가슴으로 끌어당겨 착지한다.

잡는다　　　　　끌어당긴다　　　　　머리 뒤로

● 리바운드 볼 따는 법(양손)

얹는다　　　　　감아들인다　　　　　끌어당긴다

● 리바운드 볼 따는 법(한손)

② 1대 1의 리바운드

2사람 사이에 볼을 올려서 쟁탈전을 시킨다. 상호 충돌에 익숙해지는 것이 목적이다. 공중에서 몸을 비틀어 상대를 등돌리고 허리로 부딪치는 것이 포인트이다.

부딪친다   잡는다

• 1대 1의 리바운드

③ 1대 1의 스냅

공중에 볼을 올리고, 한 사람이 볼에 달려든다. 또 한 사람은 순간 늦게 뛰어 볼을 밑에서부터 스냅을 해서 튀겨내 루스 상태로 해서 볼을 뺏는다.

늦게 뛴다

스냅

• 1대 1의 스냅

④ 1대 2의 리바운드 슛

3사람의 플레이어를 골 밑에 두고, 보조자가 슛한 볼을 리바운드 한다. 볼을 확보한 플레이어는 슛을 하고, 다른 2사람은 디펜스를 한다. 슛이 들어와도 리바운드하고, 한사람의 플레이어가 3회 슛을 넣으면 종료로 한다. 패잔의 형태로 연습하고, 이론은 빼고, 잘 버티는 기분을 플레이어에게 심어주는 것을 목적으로 한다.

버티는 마음이 중요

• 1대 2의 리바운드 슛

⑤ 2대 2의 스크린 아웃

2대 2 공방의 포지션을 취하고, 슛을 해서 리바운드 경쟁을 한다. 리바운드 볼을 확보한 팀이 슛을 하고, 어느 쪽인가가 슛을 넣을 때까지 계속한다.

㉠ **슈터에 대한 스크린 아웃** : 슛에 대해서 체크를 하고, 그대로 앞다리를 축으로 해서, 백 턴을 해 스크린 아웃한다. 스크린 아웃은 등을 상대의 몸에 기대듯이 하고, 팔꿈치를 어깨 높이까지 올린다. 한 호흡을 두고, 상대가 리바운드에 참가하지 않을 때는 볼에 뛰어 들 준비를 한다.

㉡ **슈터 이외에 대한 스크린 아웃** : 리바운드에 들어가려고 하는 쪽의 다리를 축으로 해서 프런트 턴을 해 상대를 누른다.

아웃 체크

백 턴

양손을 올려서

• 슈터에 대한 스크린 아웃

　　　상대를 본다　　　　프런트 턴　　　　양손을 올려서

• 슈터 이외에 대한 스크린 아웃

(2) 루스 볼

어느 쪽의 팀도 갖고 있지 않는 볼(루스 볼)을 확보하는 것은 리바운드 볼의 확보와 마찬가지로 중요하다. 구르고 있는 볼에 달려드는 정신력과 리바운드 볼을 잡을 수 없을 때에 상대 볼을 튀겨내 루스 상태로 해서 잡는 기술을 몸에 익히도록 한다.

① 1사람의 루스 볼

보조자가 볼을 무릎 높이로 던진다. 플레이어는 러닝 스텝으로 어깨를 넣어, 볼을 마루에 떨어뜨리지 않고 잡는다. 볼을 던지는 페인트가 있었을 때는 플레이어는 정확히 반응해서 곧 역방향을 향해 대시한다. 10회 반복하면 교대한다.

② 1대 1의 루스 볼

2사람 사이에 볼을 굴려 쟁탈전을 시킨다. 재빨리 어깨를 넣어 상대보다 선행하는 것이 중요하다. 늦은 플레이어는 다시 한번 루스 볼의 상태로 하기 위해서 반칙하지 않도록 하면서 볼에 스냅하는 점을 유의한다. 루스 볼을 확보하면 보조자에게 패스 아웃하는 데까지 실시하면 된다.

어깨를 넣는다   반대로 대시   페인트

● 한 사람의 루스 볼

PART 2. 농구 실력을 향상시키기 위한 법   199

　　　대시　　　　　　어깨를 넣는다　　　　패스 아웃

•1대 1의 루스 볼

· 점프의 최고점에 이르면 슛을 한다.

제4장
시합을 위한 개인 기술의 양성

1. 1대 1의 기술

농구는 다섯명이 하는 경기이지만, 한 사람 한 사람의 힘이 있어야 비로소 다섯 사람의 힘이 발휘되는 것이다. 따라서, 1대 1의 오펜스력, 디펜스력이 최종적으로 승패를 결정하게 된다. 개인 기술 중에서도 가장 기초적이고 중요한 사항이기 때문에 확실히 익힌다.

(1) 오펜스의 기초 기술

디펜스에 대응해서 볼을 받아 그것 자체를 페인트로 해서 드리블로 빼는 기술과 디펜스를 따돌리고 볼을 받는 기술을 습득하는 것이 오펜스력을 기르기 위한 기초가 된다.

① 볼 받는 다리

그림4—1—1과 같이 45도의 포지션에서 프리 스로 라인 부근으로 뛰어나가 공중에서 볼을 받아 스톱하고, 역방향으로 드리블한다. 스톱의 방법, 드리블 방향의 종류를 습득하는 것을 목적으로

한다.

⟨주⟩ 이하의 ㉠～㉥의 설명은 그림4—1—1의 (A)지점에서 뛰어나가 볼을 받았을 경우이다.

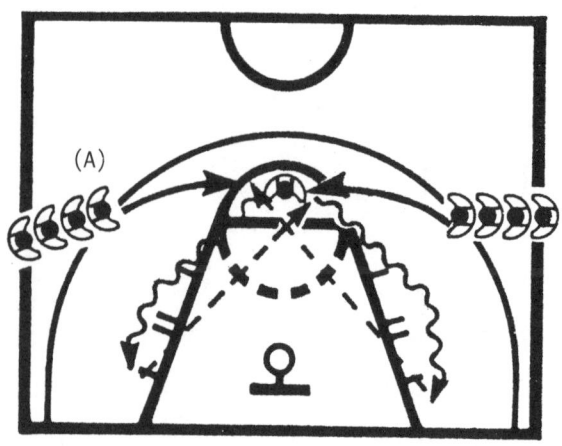

[그림4—1—1]

㉠ **앞방향 앞회전** : 공중에서 볼을 받아 오른쪽, 왼쪽의 순으로 스트라이드 스톱하고, 오른발을 축으로 해서 프런트 턴(앞회전)을 해서 드리블한다.

스톱도 마찬가지로 하고, 다음 사람에게 패스한다.

• 앞방향 앞회전

ⓛ 앞방향 뒤회전 : 공중에서 볼을 받아 오른쪽, 왼쪽의 순으로 스트라이드 스톱을 하고, 오른발을 축으로 해서 백 턴(뒤회전)을 해 드리블한다.

• 앞방향 뒤회전

ⓒ **뒤방향 앞회전**: 공중에서 볼을 받아 왼쪽, 오른쪽의 순으로 스트라이드 스톱을 하고, 링에 등을 돌린 자세에서 프런트 턴을 해 드리블한다.

• 뒤방향 앞회전

㉣ **뒤방향 뒤회전**: 공중에서 볼을 받아 왼쪽, 오른쪽의 순으로 스트라이드 스톱을 하고, 링에 등을 돌린 자세에서 백 턴을 해 드리블한다.

• 뒤방향 뒤회전

PART 2. 농구 실력을 향상시키기 위한 법   207

㉤ **앞방향 바깥다리** : 사이드 킥의 요령으로 왼발로 볼을 받아 오른발을 짚으면서 드리블한다.

• **앞방향 바깥다리**

ⓗ **뒤방향 안쪽다리** : 링에 등을 돌리고 오른발로 볼을 받아 왼발을 짚으면서 왼손으로 한번만 드리블을 한다. 스톱의 방법은 마찬가지로 하기는 어려우므로 어느 방법이라도 좋다.

• 뒤 방향 안쪽다리

② 볼 받는 방법

확실히 볼을 받기 위해서 디펜스 플레이어를 떼어놓는 기술을 몸에 익힐 필요가 있다.

[그림4-1-2]
떼어내기

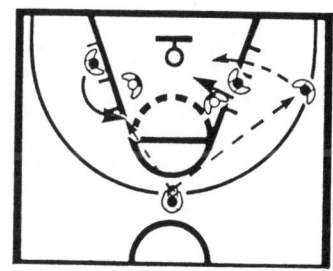

[그림4-1-3]
누르기

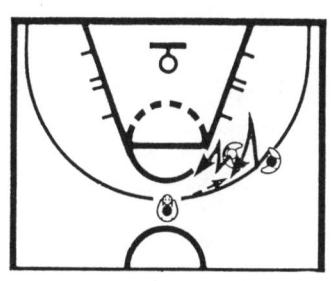

[그림4-1-4]
페인트

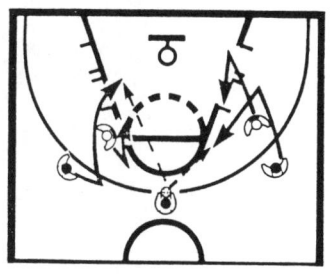

[그림4-1-5]
역찌르기

(2) 디펜스의 기초 기술

볼을 갖고 있는 사람(직접 공격자)과 갖고 있지 않는 사람(간접 공격자)에 대해서 각각 어떤 점에 주의해서 디펜스해야 하는지를 확실히 인식해 두어야 한다. 한 사람 한 사람이 자신의 역할을 정확히 하는 것이 팀 디펜스로 이어진다.

① 직접 공격자에 대한 디펜스(제1선의 디펜스)

쉽게 슛을 하게 하지 않는 것, 간단히 드리블로 놓치지 않는 것을 우선 유의하고, 다음에 타이밍이 좋은 패스를 시키지 않는 것을 유의한다.

㉠ 스탠스(방어 자세) : 다리를 전후로 해서 앞발쪽의 손을 올리고(핸드 업), 반대손은 자연히 옆으로 뻗는다. 중심은 대개 양다리 균등하게 두지만, 앞발은 항상 킥할 수 있는 준비를 해 둔다.

● 스탠스

ⓛ **스트롱 사이드와 위크 사이드** : 1대 1의 상태에서는 앞발쪽이 위크 사이드, 뒷발쪽이 스트롱 사이드가 된다. 따라서 중심선보다 약간 앞발쪽에 의해 디펜스를 한다. 팀 디펜스의 경우, 볼과 링을 연결해서, 같은 팀이 많은 쪽이 스트롱 사이드, 적은 쪽이 위크 사이드가 된다. 같은 팀의 소리에 따라 포지션을 약간 이동할 필요가 있다.

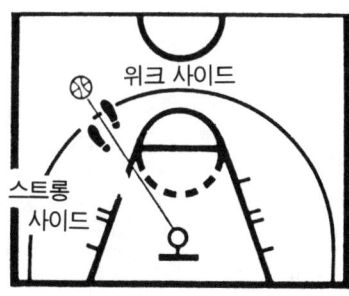

[그림4-1-6] 1대 1의 경우

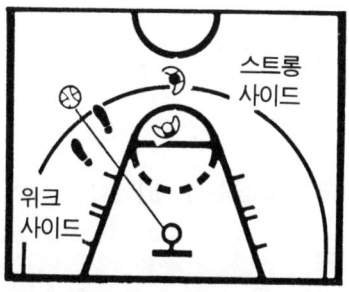

[그림4-1-7] 복수의 경우

ⓒ 페인트(페이크) : 슛이나 드리블의 페인트에 대응해서 다리의 바꿔 밟기를 해야만 한다. 드리블의 페인트에 대해서는 뒤로 물러난다고 하기보다 옆으로 움직이는 것을 유의한다. 슛의 페인트에 대해서는 반드시 그대로의 자세로 다가가서, 뒷발부터 나가는 일이 없도록 한다.

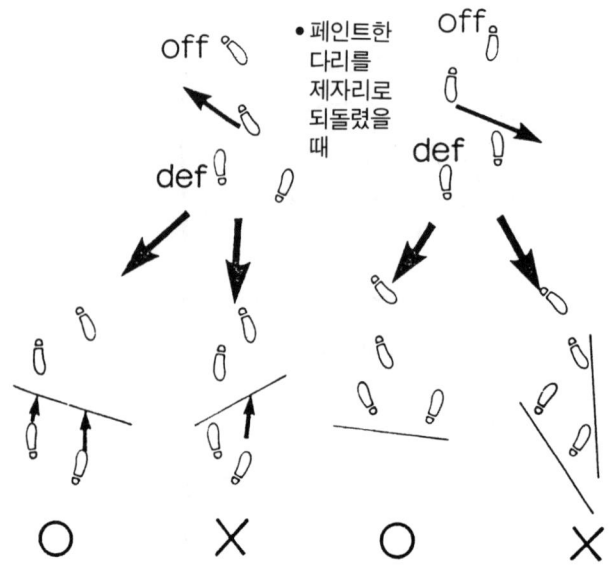

[그림 4-1-8]

② 간접 공격자에 대한 디펜스

간접 공격자에 대한 디펜스는 '제2선', '제3선'의 의식을 확실히 갖고 있는 것이 중요하다. '제2선'이란 볼 가까이에 있어 곧 직접 공격자가 될 가능성이 많은 플레이어에 대한 디펜스이고, '제3선'이란 볼에서 멀리에 있는 플레이어에 대한 디펜스이다.

'제2선'의 디펜스는 간단히 볼을 갖게 하지 않는 것, '제3선'의 디펜스는 볼에 미트하려고 하는 오펜스 플레이어의 움직임을 저지하는 것을 유의한다.

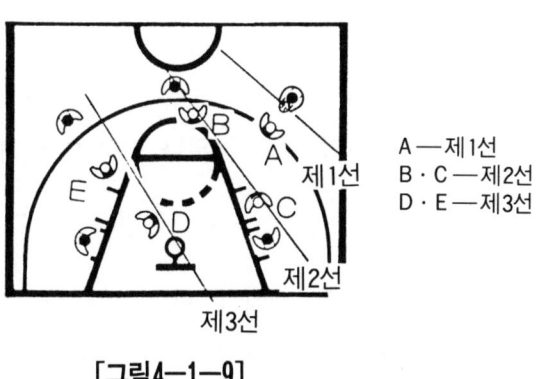

A—제1선
B·C—제2선
D·E—제3선

[그림4-1-9]

㉠ 포지션(위치) : 오펜스 플레이어의 입장에서 보아 볼과 링을 연결한 선의 각의 2등분선상에 위치한다. 각 사람의 능력에 따라서 커트할 수 있는 범위에서 가능한 한 오펜스 플레이어로부터 먼 거리에 위치하는 것이 좋다.

〈주〉각의 2등분선상에서 커트할 수 있는 범위 내에서 가능한 한 오펜스 플레이어로부터 떨어진 위치

[그림4-1-10]

ⓒ 비전(시야) : 볼과 자신의 마크맨이 보이는 듯한 몸의 방향을 취하고, 손바닥을 볼 쪽으로 향한다. 디펜스의 방법에는 페이스 가드(클로즈드 스탠스)와 백 가드(오픈 스탠스)의 2종류가 있다.

'제2선'의 디펜스는 페이스 가드, 백 가드 모두 일장 일단이 있어, 일률적으로 어느 쪽이 좋다고도 말할 수 없다. 팀의 사정, 개인의 특성에 따라 결정해야 한다.

'제3선'의 디펜스는 백 가드가 좋다.

● 페이스 가드란 볼에 등을 돌린 자세에서 지키는 방법으로 마크맨에 대해서는 강하지만, 드리블 인에 대한 가드가 하기 어렵다.

● 백 가드란 마크맨에게 등을 돌린 자세에서 지키는 방법으로 드리블 인에 대한 커버는 하기 쉽지만, 마크맨의 브라인드 컷인에 대해서 약하다.

PART 2. 농구 실력을 향상시키기 위한 법   215

• 페이스 가드

• 백 가드

③ 포지션 이동의 연습

패스나 드리블이 있으면 당연 포지션을 이동해야만 한다. 빠르고 정확한 포지션을 취하는 것을 목적으로 하는 연습이다. 그림4—1—11과 같이 톱과 양 45도에 보조자를 두고, 자유롭게 패스를 돌리게 한다. 드리블도 사용해도 좋다고 하고 포지션 이동 연습을 한다.

[그림4-1-11]

2. 1대 1의 공방

여러 가지 형태의 1대 1 연습을 실시함으로써 개인의 능력 신장을 꾀한다. 머릿속으로 이해하고 있는 것과 플레이가 잘 되는 것은 일치하지 않는다. 몸이 자연히 반응할 수 있게 될 때까지 초조해하지 말고 노력하는 것이 중요하다.

(1) 외각 플레이어의 1대 1

가드 및 포워드의 1대 1 연습.

1대 1의 기술에서 배운 것을 의식적으로 사용하는 것이 기술을 몸에 익히기 위한 비결이다.

① 피벗에서의 1대 1
톱 또는 45도의 포지션에서 볼을 들고, 슛이나 드리블로 빼는 페인트를 사용하면서 1대 1을 실시한다.

② 미트에서의 1대 1
디펜스 플레이어가 오펜스 플레이어에게 볼을 건네준다. 오펜스 플레이어는 미트해서 볼을 받아 그것을 페인트로 해서 드리블로 뺀다. 디펜스 플레이어는 드리블의 내밀기를 누르는 것을 유의한다.

③ 패스에서의 1대 1
그림4—2—1과 같이 보조자에게 패스하여 페인트를 사용해서 상대를 따돌리고, 다시 한번 볼을 받아 1대 1을 실시한다.

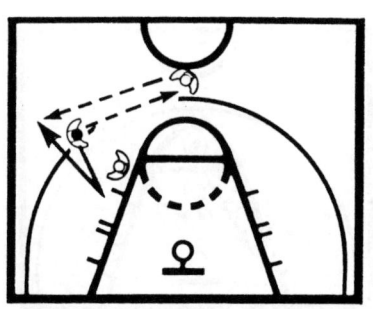

[그림4—2—1] 패스에서의 1대 1

(2) 센터 플레이어의 1대 1

① 피벗에서의 1대 1

하이 포스트, 로 포스트에서 1대 1을 실시한다. 오펜스 플레이어는 스스로 볼을 위로 올려 공중에서 잡아 내리고 뒤돌아서서 슛, 드리블의 페인트를 사용하여 공격한다.

디펜스 플레이어는 가능한 한 접근해서 오펜스 플레이어가 쉽게 피벗할 수 없도록 지키는 것을 유의한다.

② 패스에서의 1대 1

그림4—2—2와 같이 하이 포스트에서 볼을 잡아 45도, 코너에 있는 보조자에게 패스하고, 로 포스트로 움직여서 1대 1을 실시한다.

디펜스 플레이어는 먼저 좋은 포지션을 차지하는 것을 유의한다.

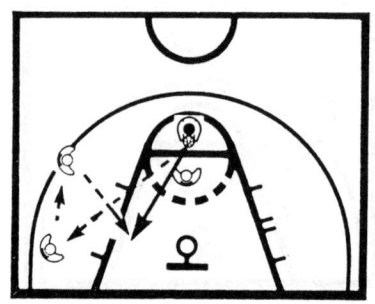

[그림4—2—2] 패스에서의 1대 1

③ 면(面)따기의 1대 1

면(面)따기란 디펜스 플레이어를 등으로 밀듯이 해서, 패스를 쉽게 받을 수 있는 상태를 만드는 것을 말한다. 그림4—2—3과 같이 보조자는 패스를 하면서 센터 플레이어가 면(面)을 땄을 때에 패스를 넣는다. 3회째에 패스했을 때에 1대 1을 실시한다.

오펜스 플레이어는 디펜스 플레이어의 손을 위에서 누르듯이 해서, 면을 따는 것에 유의한다.

디펜스 플레이어는 보조자 사이에서의 패스가 있을 때마다 재빨리 돌아 들어가서, 올바른 포지션을 잡는 것을 유의한다.

[그림4—2—3] 면따기의 1대 1

〈주〉 디펜스의 포지션

'위는 위에서, 아래는 아래에서'의 원칙에 따라, 오펜스 플레이어의 앞(또는 뒤)를 돌아 들어가서 포지션을 잡는다.

[그림4-2-4]
위는 위에서 지킨다

[그림4-2-5]
아래는 아래에서 지킨다

(3) 드리블의 1대 1

게임중에 있어서 드리블의 1대 1 공방은 여러 가지 장면에 볼 수 있다. 외각 플레이어뿐 아니라, 센터 플레이어도 드리블의 기술, 그것에 대한 디펜스의 기술을 습득하는 것은 매우 중요하다. 여러 가지 형태로 드리블의 1대 1을 실시함으로써 어느 장면에서나 대응할 수 있도록 하는 것을 목적으로 한다.

① 슬라이드 스텝의 1대 1

코트의 사이드 라인부터 사이드 라인까지를 4개로 구분해서 각각 1대 1을 실시한다. 디펜스는 슬라이드 스텝만으로 해서 그 강화를 꾀한다. 오펜스 플레이어는 하프 스피드로 상대에게 뺏기지 않는 드리블 연습을 한다. 볼을 절대로 보지 않는다.

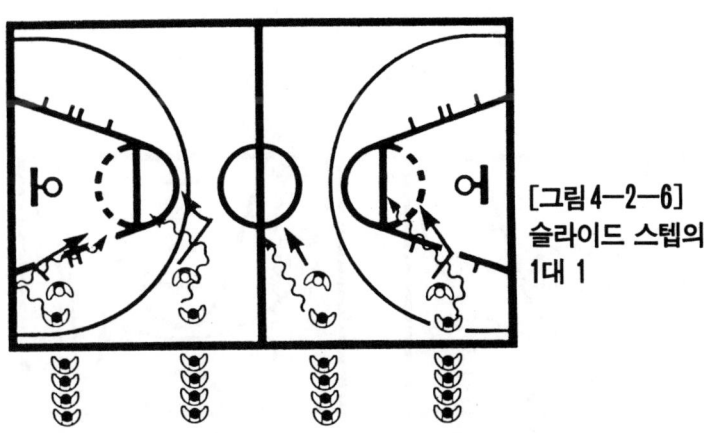

[그림 4-2-6]
슬라이드 스텝의
1대 1

② 올 코트의 1대 1

엔드 라인에서 스타트하여 도중에서 커트당해도 계속해서 실시하여, 슛할 때까지 계속한다. 오펜스 플레이어는 백 코트에서 빼도 드리블을 계속하면서 디펜스 플레이어를 기다려 몇 번이나 빼는 것을 유의한다.

〈주〉 뺀 상태란 디펜스 플레이어의 등으로 들어간 상태를 말한다 (그림 4-2-7).

③ 숄더 패스의 1대 1

디펜스 플레이어는 오펜스 플레이에게 숄더 패스를 하고 전속력으로, 가능한 한 오펜스 플레이어에게 접근해 1대 1을 실시한다.

오펜스부터 디펜스로의 전환 연습이다. 코트를 세로로 나눠 2군데에서 실시할 수 있다.

④ 하프 코트의 1대 1

센터 라인의 한가운데와 사이드에 서서 한가운데의 플레이어는 패스를 하고 그대로 디펜스를 한다. 루스한 상태에서 정확한 디펜스의 상태를 만드는 것을 목적으로 한다.

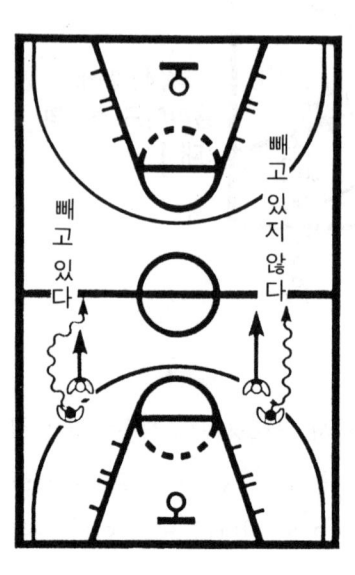

[그림4-2-7]
올코트의 1대 1

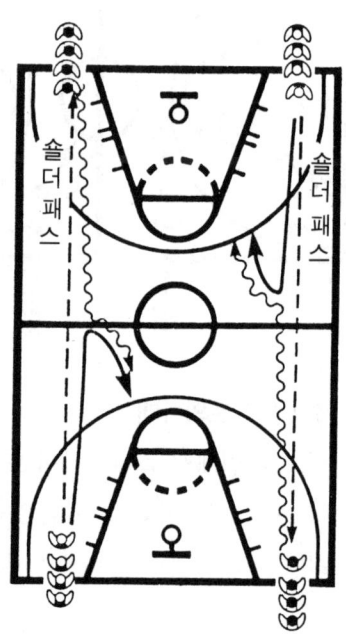

[그림4-2-8]
숄더 패스의 1대 1

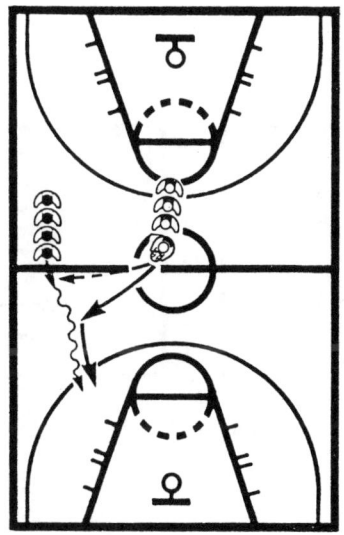

[그림4—2—9]
하프 코트의 1대 1

3. 2대 2의 공방

1대 1을 보다 유효하게 실시하기 위해 같은 팀을 이용하거나 같은 팀에게 협력해서 보다 좋은 상태를 만들어 내 주는 것도 필요한 기술이다.

디펜스는 반대로 항상 좋은 상태에서 지키기 위해 파이트 오버, 슬라이드, 스위치의 기술을 습득하는 것이 필요해진다.

(1) 외각 플레이어 간의 2대 2

그림4—3—1과 같이 톱과 45도 또는 두 가드 형태에서의 2대

2를 실시한다. 스크린의 거는 법과 그것에 대한 디펜스의 방법을 습득하는 것이 목적이다.

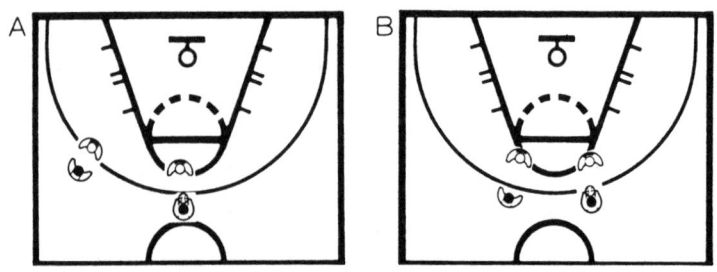

[그림4-3-1] 2대 2의 오펜스 포지션

① 스크린 플레이

㉠ 인 사이드 스크린 : 같은 팀을 위해 자신이 움직여서 스크린을 만드는 플레이를 인 사이드 스크린이라고 한다.

㉡ 아웃 사이드 스크린 : 같은 팀을 스크리너로서 이용하도록 자신이 움직이는 플레이를 아웃 사이드 스크린이라고 한다(어라운 드라고도 한다).

㉢ 드리블 스크린 : 드리블해서 같은 팀의 디펜스 플레이어에게 접근해 볼을 건네주면서 자신이 스크리너가 되는 플레이를 드리블 스크린이라고 한다.

〈주〉커트 어웨이와 롤 오프

스크린 플레이를 했을 때에 디펜스 플레이어가 스위치를 했을 경우, 스크리너가 골 밑으로 달려 들어가는 플레이를 커트 어웨이 라고 한다. 스위치한 디펜스 플레이어가 돌아 들어가려고 하는 것을 스크리너가 백 턴을 한 순간 상대를 누르고 나서, 골 밑으로 달려 들어가는 플레이를 롤 오프라고 한다. 이는 커트 어웨이를 보다 효과적으로 하기 위해서 행한다.

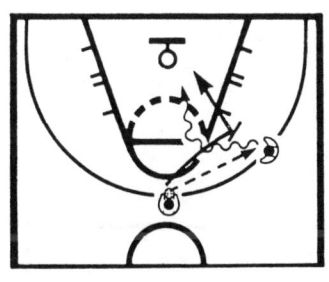

[그림4-3-2]
인 사이드 스크린

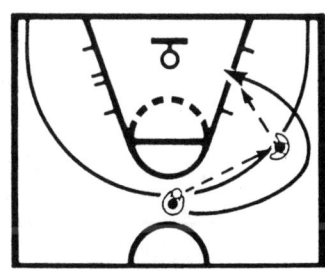

[그림4-3-3]
아웃 사이드 스크린

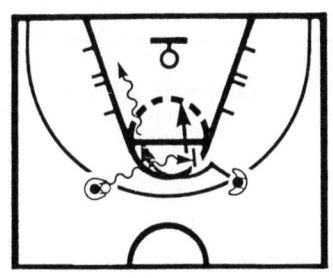

[그림4-3-4]
드리블 스크린

② 디펜스 방법

스크린 플레이를 하려고 하는 오펜스 플레이어에 대응해서 디펜스 방법을 바꾼다.

㉠ 파이트 오버 : 이것은 마크맨과 스크리너 사이를 통과해서 디펜스를 하는 방법이다. 이 방법에 의하면 스크린 플레이는 형성되지 않는다.

㉡ 슬라이드 : 스크리너와 같은 팀의 사이를 통과해서 디펜스하는

방법이다. 가장 노멀한 방법이지만, 사이를 빠져 나가는 순간은 디펜스하고 있지 않는 상태가 되기 때문에 거기에서 슛을 당할 우려가 있다.

ⓒ **스위치** : 마크맨을 교환하는 방법이다. 스위치한 순간에, 스크리너가 골 밑으로 달려 들어가면 노마크가 되어 버릴 우려가 있다.

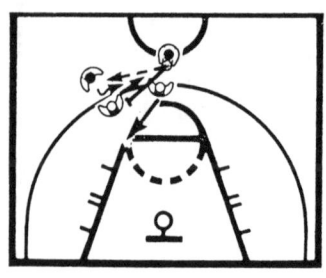 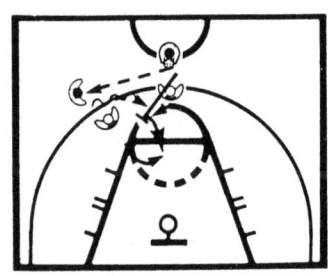

[그림4-3-5] 파이트 오버　　　[그림4-3-6] 슬라이드

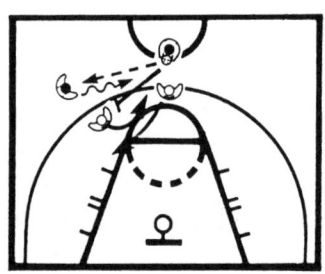

[그림4-3-7] 스위치

(2) 센터 플레이어간의 2대 2

몇 가지의 패턴을 정해서 2대 2를 실시한다. 이것은 단지 '움직여라' 하기 보다도 스무드하게 움직일 수 있기 때문이다. 디펜스는

일찌감치 체크하는 것을 유의한다.

① 45도가 키가 되는 패턴

45도로 패스를 한 순간에, 디펜스에 대응해서 정해진 움직임을 한다. 볼을 받은 센터 플레이어는 우선 1대 1로 공격하는 노력을 하고, 다 공격할 수 없을 때에 또 한사람의 센터 플레이어에게 패스를 한다. 볼을 받지 않았던 쪽의 센터 플레이어는 같은 팀의 방해를 하지 않는 것과 동시에, 움직임에 맞춰서 볼을 받을 준비를 해 둔다.

㉠ 로 포스트

〈주〉 면(面)따기

디펜스 플레이어를 등으로 눌러 둘 것

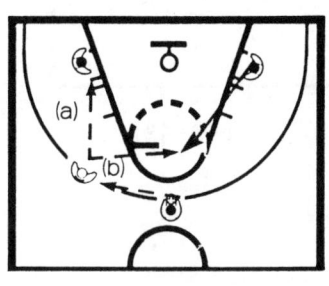

[그림4-3-8]

(a) 컷인   (b) 면따기

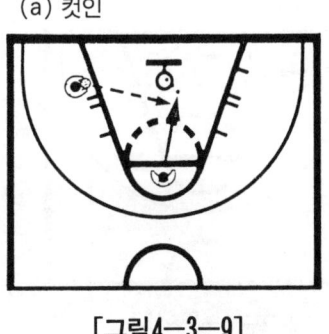

[그림4-3-9]   [그림4-3-10]

ⓒ 미들 포스트

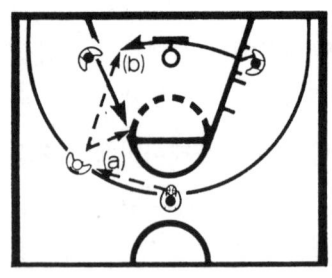

[그림4-3-11]

(a) 면따기

[그림4-3-12]

(b) 탭 패스

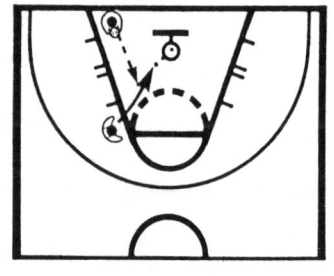

[그림4-3-13]

ⓒ 사이드 포스트

〈주〉로 프스트는 프런트 턴

(a) 드리블

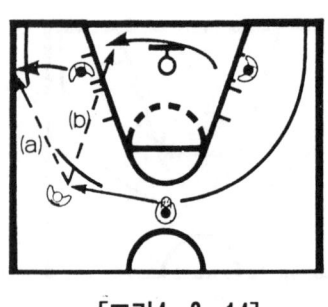

[그림4-3-14]

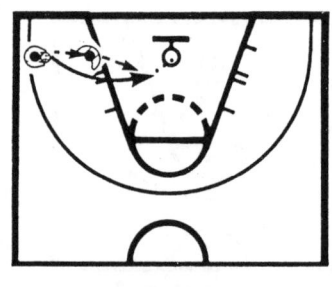

[그림4-3-15]

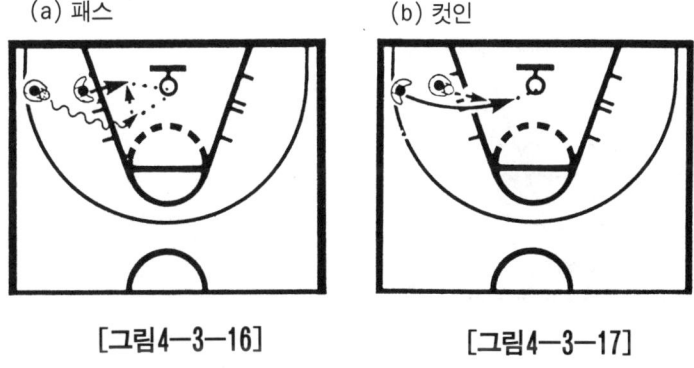

[그림4-3-16]　　　　　[그림4-3-17]

② 톱이 키가 되는 패턴

45도로 패스를 할 수 없을 경우에는 톱에서, 직접 센터 플레이에게 패스를 넣어 2대 2를 시킨다.

㉠ **싱글 하이 포스트** : 45도와 코너에 보조자를 놓아 두면 전개하기 쉽다.

(a)의 경우는 그대로 슛

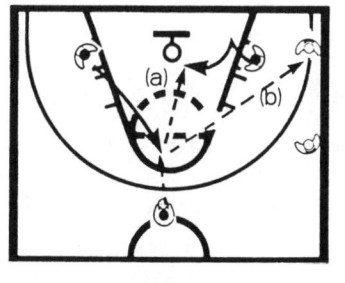 

[그림4-3-18]　　　　　[그림4-3-19]

ⓛ 더블 하이 포스트

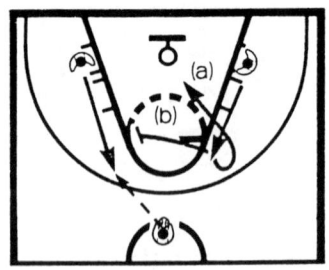

[그림4-3-20]

(a) 컷인

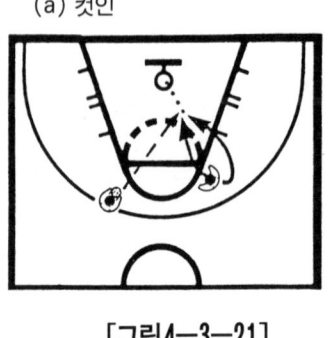

[그림4-3-21]

(b) 인 사이드 스크린

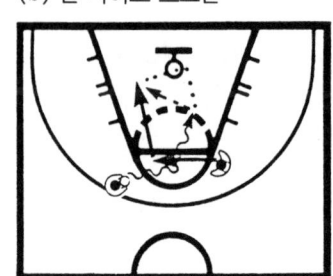

[그림4-3-22]

(3) 외각과 센터의 2대 2

외각 플레이어와 센터 플레이어와의 연결은 게임 중에서 매우 중요하다. 아무리 유능한 센터 플레이어가 있어도 패스가 가지 않으면 득점할 수 없기 때문이다. 항상 센터 플레이어에게 패스를 넣을 수 있는 기술을 몸에 익힘과 동시에, 스크린 플레이에 의해 상대의 미스매치를 유도해 오펜스를 유리하게 전개하기 위한 패턴을 익히도록 한다.

디펜스측에서 보면, 외각과 센터 어느 쪽인가의 플레이어를 누르는 쪽이 상대팀의 득점을 보다 억제할 수 있는지를 생각하면서 연습하는 것과 스위치를 하지 않고 지키는 것이 필요하다.

〈주〉 미스매치

스위치를 했기 때문에 센터 플레이어에게 외각 플레이어가 붙거나 또는 그 반대 상태가 되는 것을 말한다.

① 포스트, 가드

센터 플레이어는 골 부근을 자유롭게 움직이며, 디펜스를 밀고 볼을 받도록 한다. 가드는 드리블을 사용하면서 패스를 노린다. 3회째의 패스 때에 2대 2를 실시한다. 가드 양성을 위해서는 유효한 연습이다.

〈주〉 가드는 볼을 오래 가져서는 안 된다(드리블이나 패스를 사용한다). 센터 플레이어의 오버 타임은 별로 신경쓰지 않아도 좋다.

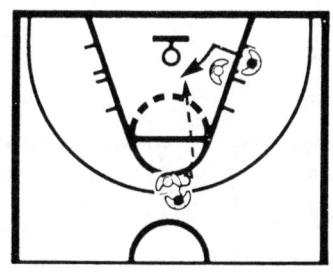

[그림4-3-23]

② 스크린 플레이

㉠ 톱과 하이 포스트

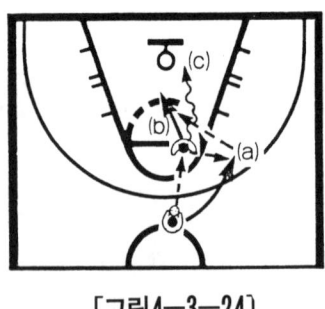

[그림4-3-24]   [그림4-3-25]

• 오펜스의 종류 : 센터 플레이어는 먼저 프런트 턴을 한다.

ⓐ 점프 슛

ⓑ 골 밑으로 들어가서 패스를 받아 슛

ⓒ 넘기는 척하고 드리블 슛

ⓓ 패스가 들어가지 않을 때는 드리블해서 점프 슛 또는 골 밑으로 들어가는 센터 플레이어에게 패스한다.

㉡ 45도와 미들 포스트

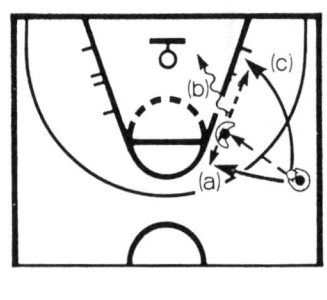 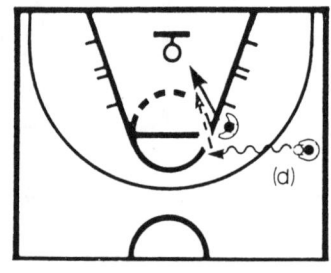

[그림4-3-26]   [그림4-3-27]

• 오펜스의 종류
ⓐ 점프 슛(센터 플레이어는 프런트 턴을 해서, 볼을 건네준다)
ⓑ 볼을 건네주는 척하고 드리블 슛을 한다.
ⓒ 블라인드 컷인
ⓓ 패스가 들어가지 않을 때는 드리블해서 점프 슛을 한다. 또는 골 밑으로 들어가는 센터 플레이어에게 패스한다.
ⓒ 45도와 로 포스트

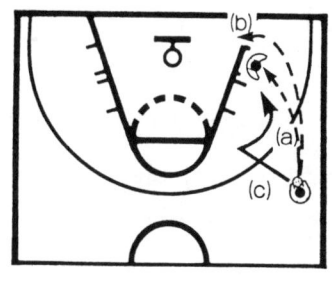

• 오펜스의 종류
ⓐ 1대 1
ⓑ 뒤 패스
ⓒ 건네주어 점프 슛

[그림4-3-28]

ⓔ 45도와 사이드 포스트

• 오펜스의 종류
ⓐ 컷인
ⓑ 인 사이드 스크린

[그림4-3-29]

4. 3대 3의 공방

3대 3은 맨투맨의 공방으로서는 종합적인 연습이라고 생각해도 좋다. 1대 1, 2대 2에서 배운 기술에 더해 3명째의 오펜스 및 디펜스의 기술을 몸에 익힌다.

(1) 가로의 3대 3(가드, 포워드)

외각 플레이어간의 3대 3 연습이다. 오펜스는 볼이 없는 플레이어간의 스크린이 더해진다. 디펜스는 볼맨에 대한 디펜스(제1선), 볼에 가까운 플레이어에 대한 디펜스(제2선)에 더해, 볼에서 먼 플레이어에 대한 디펜스(제3선)의 감각을 몸에 익히기 위한 연습이다.

① 오펜스의 패턴

패스를 한 플레이어의 움직임을 중심으로 해서 몇 가지의 패턴을 만든다. 움직임에만 사로 잡혀서 1대 1을 실시하려고 하는 기분이 없어서는 안 된다.

㉠ 컷인

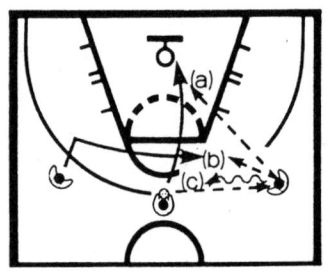

ⓐ 컷인 슛
ⓑ, ⓒ 그림4—3—26~27 참조

[그림4—4—1]

ⓛ 인 사이드 스크린

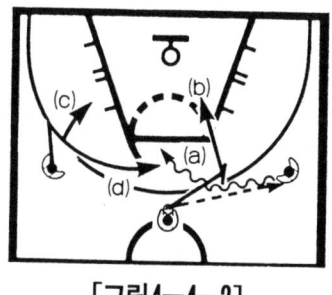

[그림4—4—2]

ⓐ 드리블 슛
ⓑ 커트 어웨이(롤 오프)
ⓒ 블라인드 컷인
ⓓ 점프 슛

ⓒ 아웃 사이드 스크린(어라운드)

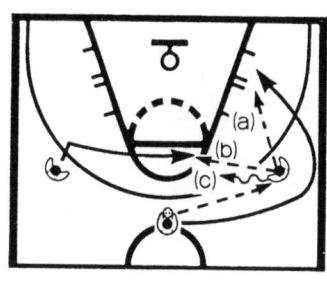

[그림4—4—3]

• 볼을 건네지 않을 때
ⓐ 어라운드
ⓑ, ⓒ 그림4—3—26~27를 참조

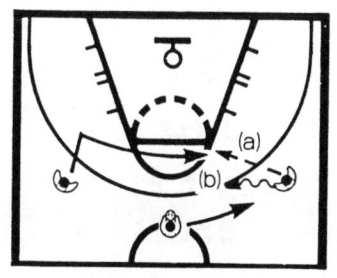

[그림4—4—4]

• 어라운드를 실시하기 전에 2대 2를 할 때
ⓐ, ⓑ 그림4—3—26~27 참조

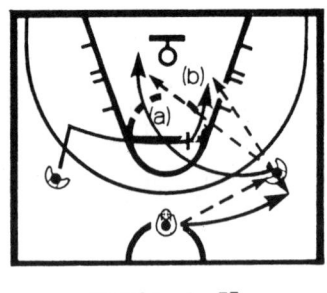

• 볼을 건넸을 때
ⓐ, ⓑ 볼이 없는 플레이어간의 스크린

[그림4-4-5]

ⓔ 어웨이 스크린

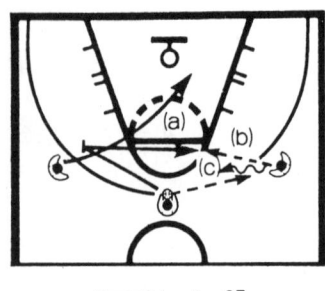

ⓐ 컷인
ⓑ, ⓒ 그림4-3-26~27을 참조

[그림4-4-6]

② 디펜스의 방법

㉠ 제1선의 디펜스 플레이어는 같은 팀, 소리의 도움을 빌어 스트롱 사이드와 위크 사이드를 확실히 인식해 둔다.

㉡ 제2선, 제3선의 디펜스 플레이어는 자신이 몇 사람째의 디펜스인지를 인식하고, 올바른 포지션과 비전을 잡는다.

㉢ 스크린 플레이에 대해서는 우선 파이트 오버로 지키고, 다 지킬 수 없을 때에 슬라이드, 스위치의 순으로 사용한다. 스위치는

단지 마크맨을 교환하는 것이 아니고, '스위치업'해서 볼맨에게 프레셔를 주는 것을 유의한다.

〈주〉 센터 플레이어도 현재는 올라운드적인 움직임이 요구되고 있다. 외각 플레이어와 같은 연습을 하는 시간이 한정되는 경우가 많기 때문에, 특히 집중해서 연습할 필요가 있다.

(2) 세로의 3대 3(가드, 포워드, 센터)

외각의 플레이어와 센터 플레이어의 3대 3은 가로의 3대 3보다도 보다 실전적인 연습이라고 말할 수 있다.

오펜스는 한쪽 사이드에 3명이 있기 때문에 어떻게 다른 오펜스의 방해를 하지 않고 1대 1의 상태를 만들어 내느냐가 포인트로, 디펜스는 포스트 커버를 하는 것, 미스매치가 되지 않는 것이 포인트가 된다.

① 오펜스의 패턴

외각과 센터의 2대 2에서 배운 기본적인 움직임을 중심으로 해서 3사람의 움직임을 만들어 1대 1을 하기 쉽게 하는 것을 목적으로 한다.

㉠ 로 포스트

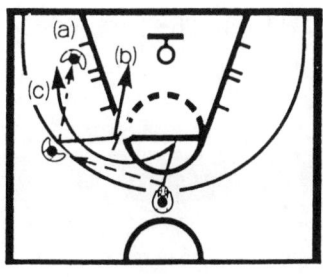

- 로 프스트에게 볼을 넣었을 때
  ⓐ 턴 슛
  ⓑ 커트 어웨이(롤 오프)
  ⓒ 시저즈 플레이에서 점프 슛

[그림 4-4-7]

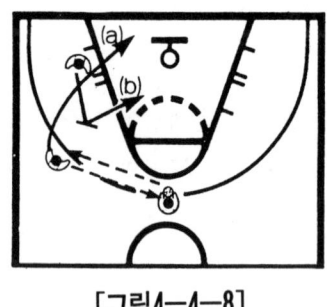

- 톱에게 볼을 되돌렸을 때
  ⓐ 컷인
  ⓑ 커트 어웨이

[그림4-4-8]

ⓛ 미들 포스트

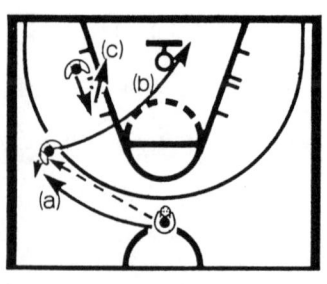

- 미들 포스트에게 볼을 건네주지 않을 때
  ⓐ 아웃 사이드 스크린
  ⓑ 컷인
  ⓒ 커트 어웨이

[그림4-4-9]

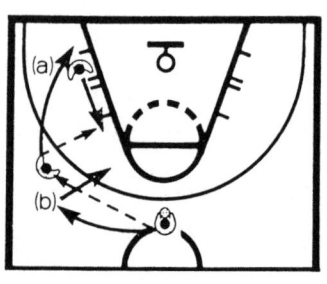

- 미들 포스트에게 볼을 넣었을 때
  ⓐ 블라인드 컷인
  ⓑ 그림4-3-26~27을 참조

[그림4-4-10]

ⓒ 사이드 포스트

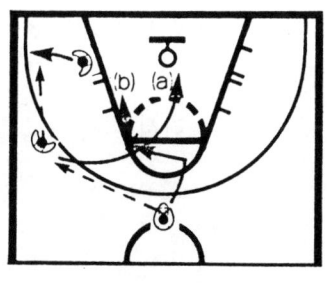

[그림4-4-11]

• 사이드 포스트에게
  볼을 넣었을 때
  ⓐ 컷인
  ⓑ 커트 어웨이

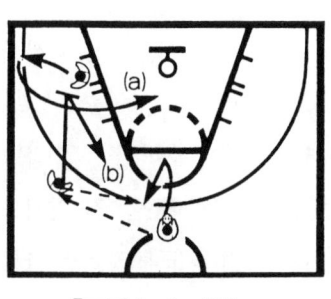

[그림4-4-12]

• 톱에게 볼을 되돌렸을 때
  ⓐ 컷인
  ⓑ 그림4—3—24~25를 참조

ⓔ 하이 포스트

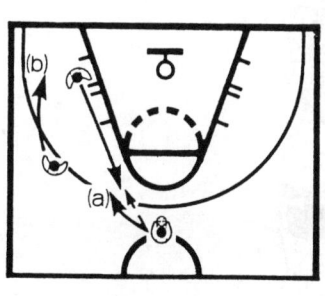

[그림4-4-13]

ⓐ 그림4—3—24 참조
ⓑ 블라인드 컷인

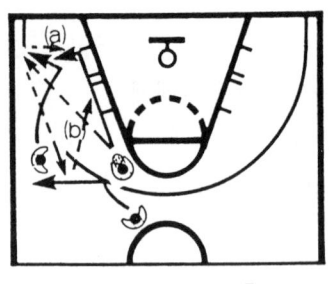

- ⓐ, ⓑ의 플레이가 실패할 때
- ⓐ 로 포스트에게 넣고 시저즈 플레이
- ⓑ 45도로 되돌려서 직각 포스트

[그림 4-4-14]

② 디펜스의 방법

㉠ 로 포스트에게 패스가 들어가면 순간 커버하고, 또 자신의 마크맨에게 붙는다.

㉡ 외각과 센터와의 스크린에 대해서는 파이트 오버 또는 슬라이드로 붙는다. 스위치하지 않으면 억누를 수 없을 때는 순간 핀치로 나왔다 곧 제자리로 돌아가서 미스매치가 되지 않도록 자신의 마크맨을 지킨다.

제 5 장
속공법

1. 속공을 내기 위한 기초 연습

 속공이란 문자 그대로 빠르게 공격한다. 즉 상대가 돌아오기 전에 공격하는 것을 의미한다. 그러나 그저 달릴뿐으로는 속공이 되지 않는다. 어떻게 해서 1대 0, 2대 1, 3대 2의 상태를 만들어 내느냐가 포인트다. 그러기 위해서는 확실한 기초 연습이 필요하다.

(1) 패스 앤드 런
 속공을 내기 위한 가장 기본적인 사항은 상대를 앞지르기 위한 패스 앤드 런이다. 그러나 다만 패스를 하고 달릴뿐으로는 의미가 없다. 볼을 받기 전에 전방을 보고 상황 판단을 해 두는 것과 패스를 할 때 스텝을 해 버리지 않는 것이 절대로 지켜야 하는 사항이다.

① 스퀘어 패스
 아래 그림과 같이 프리 스로 라인의 연장선상에 서서 볼을 2개 사용한다. 패스를 하고, 달리면서 리턴 패스를 받아 정면의 사람에게 패스하고, 다음 줄까지 대시한다.

② 인 사이드 턴 패스

아래 그림과 같이 서클 안의 8군데에 서서 볼을 2개 사용한다. 그림과 같이 도려 파면서 공중에서 볼을 받아 코트 안이 보이도록 백 턴을 해서 왼발, 오른발의 순으로 마루에 발을 짚으면서 패스하고, 그대로 다음 줄까지 대시한다.

③ 아웃 사이드 턴 패스

아래 그림과 같이 서클 안의 8군데에 서서 볼을 2개 사용한다. 그림과 같이 도려 파면서 공중에서 볼을 받아 프런트 턴해서 오른발, 왼발의 순으로 마루에 발을 짚으면서 패스하고, 그대로 다음 줄까지 대시한다.

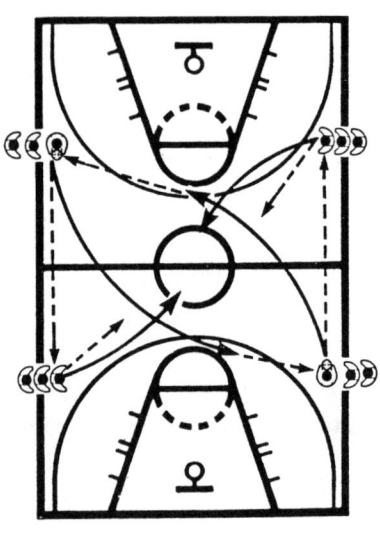

[그림5-1-1] 스퀘어 패스

[그림5-1-2] 인사이드 턴 패스

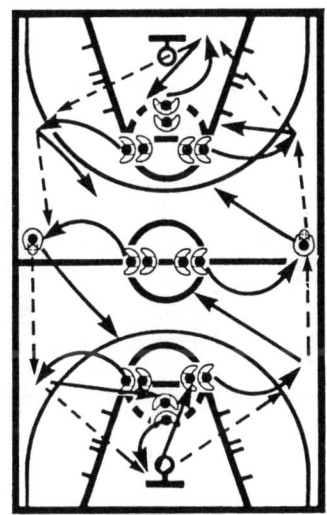

[그림5-1-3]
아웃 사이드 턴 패스

(2) 투 맨의 러닝 슛

여러 가지 형태로 올코트를 사용한 투 맨의 러닝 슛을 실시함으로써 1대 1, 2대 1의 슛을 확실히 하는 것을 목적으로 한다. 이 경우, 항상 앞을 보면서 달리는 것과 노모션 패스를 하는 것을 유의하는 것이 중요하다.

① 퀵 패스

퀵 노모션 패스를 한다. 몸이 옆 방향이 되지 않도록 주의한다.

② 퀵 패스(디펜스 붙음)

서클 내에 디펜스 플레이어를 두고, 퀵 패스를 중심으로 하여, 페인트 퀵을 사용할 때만 스텝을 하면서 패스를 한다. 디펜스 플레이어는 서클로부터는 나오지 않고 패스 커트를 노린다.

③ 롱 체스트 패스

사이드 라인부터 사이드 라인까지 패스를 한다. 달리면서 가능한 한 멀리까지 패스를 날리게 되는 것을 목적으로 한다.

④ 숄더 패스

역사이드의 플레이어에게 볼을 굴리고, 골을 향해 달린다. 볼을 잡은 플레이어는 숄더 패스를 하고 곧 리바운드를 따기 위해 달린다.

⑤ 리딩 패스

드리블에서 스텝을 끊지 않고 리딩 패스를 한다. 그 후, 곧 리바운드를 따기 위해 달린다.

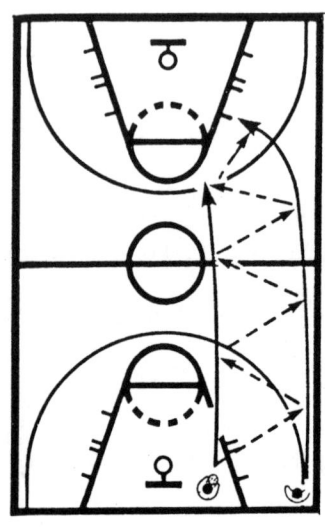

[그림5-1-4] 퀵 패스

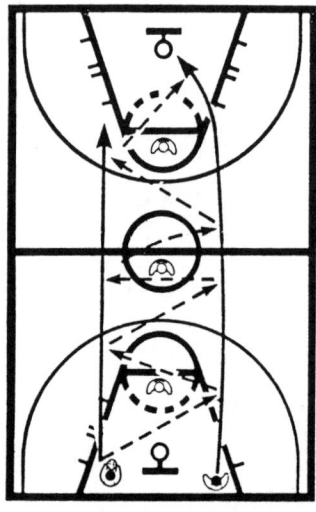

[그림5-1-5]
퀵 패스(디펜스 붙음)

PART 2. 농구 실력을 향상시키기 위한 법 245

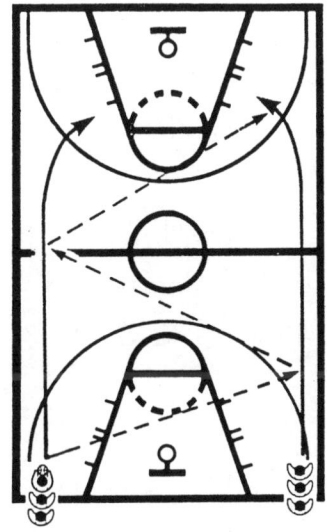

[그림5-1-6] 롱 체스트 패스

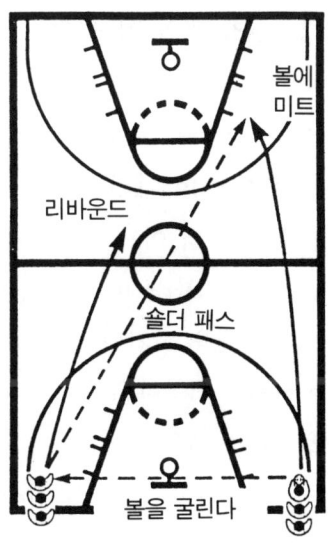

[그림5-1-7] 숄더 패스

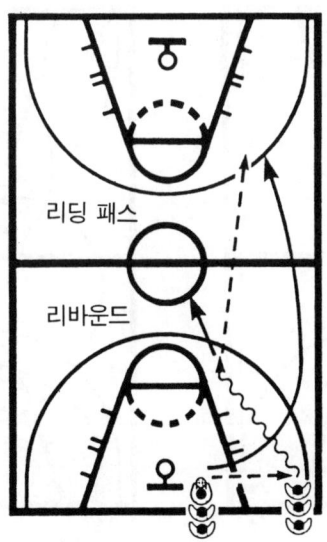

[그림5-1-8] 리딩 패스

(3) 스리 맨의 러닝 슛

여러 가지 형태로 올코트를 사용한 스리 맨의 러닝 슛을 함으로써 3대 2의 상태에서의 슛을 확실히 하는 것을 목적으로 한다.

① 패럴렐(parallel)

한가운데부터 어느 쪽인가 한쪽으로 패스하고(이 경우는 오른쪽), 리턴 패스를 받아, 곧 역사이드를 달려 들어오는 플레이어에게 패스하여 슛을 시킨다. 돌아올 때는 리바운드를 딴 플레이어가 미들 라인을 되돌아온다.

② 크리스 크로스

중앙의 플레이어는 미들 라인으로 달려 들어오는 플레이어에게 패스하고, 그 플레이어의 뒤를 달리는 것을 반복한다. 패스는 모두 체스트 패스로 실시한다.

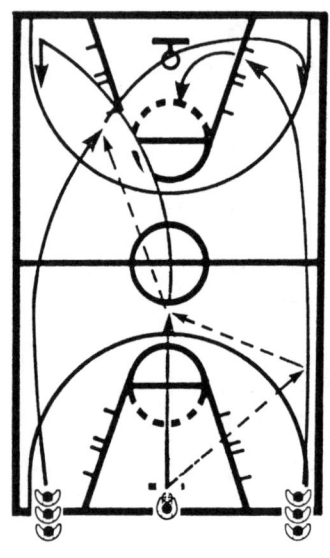

[그림5-1-9] 패럴렐

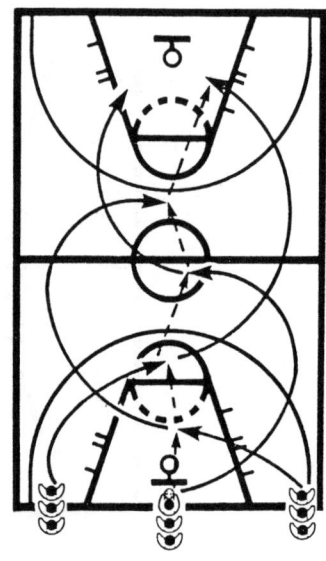

[그림5-1-10] 크리스 크로스

③ 볼 사이드

한가운데의 플레이어 B는 패스를 하면 볼 사이드를 달리고 역사이드의 플레이어 A는 미들 라인으로 달려 들어온다. 볼을 받은 플레이어 C는 A, B 어느쪽인가에게 패스하고 역사이드를 전력으로 달려서 리바운드에 참가한다.

④ 엠프티 사이드

패럴렐의 형태로 퀵 패스하고, 사이드에서 패스를 받은 플레이어 A가 한가운데에 드리블 엠프티 사이드를 만든다. 한가운데의 플레이어 B가 엠프티 사이드로 달려 들어간다.

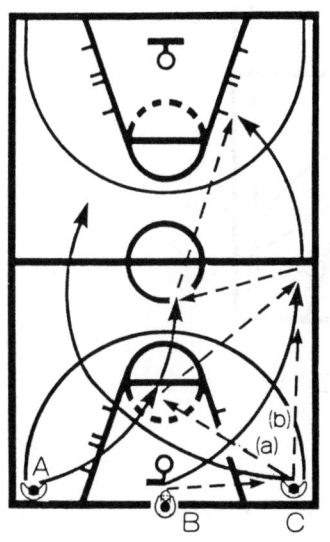
[그림5-1-11] 볼 사이드

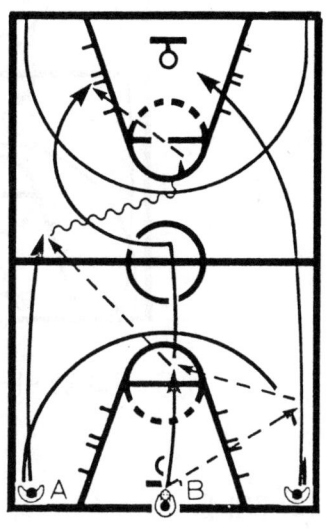
[그림5-1-12] 엠프티 사이드

⑤ 코너

패럴렐의 형태로 한가운데의 플레이어 B는 드리블을 하면서 프런트 코트까지 나아가서 코너에 패스를 하고, 컷인한다. 다음에 역사이드의 플레이어 C가 타이밍을 맞춰서 프리 스로 라인으로 대시하여 코너로부터의 패스를 받아 점프 슛을 한다.

〈주〉 이상의 ①~③은 속공 만들기의 연습이고, ④~⑤는 속공의 마무리 연습이라고 생각해도 좋다.

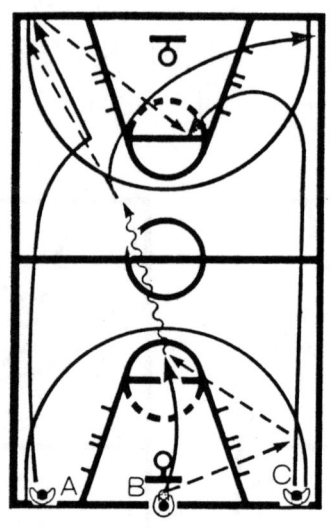

[그림5-1-13] 코　너

(4) 3대 2

올코트를 사용해서 3대 2를 연속해서 실시한다. 한가운데가 움푹한 상태의 스리 맨을 만들도록 유의한다.

① 연습 방법

그림과 같이 3대 2를 실시해서, 디펜스를 하고 있던 2사람에게 또 1사람이 덧붙여서 공격하는 것을 반복한다. 오펜스의 3사람은 최초의 스로 인 또는 패스 아웃할 때까지 디펜스를 한다.

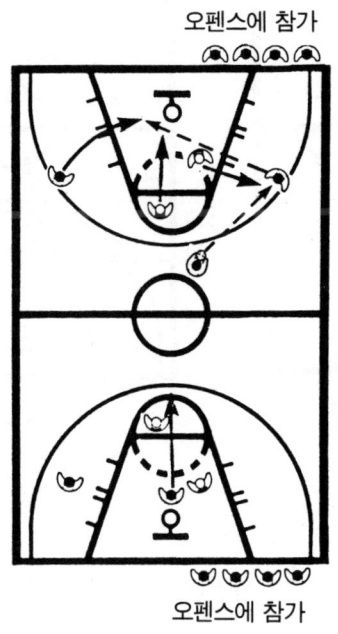

[그림5—1—14] 3대 2

② 3대 2, 2대 1의 만드는 법

㉠ 한가운데의 플레이어 C는 볼사이드로 달리고, 볼 소지자 B가 한가운데에 드리블을 만듦으로써 좋은 형태(한 가운데가 움푹한 형태)의 3선을 만든다. ——(그림5—1—15)

㉡ 디펜스가 가로라면(그림 중 A) 3대 2로 공격한다. 세로라면 (그림 중 B) 사이드로 패스해서 2대 1의 상태로 공격한다(볼 라인에서 아래(그림 중 C)는 2대 1이 된다.) ——(그림5—1—16)

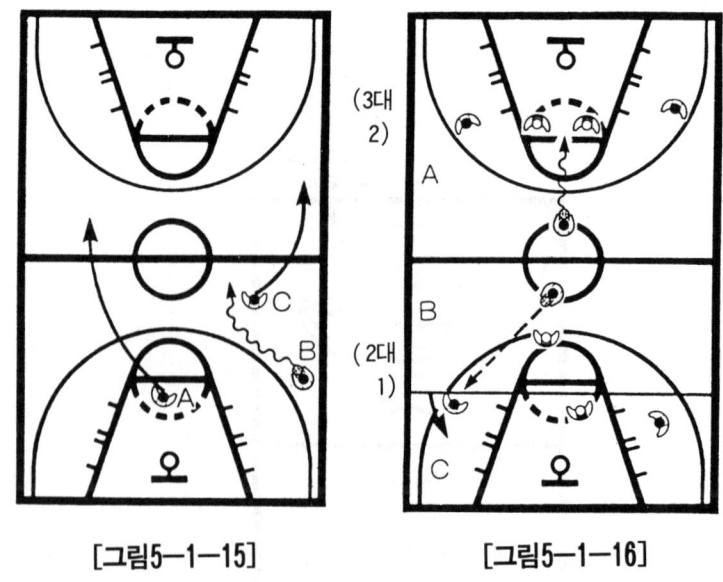

[그림5-1-15] [그림5-1-16]

③ 디펜스의 방법

볼 소지자에게 한 사람이 붙고, 나머지 2사람을 한 사람이 지킨다. 가능한 한 패스의 횟수를 많이 시키고, 같은 팀의 귀진(歸陣)을 기다린다.

2. 속공의 패턴화(만들기와 마무리)

속공은 최종적으로 1대 0의 상태를 만드는 것이 바람직하지만, 좀체로 잘 되지 않는 것이다. 그래서 5명의 움직임을 패턴화해서 상대가 정확한 디펜스 대형을 취하기 전에 공격해 들어가 버리는 소위 세컨드 브레이크도 중요한 요소가 된다.

(1) 리바운드에서의 속공

리바운드에서의 속공을 내기 위해서는 패스 아웃이 가장 중요하다. 리바운드 볼을 확보한 플레이어가 공중에서 항상 앞을 보는 것, 패스를 받는 플레이어가 항상 노마크의 상태를 만들어 두는 것이 필요하다.

① 속공 만들기

3선 속공을 내기 위해서는 각 플레이어가 우선 자신이 달리는 코스를 선택해야만 한다. 그림5—2—1은 가장 일반적인 코스의 채택 방법이다. 그러나 실제 문제로써는 센터 플레이어가 미들맨이 되는 경우는 대부분 실패로 이어진다. 그래서 센터 플레이어는 '만들기'의 단계에서는 참가하지 않고, 한결같이 골을 향해 달리고, '마무리' 단계에서 참가하는 연구가 필요해진다.

 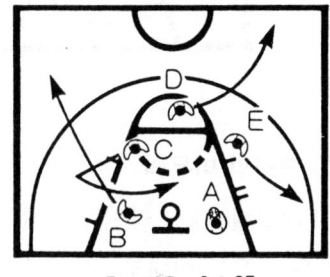

[그림5—2—1]　　　　　　[그림5—2—2]
A.B……센터 플레이어　　A.B……센터 플레이어
C.D.E……외각 플레이어　C.D.E……외각 플레이어

〈주〉그림5—2—2에 따르면, 센터 플레이어는 역사이드를 달리게 되므로 '만들기'에 참가하지 않아도 되게 된다.

- 리바운드 볼을 확보한 A는 E 또는 C로 패스 아웃한다.
- E가 볼을 받았을 때는 C또는 D에게 패스해서 3선을 만든다.

- C가 볼을 받았을 경우는 D에게 패스하든가 드리블을 해서 3선을 만든다.
- A와 E는 최종적으로 세이프티맨이 된다.

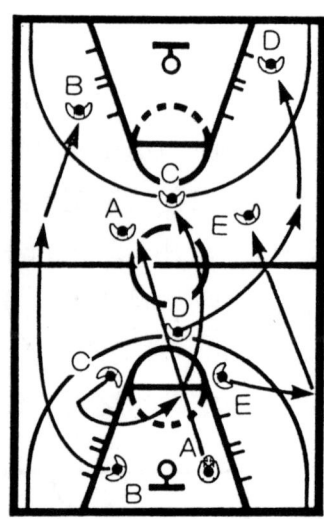

[그림5—2—3]

② 속공의 마무리

㉠ **패럴렐**: 센터 라인을 넘었을 때에 3대 2 또는 3대 1의 상태가 생겼을 경우는 그대로 3선 속공으로 한다(3대 2의 항 참조).

㉡ **엠프티 사이드**: 그림5—2—4와 같이 3대 3의 상태가 되었을 때, 한가운데에 드리블 인을 해서 자신의 사이드를 '텅 비어' 두고, 그곳을 미들맨이 컷인한다.

㉢ **코너**: 그림5—2—5와 같이 3대 3의 상태가 되어 다 공격할 수 없다고 판단했을 때는 4명째, 5명째의 플레이어를 참가시킨다.

- C는 드리블해서 코너까지 나아간 D에게 패스하여 컷인한다.

• A(센터 플레이어가 바람직하다)는 한가운데에서부터 컷인하고 D로부터 패스를 받아 슛을 한다.

• B는 A의 움직임에 맞춰서 프리 스로 라인 부근에 올라가서 D로부터의 패스를 받아 점프 슛을 하거나 골 밑에 있는 A에게 탭패스를 한다.

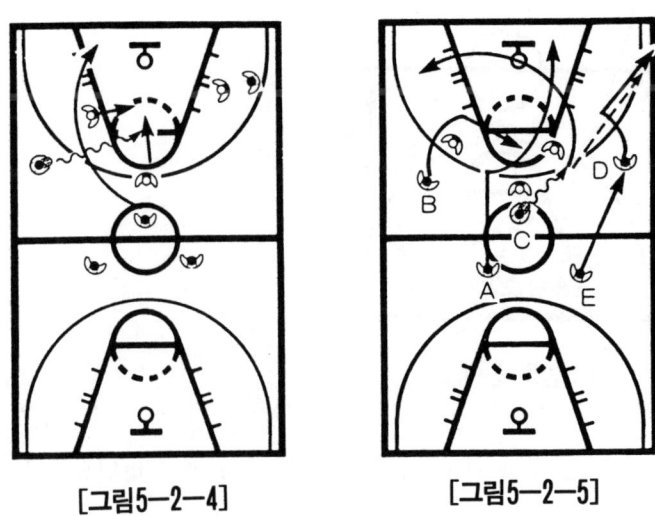

[그림5-2-4]   [그림5-2-5]

(2) 슛이 넣어졌을 때의 속공

슛을 넣고 귀진하는 상대 팀이 방심하고 있는 틈을 노리고, 재빠르게 스로 인해서 속공을 잇달아 내보낸다. 어느 경우에나 센터 플레이어는 스로 인에 참가하지 않고, 볼을 엔드 라인으로 쳐내고, 재빨리 골을 향해 대시하는 것을 엄수한다.

① 측선

스로 인부터 센터 라인, 코너와 일직선으로 볼을 연결해서 스크린 플레이를 사용하여 노마크를 만든다.

㉠ 만들기

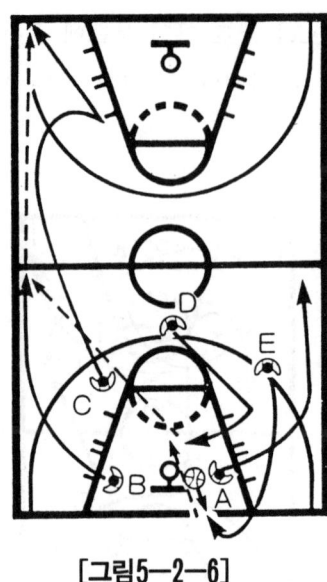

A.B……센터 플레이어
C.D.E……외각 플레이어

[그림5—2—6]

• 그림5—2—6과 같이, 볼 옆에 있는 A가 엔드 라인으로 볼을 쳐내고, E가 스로 인한다.
• 볼을 받은 D는 센터 라인의 B에게 패스하고, B는 코너로 달려 들어간 C에게 패스한다.

ⓛ 마무리

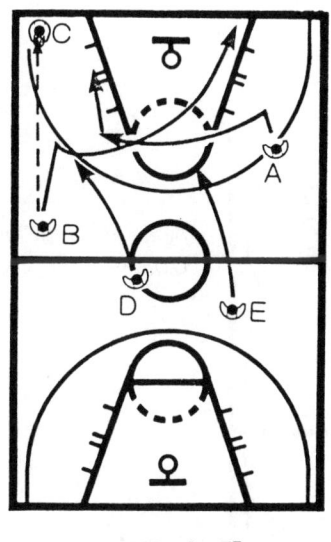

[그림5—2—7]

• A는 B로부터 볼을 받는 타이밍으로 하이 포스트로 뛰어나간다.

• B는 코너에 있는 C에게 패스하고, A를 스크리너로서 이용해서 컷인

• A는 커트 어웨이

〈주〉 노마크를 할 수 없었을 경우에는 C · D · A에서 3대 3을 한다(그림4—4—14 참조).

② 카운터

스로 인에서 드리블로 나아가 카운터로 나온 플레이어에게 패스를 하거나, 골 밑으로 달려 들어간 2명째의 플레이어에게 패스한다.

㉠ 만들기

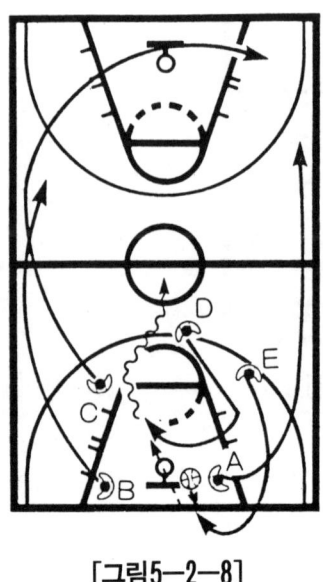

A.B……센터 플레이어
C.D.E……외각 플레이어

[그림5—2—8]

- 그림5—2—8과 같이, 볼 옆에 있는 A가 엔드 라인으로 볼을 쳐내고, E가 스로 인
- 볼을 받은 D는 그대로 미들 라인을 드리블로 끝낸다.
- A는 카운터로 나가서 볼을 받아, B에게 패스
- C는 컷인해서 역사이드로 흐른다.
- B가 노마크일 때는 D는 직접 B에게 패스

ⓛ 마무리

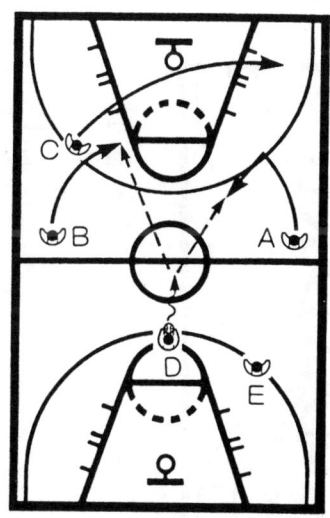

[그림5-2-9]

- A는 카운터로 나가서 볼을 받아, B에게 패스
- C는 컷인해서 역사이드로 흐른다.
- B가 노마크일 때는 D는 직접 B에 패스

③ 롱 패스

양센터가 필사적으로 골을 향해 달려가 숄더 패스를 해서 슛을 시킨다. 가장 단순하고 효과적인 속공이다.

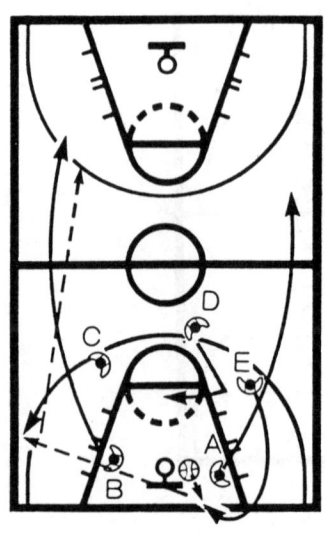

A.B……센터 플레이어
C.D.E……외각 플레이어

[그림5-2-10]

• 센터의 A, B는 전력으로 골을 향해 달린다.
• C, D의 어느 쪽인가가 스로 인된 볼을 받아, 선행하는 A나 B에게 숄더 패스를 한다.

(3) 프리 스로에서의 속공

상대 팀이 프리 스로를 넣었을 때에 귀진을 늦춰서 속공으로 나간다. 상대 팀이 프레스 디펜스를 채용하고 있을 때에는 세이프티맨이 프레스하기 위해서 위로 올라오는 경우가 많으므로 보다 유효한 속공이 된다.
① 롱 패스
그림5—2—11과 같이 스로 인 해서 숄더 패스로 슛을 시킨다.

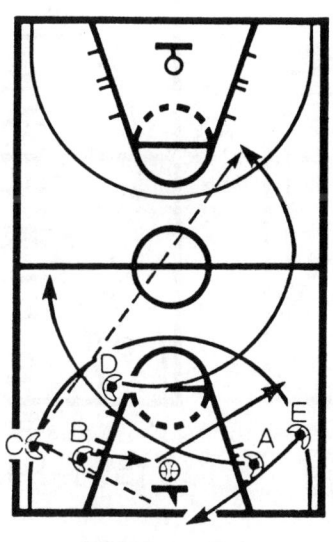

[그림5—2—11]

- A······볼을 건드리지 않고 달린다.
- B······볼을 마루에 떨어뜨리지 않고 E에게 건네준다.
- E······C에게 패스
- C······D에게 숄더 패스
- D······(장신으로 다리에 힘이 있는 플레이어가 바람직하다)
······슛 블록을 하고 나서 달린다.

② 측선, 카운터
숄더 패스를 할 수 없을 때에는 측선 속공 또는 카운터 속공으로 한다.

㉠ 측선   ㉡ 카운터

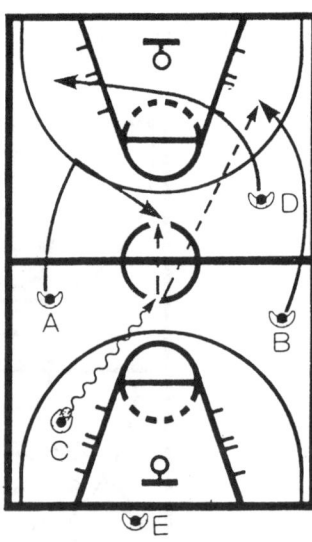

[그림5-2-12] 측선   [그림5-2-13] 카운터

(4) 속공의 연습법

 올코트에서의 전개는 하프 코트의 경우보다 시간적으로 여유가 있기 때문에, 비교적 간단히 습득할 수 있다. 속공을 성공시키기 위한 가장 중요한 포인트는 상대를 추월해 달리려고 하는 마음과 멀리까지 패스를 날게 하는 완력이라고 해도 좋다.

① 디펜스 없는 연습

 ㉠ 리바운드에서의 속공 : 백 보드에 볼을 부딪쳐서 리바운드를 해 속공 연습을 한다.

 ㉡ 슛을 넣어졌을 때의 속공 : 골밑에서 슛을 넣고, 엔드 라인의 스로 인에서 속공 연습을 한다.

 ㉢ 왕복에서의 연습 : 백 보드에 볼을 부딪쳐서 리바운드에서의 속공을 낸다. 몰아갈 때는 그대로 엔드 라인의 스로 인에서 속공 연습을 한다.

- 왕복의 조합례

  패럴렐→측선

  엠프티 사이드→카운터

  코너→롱 패스

② 디펜스가 붙는 연습

 보조자가 슛을 하고, 디펜스를 3~4명 두고 속공 연습을 한다.

 슛이 들어갔을 때는 그대로 엔드 라인의 스로 인으로 하고, 떨어졌을 때에는 리바운드를 따서 속공을 낸다. 돌아갈 때는 슛이 들어가면, 엔드 라인에서의 스로 인으로 하고, 리바운드를 뺏기거나, 아웃 오브 바운드가 되었을 때에는 제자리에서 속공 연습으로 한다.

③ 게임에 있어서 속공의 역할

속공의 연습을 시간을 들여서 해도 게임에 있어서 수없이 나와 이긴다고 하는 것은 힘의 차이가 있는 팀이라면 있을 수 있지만, 같은 수준의 경우에는 거의 없다고 해도 좋을 것이다. 속공이 목적으로 하는 바는 볼을 뺏기면 달린다고 하는 불안감을 상대 팀에게 주어, 오펜스와 오펜스 리바운드를 소극적으로 시키는 데에 있다. 1게임을 통해서 3개의 속공이 나오면, 그 점수만큼 상대 팀을 웃돌 수 있다고 생각하는 것이 타당하다.

제 6 장
팀의 오펜스와 디펜스

1. 맨투맨 오펜스

맨투맨 오펜스는 최종적으로는 노마크 또는 좋은 상태의 1대 1을 만드는 데에 있다. 오펜스의 방법으로써는 개인 기술을 최대한으로 발휘해서 자유롭게 오펜스를 하는 방법(프리랜스)와 팀으로써의 움직임을 정하고 오펜스를 하는 방법(포메이션)이 있다.

포메이션은 또한 5명의 움직임을 하나의 정해진 형태에 적용시켜서 같은 움직임을 반복하면서 찬스를 노리는 방법(서큘레이션)과 스크린 플레이를 중심으로 해서 팀 독자의 움직임을 정해, 노마크 또는 1대 1의 상태를 만드는 방법(세트 플레이)이 있다. 팀으로써 어느 방법을 채용해도 좋지만, 아무리 좋은 움직임을 해도, 결과(슛을 정하는 것)가 나쁘면, 전혀 의미가 없다. 팀 오펜스는 개인 기술상에 성립하고 있기 때문에, 1대 1로 공격하는 것이 어느 움직임보다도 중요하다는 사실을 잊어서는 안 된다.

(1) 프리랜스(프리 오펜스)

개인 기술의 연습에서 습득한 1대 1의 힘과 2대 2, 3대 3의 스크린 플레이나 컷인 플레이를 사용해서 자유롭게 공격하는 방법이다. 프리랜스에 있어서 장점과 단점은 다음과 같다.

① 장점

㉠ 특히 약속 사항이 없기 때문에 개인의 힘을 충분히 발휘할 수 있다.

㉡ 해프닝적이지만, 좋은 플레이가 생기는 경우가 있다.

② 단점

㉠ 5명의 마음이 맞지 않으면, 모처럼 만든 노마크 또는 1대 1의 상태를 다른 플레이어가 방해해 버리는 경우가 있다.

㉡ 제대로 공격할 수 없는 경우의 대처가 불가능할 우려가 있다.

(2) 포메이션(서큘레이션)

컷인을 중심으로 하는 같은 움직임을 반복하면서 1대 1의 찬스를 만드는 방법이다. 같은 움직임이기 때문에 플레이어가 과감히 잘 움직일 수 있는 것과 항상 좋은 플로어 밸런스를 유지할 수 있는 이점이 있다. 그러나 1대 1에서 빼내는 힘을 갖고 있지 않으면 단지 움직일 뿐으로 끝나버릴 우려가 있다. 대표적인 형태는 다음과 같다.

① 투가드 파이브 아웃(1) (그림6—1—1)

A, B는 스크린을 하면서 45도로 컷인하는 포워드 플레이어로의 패스를 노린다. C, D, E는 그림과 같이 8자를 그리듯이 컷인한다.

② 투가드 파이브 아웃(2) (그림6—1—2)

5명 전원이 큰 8자를 그리듯이 컷인을 한다.

〈주〉 플레이어 전원이 올 라운드 플레이어가 아니면 안 된다.

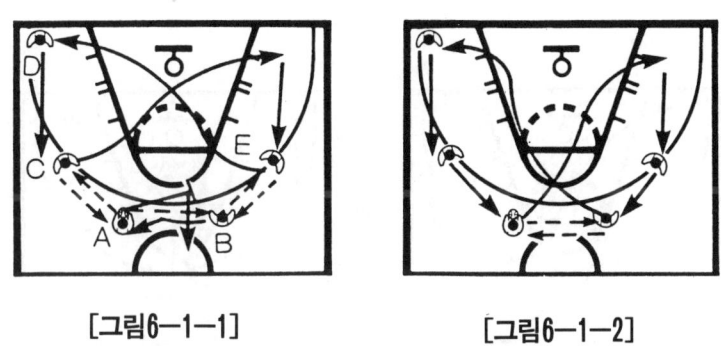

[그림6-1-1]   [그림6-1-2]

③ 원 포스트 포 아웃(1)

그림과 같이 하이 포스트에 있는 플레이어를 스크리너로서 이용하면서 4명이 교대로 컷인을 한다. 톱은 반드시 역사이드로 스크린으로 간다.

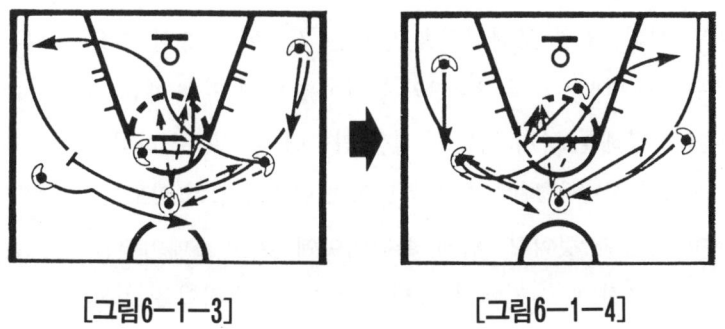

[그림6-1-3]   [그림6-1-4]

④ 원 포스트 포 아웃(2)

가드는 포지션을 고정하고, 포워드의 3사람이 그림과 같이 하이 포스트에 있는 플레이어를 스크리너로서 이용하고, 컷인을 반복하면서 찬스를 노린다.

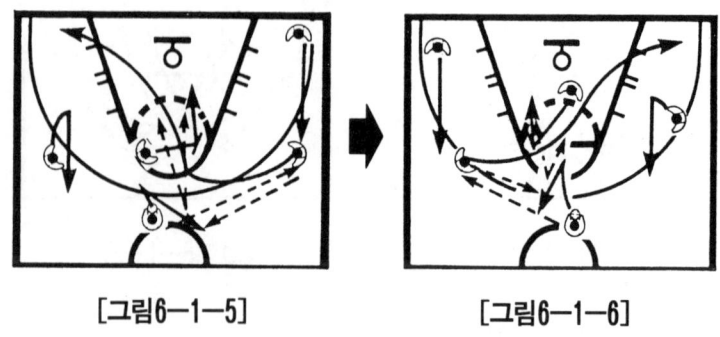

[그림6-1-5]   [그림6-1-6]

(3) 포메이션(세트 플레이)

팀 독자의 움직임을 정하고, 노마크 또는 1대 1을 만들어 내는 방법. 포메이션을 사용해서 공격하려고 하는 경우, 움직임에 너무 구애되어 1대 1의 부분이 아무래도 소홀해지기 쉬워지므로 주의해야만 한다. 또한 포메이션을 만드는 경우에 필요한 것은 하나는 부분적인 2대 2, 혹은 3대 3의 플레이를 하고 있을 때에 다른 플레이어가 방해를 하지 않는 움짐을 만들어 둘 것. 또 하나는 일련의 플레이가 끝났을 때에 좋은 플로어 밸런스가 잡혀 있고, 또한 재공격이 가능한 것이다. 팀의 플레이어에 맞는 포메이션을 만드는 것이 중요하다. 여기에서는 세로 3대 3의 움직임을 기본으로 한 5명의 예를 소개한다.

① 싱글 하이 포스트

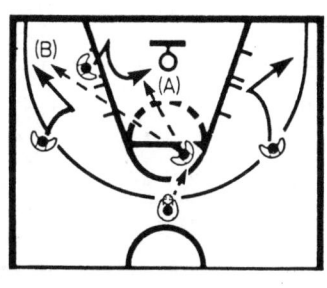

[그림6-1-7]

(A) 슛
(B) 직각 포스트 또는 시저즈 플레이

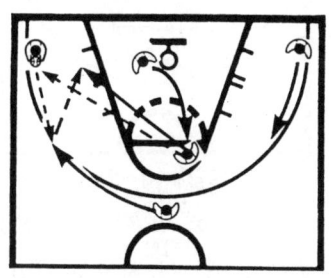

[그림6-1-8] 직각 포스트

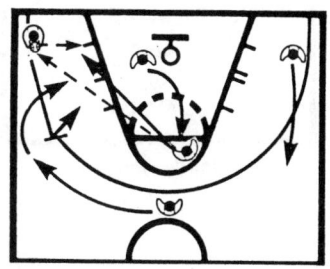

[그림6-1-9] 시저즈 플레이

② 더블 하이 포스트

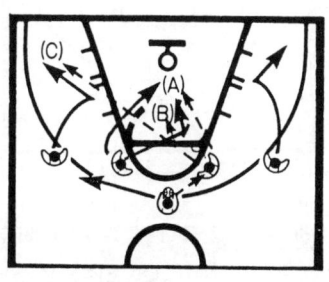

[그림6-1-10]

(A)·(B) 슛
(C) 싱글 하이 포스트와 같은 움직임이 되도록 직각 포스트나 시저즈 플레이

〈주〉 45도에서의 전개 플레이(③~⑤)가 끝나도 공격이 끊어지지 않았을 때 및 45도로 패스가 들어가지 않았을 때는 ①, ②의 오펜스를 전개시킨다. 포스트간의 맞추기를 하지 않고 역사이드에서도 같은 플레이가 가능하다.

③ 로 포스트

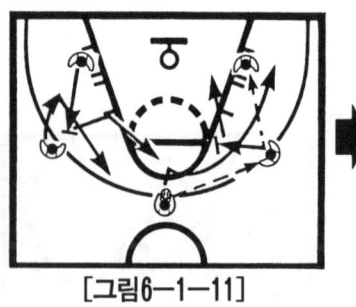

[그림6-1-11]

[그림6-1-12]

로 포스트에 패스를 넣고, 1대 1을 시키든가 시저즈 플레이를 한다.

포스트간의 맞추기를 하든가 톱에게 패스를 하고 제자리로 돌아온다.

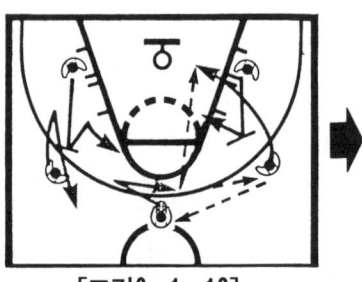

[그림6-1-13]

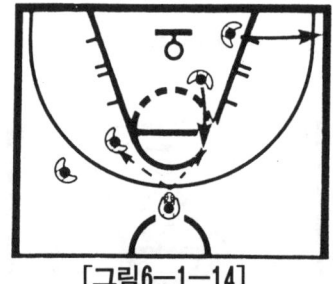

[그림6-1-14]

로 포스트에 패스가 들어가지 않을 때는 톱에게 볼을 되돌리고, 그림과 같은 스크린 플레이를 실시한다. 역사이드는 스크린.

패스가 들어가지 않았을 때는 그림과 같이 더블 하이 포스트의 포지션을 취하고, ②의 전개를 한다. 패스는 어느쪽에 해도 좋다.

④ 미들 포스트

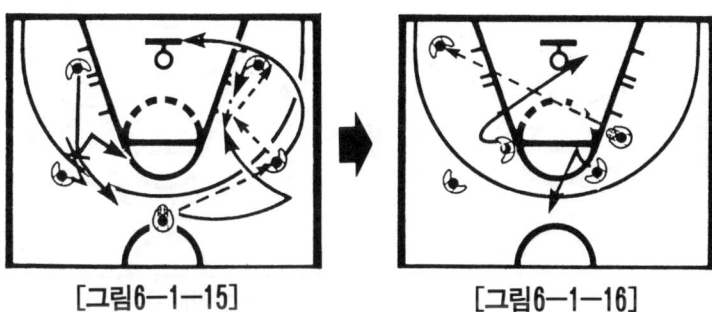

[그림6-1-15]   [그림6-1-16]

미들 포스트에 패스를 넣고, 블라인드 커트하는 플레이어에게 패스하든가, 그림과 같이 2대 2를 실시한다. 역사이드는 스크린.

패스가 들어가지 않았을 때는 그림과 같이 포스트간의 맞추기를 실시하면서 ②의 전개를 한다.

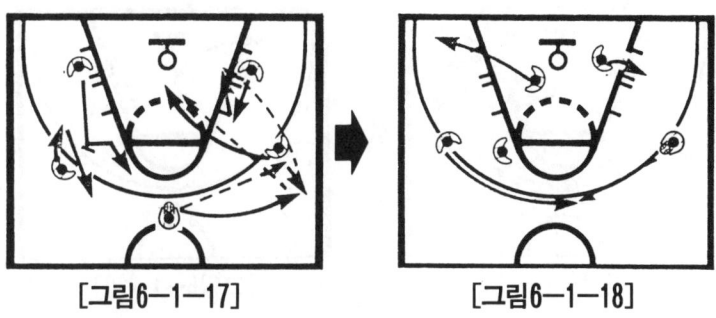

[그림6-1-17]   [그림6-1-18]

미들 포스트에 패스가 들어가지 않으면, 그림과 같이 아웃사이드 스크린을 해서 컷인한다. 역사이드는 스크린.

패스가 들어가지 않으면 톱에게 패스를 되돌리고, ①의 전개를 한다.

⑤ 사이드 포스트

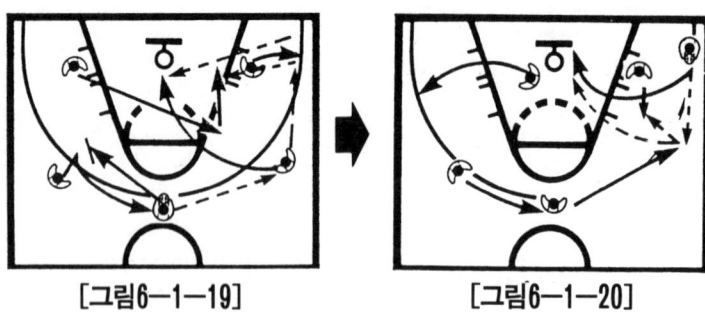

[그림6-1-19]　　　　　[그림6-1-20]

사이드 포스트에 패스를 하고, 역사이드에서 온 포스트에 걸어서 컷인 한다. 가드, 포워드는 스크린을 해서 상대를 끌어당겨 둔다.

패스가 들어가지 않으면, 45도(톱이라도 좋다)로 패스를 해서, 포스트간의 스크린을 실시하고, 제자리로 돌아온다.

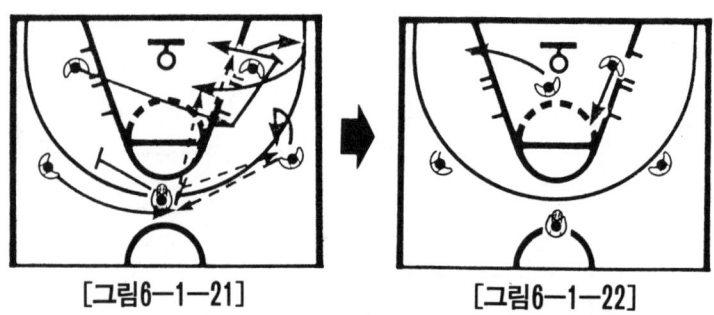

[그림6-1-21]　　　　　[그림6-1-22]

사이드 포스트에 패스가 들어가지 않았을 때는 그림과 같이 포스트간의 스크린을 실시한다. 가드, 포워드는 스크린.

패스가 들어가지 않았을 때는 그림과 같이 하이 포스트로 움직여서 ①의 전개를 한다.

⑥ 크로스 포인트

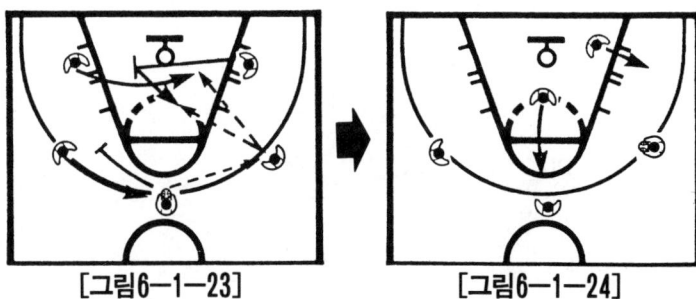

[그림6-1-23]   [그림6-1-24]

패스가 들어가지 않았을 때는 그림과 같이 포지션을 취하고, 로 포스트의 전개를 한다.

포스트끼리가 스크린을 실시해서 노마크를 만든다. 가드, 포워드는 스크린

2. 존 오펜스(Zone offence)

맨투맨 오펜스 중심의 팀이 존 오펜스를 다 공격할 수 없어 져 버리는 경우가 흔히 있다. 이것은 존 오펜스의 원칙을 잊고, 무슨 일이 있어도 골에 접근해서 공격하려고 하는 결과이다. 원칙을 잘 이해하고, 기본적인 움직임을 습득함과 동시에 외각 슛의 힘을 기르는 것이 존 오펜스를 위한 조건이다.

(1) 존 오펜스의 원칙

존 오펜스의 원칙은 아웃 넘버를 만드는 데에 있다. 아웃 넘버 만드는 법은 패스에 의한 방법과 움직임에 의한 방법이 있다. 그러나 어느 쪽인가 한쪽에만 의지하면 오펜스가 단조로워져서 지키기가 어려우므로 '패스'와 '움직임'을 항상 혼합해서 아웃 넘버를 만들어 내는 것이 필요하다.

① 패스에 의한 아웃 넘버(시간적)
㉠ 패스 페인트를 사용할 것.
㉡ 패스의 리듬을 일정하게 하지 말 것.
㉢ 사이드 라인부터 사이드 라인까지의 롱 패스를 사용할 것.
② 움직임에 의한 아웃 넘버(인원 수적)
㉠ 존의 틈으로 움직일 것.
㉡ 빈 곳을 메울 것.
㉢ 역사이드까지 움직여서 수적 우위에 설 것.

(2) 움직임의 패턴화

외각 및 센터 플레이어의 움직이는 방법을 어느 정도 정하고, 그 위에서 패스 워크를 사용하면, 비교적 쉽게 아웃 넘버를 만들어 낼 수 있다.

① 외각 플레이어의 움직이는 법
㉠ 45도의 플레이어는 대각선이 되도록 움직일 것(그림6—2—1).
㉡ 역사이드로 패스를 하면 클리어할 것(그림6—2—2).

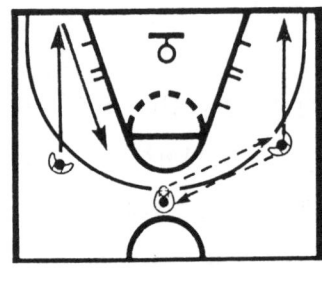

[그림6—2—1]

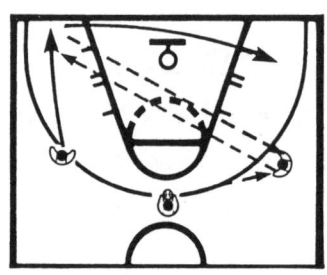

[그림6—2—2]

② 센터 플레이어의 움직이는 법

맨투맨일 때와 같은 움직임으로 좋다(센터 플레이어의 2대 2항 참조).

③ 5명의 움직이는 법

센터 플레이어의 움직이는 법을 중심으로 해서 외각 플레이어의 움직이는 법을 더하면, 스무드한 패스 및 움직임의 전개가 가능하다. 다음에 나타내는 예는 최종적으로 직각 포스트와 베이스 라인 클리어의 패턴이다. 팀이 독자적인 움직임의 패턴을 만드는 것이 바람직하다.

[그림6-2-3] 직각 포스트

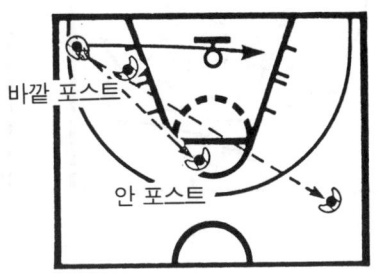

[그림6-2-4] 클리어

㉠ 톱에서의 전개

(i) 하이 포스트

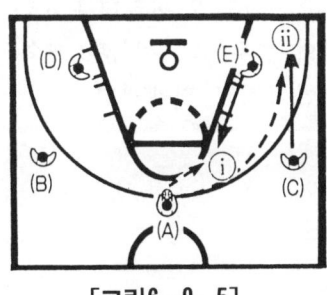

[그림6-2-5]

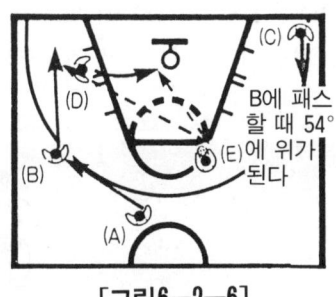

[그림6-2-6]

그림6—2—5와 같이 하이 포스트의 (E)나 코너의 (C)로 패스해서 전개한다.

(E)는 1대 1과 (D)과 (B)에 패스
(D)는 (E)에 맞춰서 포스트 플레이
(B)는 슛과 (A)→(E)로 연결해서 직각 포스트나 뒤 포스트 (D) 또는 역 45도 (C)에 패스하고 클리어

(ii) 코너

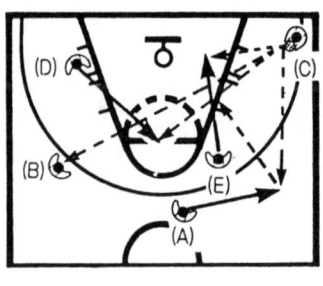

[그림6-2-7]

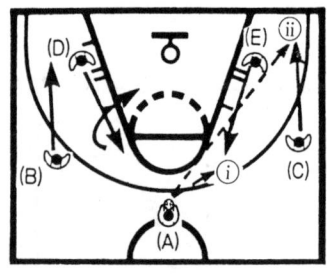

[그림6-2-8]

(C)는 1대 1과 (A)에 패스하고 남거나 (B), (D)에 패스하고 클리어
(E)는 1대 1과 (D)에 맞춤
(D)는 1대 1과 클리어하는 (C)에게 패스

(B)는 슛과 (E) 또는 클리어하는 (C)에게 패스
(A)는 슛과 직각 포스트 겨냥
〈주〉그림6—2—8은 더블 포스트의 경우이다. 원 포스트와 마찬가지로 전개하면 된다.

ⓛ 45도에서의 전개   (i) 로 포스트

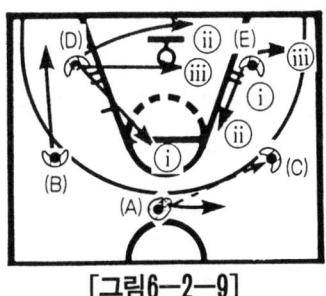

[그림6-2-9]

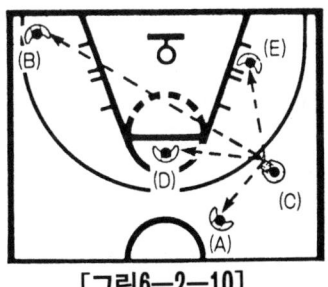

[그림6-2-10]

그림6-2-9와 같이, 겉 포스트 (E)의 움직임에 맞춰서 전개한다.

(E)는 로 포스트에서 버틴다.
(D)는 하이 포스트로 올라간다.
(B)는 (C)의 대각선상으로 움직이다.
(A)는 약간 (C)에게 접근한다.

(E)에서의 전개   (D)에서의 전개

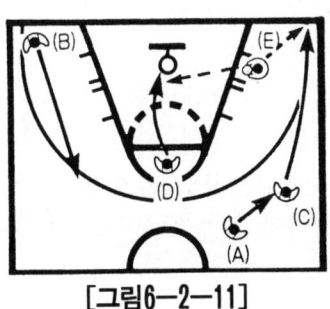

[그림6-2-11]

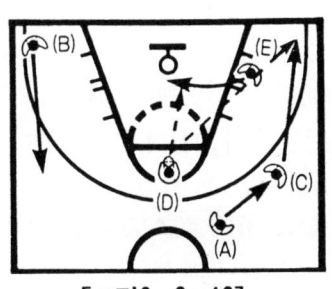

[그림6-2-12]

(E)는 1대 1
(D)는 (E)와의 맞춤
(C)는 슛과 (B)에 패스하고 클리어

(D)는 1대 1
(E)는 (D)와의 맞춤
(C)는 슛과 (A)→(D)로 연결해서 직각 포스트나 뒤 포스트 (E)나 역 45도 (B)에게 패스하고 클리어

(B)에서의 전개

(A)에서의 전개

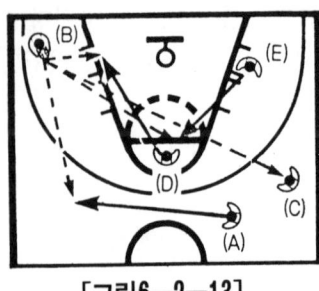

[그림6—2—13]

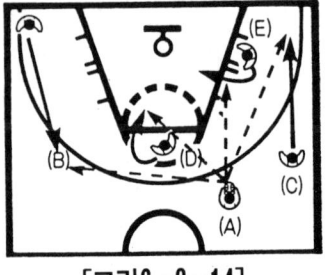

[그림6—2—14]

(B)는 슛과 (A), (D)에 패스하고 남거나 (E), (C)에게 패스하고 클리어
(D)는 1대 1
(E)는 1대 1과 로 포스트
(D)나 클리어 하는 (B) 겨냥
(C)는 슛과 (D)나 클리어하는 (B) 겨냥
(A)는 직각 포스트 겨냥이나 (B)로 리턴 패스

(A)는 찬스가 있으면 1대 1
(E)는 면따서 1대 1
(D)는 뒤패스를 받아서 슛이나 패스가 오지 않으면 하이 포스트에 남음
(C)는 슛과 45도로 오는 (A)→(E)에 이어서 직각 포스트 겨냥이나 (B), (D)에 패스해서 클리어
(B)는 찬스가 있으면, 1대 1과 (E)나 클리어하는 (C) 겨냥

(ii) 미들 포스트

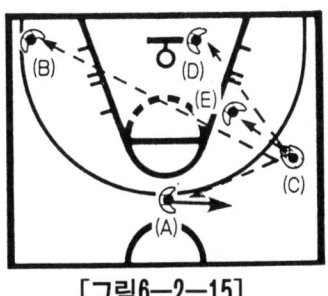

[그림6-2-15]

(D)는 골 밑으로 움직인다.
(E)는 미들 포스트로 슬라이드 한다.
(B)는 (C)의 대각선상으로 움직인다.

(E)에서의 전개

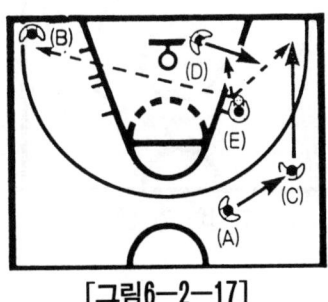

[그림6-2-17]

(C)는 슛과 45도로 오는 (A)→(D)에 이어서 직각 포스트 겨냥이나 (B)에 패스하고 클리어

(D)에서의 전개

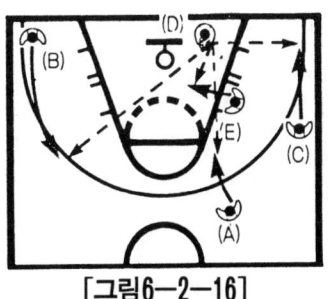

[그림6-2-16]

(D)는 슛과 (E), (A)에 탭패스나 (B), (C)에 패스
(E), (A)는 슛
(B)는 1대 1

(E)는 1대 1과 (B)에 패스하고 직각 포스트나 (C), (A)에 패스하고 하이 포스트로 움직인다.
(D)는 오버 타임이 되지 않도록 해서 (E)와의 맞춤
(C)는 슛과 (A)→(D)에 이어서 직각 포스트나 45도로 올라오는 (B)에 패스하고 클리어
(B)는 슛과 (A)→(E)로 이어서 직각 포스트나 (C), (E)에 패스하고 클리어(그림6-2-17)

(B)에서의 전개

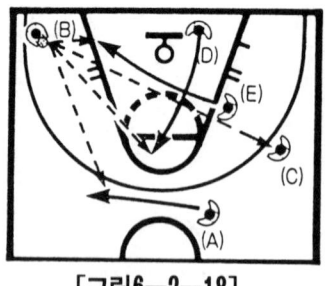

[그림6-2-18]

(B)는 슛과 (A), (E) 어느쪽인가에 패스하고 남거나 (C), (D) 어느쪽인가에 패스하고 클리어
(E)는 1대 1
(D)는 1대 1과 (E) 및 클리어하는 (B) 겨냥
(C)는 슛과 (E) 및 클리어하는 (B) 겨냥
(A)는 (E)의 직각 포스트 겨냥과 (B)에 리턴 패스

(A)에서의 전개

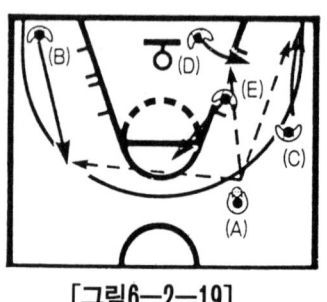

[그림6-2-19]

(D)는 면따서 1대 1
(C)는 슛과 (A)→(D)로 이어서 직각 포스트나 (B)에 패스하고 클리어
(B)는 1대 1과 (E) 및 클리어하는 (C) 겨냥

(ii) 사이드 포스트

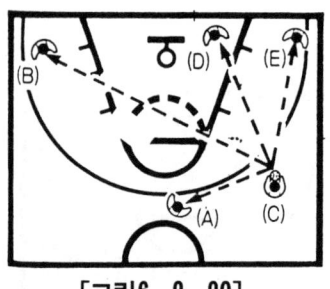

[그림6-2-20]

(D)는 골 밑으로 움직인다.
(E)는 코너로 움직인다.
(B)는 (C)의 대각선상으로 움직인다.
(A)는 약간 (C)에 접근한다.

(D)에서의 전개

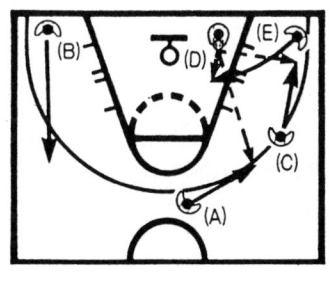

[그림6-2-21]

(D)는 슛과 (E)와의 맞춤이나 (C)에 패스
(C)는 (A)→(D)로 이어서 직각 포스트나 (B)에 패스하고 클리어
(A)는 찬스가 있으면 1대 1

(E)에서의 전개

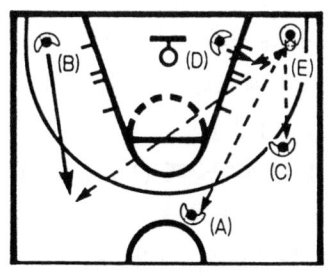

[그림6-2-22]

(E)는 (D)와의 2대 2나 (A), (B), (C) 어느쪽인가에 패스하고, (D)를 스크리너로서 컷인 (A), (B), (C)는 1대 1과 (D), (E) 겨냥

(B)에서의 전개

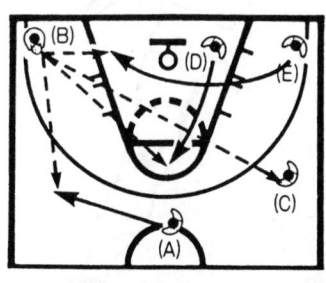

[그림6-2-23]

(A)에서의 전개

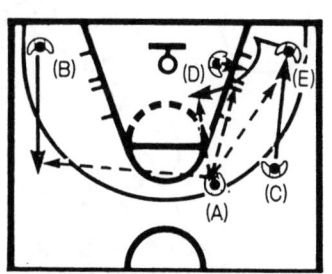

[그림6-2-24]

(D)는 (E)와의 2대 2
(B)는 슛과 (E), (A) 어느쪽인
가에 패스하고 남거나 (E),
(D)에 패스하고 클리어
(E)는 1대 1
(C), (D)는 슛과 (E) 및 클리
어하는 (B) 겨냥
(A)는 (E)의 직각 포스트나
(B)로 리턴 패스 겨냥

(D), (E)는 1대 1
(C)는 슛과 45도로 오는 (A)
→(D)에 이어서 직각 포스트
겨냥
(B)는 찬스가 있으면 1대 1
과 클리어하는 (C) 겨냥

(3) 존 오펜스의 연습법
① 5명의 빈 움직임

전술과 같은 패턴을 만들어 디펜스를 붙이지 않고, 움직이는 법을 연습한다. 처음은 단순히 움직이는 법을 배우는 데에 중점을 두고, 다음 단계에서 스피드의 완급, 패스 페인트 등 디펜스를 가상해서 실시한다.

빈 움직임의 연습 중에서 특히 주의해야 하는 것은 움직임의 기본이 그림에서의 직선으로 되어 있지만, 존 오펜스의 원칙인 '틈'을 공격해서 볼이 오지 않을 때에 최종적으로 취하는 포지션이라고 하는 것이다.

② 5대 4

그림과 같이 2—2, 또는 1—2—1 형태의 4명의 존을 공격한다. 가능한 한 기본적인 움직임으로 노마크를 만들도록 한다.

③ 5대 5

기본적인 움직임을 하면서 항상 1대 1로 깨뜨리는 노력을 한다. 움직임에 신경을 빼앗겨서 공격하는 마음을 잊으면 존을 무너뜨릴 수 없다.

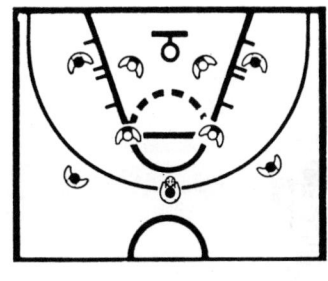
[그림6—2—25] 2—2의 형

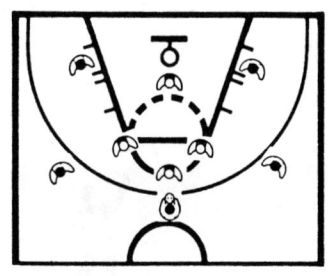
[그림6—2—26] 2—1—2의 형

3. 프레스에 대한 오펜스

 프레스 디펜스의 목적은 첫째, 기초 체력의 우위성을 무기로 해서 프레스 디펜스 그 자체로 이기려고 하는 것과, 둘째, 상대팀의 오펜스를 교란해서 팀 본래의 오펜스 리듬을 무너뜨리는 데에 있다.
 볼은 프런트 코트까지 옮길 수 있지만, 슛 미스가 많아 득점으로 연결되지 못하는 경우가 많은 것은 프레스 디펜스의 또 하나의 목적을 확실히 인식하고 있지 않은 결과라고 말할 수 있다. 따라서, 볼을 확실히 프런트 코트까지 옮기는 것과 동시에 곧 세트 오펜스로 전환하는 것이 프레스에 대한 효과적인 공격 방법이 된다고 하는 것이다.

(1) 맨투맨 프레스에 대한 오펜스

 볼을 옮기는 플레이어를 줄이고, 드리블이 능숙한 플레이어에게 드리블로 옮기게 하거나, 볼 킵력이 있는 플레이어에게 패스로 옮기게 하는 것이 비교적 안전하다고 말할 수 있다.

① **1대 2의 드리블**

드리블이 능숙한 플레이어를 더욱 강하게 하는 연습이다.

그림6—3—1과 같이 디펜스 플레이어를 세로로 2명 놓고, 앞의 플레이어는 오버 플레이를 해서 적극적으로 볼을 뺏으러 가게 하고, 놓치면 뒤의 플레이어가 커버하는 것을 반복한다.

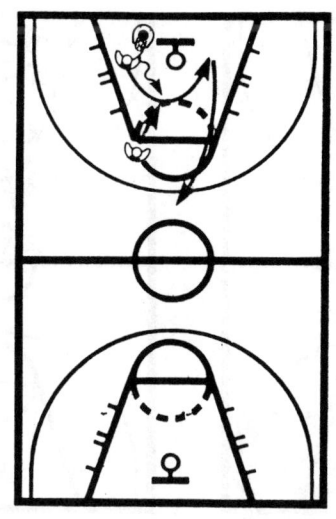

[그림6—3—1]

② 2인 볼 옮기기(패싱 다운)

드리블을 사용하지 않고, 패스만으로 볼을 옮긴다. 처음은 디펜스를 붙이지 않고 연습하고, 익숙해지면 디펜스를 붙여서 실시하도록 한다.

• 디펜스 없음   • 디펜스 붙음

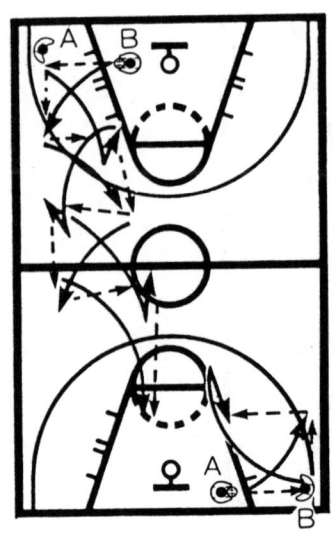

[그림6-3-2]

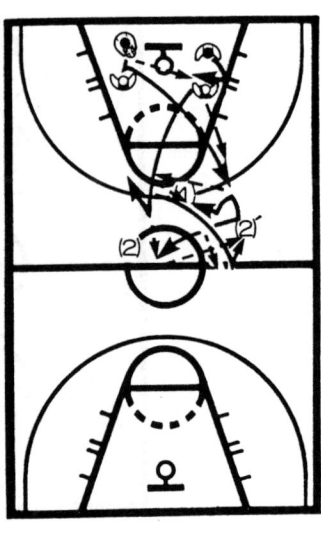

[그림6-3-3]

③ 3인의 볼 옮기기

드리블을 사용하지 않고, 패스만으로 볼을 옮긴다. 캐치한 순간에 스톱하고, 뒤돌아 본 순간에 뛰어 나가는 타이밍이 포인트이다.

디펜스를 붙였을 경우는 프런트 코트로 볼을 옮기면, 드리블을 사용해도 좋다고 하고, 보통의 3대 3을 실시한다. 단, 정확히 세트 업하기 위해서 프런트 코트에 볼을 보내서 한번 더 패스를 할 때까지는 드리블해서는 안 되는 것으로 한다.

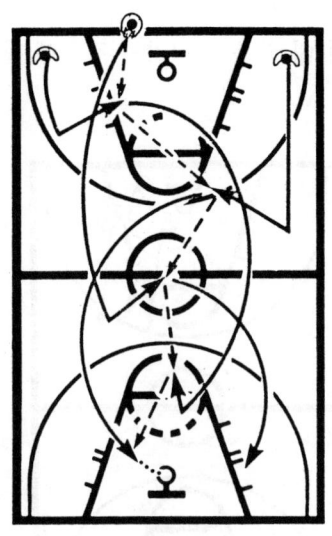

[그림6-3-4]

(2) 존 프레스에 대한 오펜스

더블팀에 오는 디펜스를 피하는 드리블의 힘을 양성하는 것과 존의 틈에 뛰어나가서 볼을 받는 타이밍이 중요하다. 그러기 위해서는 존 프레스의 대형에 따라 틈이 어디에 있는지를 확실히 인식해 두는 것이 중요하다.

① 1대 2의 드리블

그림6—3—5와 같이 디펜스 플레이어를 가로로 서게 하고 빼는 연습을 한다. 한사람의 디펜스 플레이어쪽에 가능한 한 몸을 기대고, 잔 드리블로 틈을 빼는 것이 포인트이다.

② 2인 및 3인의 볼 옮기기

맨투맨 프레스에 대한 볼 옮기기의 경우와 같은 방법으로 좋다.

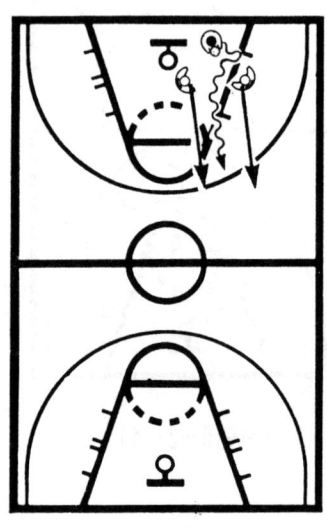

[그림6—3—5]

4. 맨투맨 디펜스

맨투맨의 디펜스는 개인 기술에 있어서 스탠스, 포지션, 비전의 의식을 갖고 있으면, 그대로 팀으로써의 디펜스가 된다. 자신이 제1선, 제2선, 제3선의 어느 디펜스인지를 항상 염두에 두는 것, 같은 팀끼리 끊임없이 소리로 연락해서 상대의 위치를 가르쳐 주는 것이 중요하다.

(1) 공방의 전환

팀으로써 디펜스에 들어가는 것은 상대팀의 볼이 된 순간부터이지만, 그 이전에 항상 오펜스에서 디펜스로 전환할 수 있는 준비를 해 둘 필요가 있다. 소위, 세이프티맨의 준비를 하고 오펜스 플레이를 짜 두는 것이 팀 디펜스의 제1보라고 말할 수 있다.

① 세이프티맨의 역할

자기 팀이 슛을 했을 때에 리바운드에는 참가하지 않고, 상대의 속공을 멈추기 위해 패스 커트를 노리면서 귀진한다. 또한, 크게 되튀기거나 바운드 볼이나 루스 볼을 잡는 것도 세이프티맨의 역할이다.

② 세이프티맨의 인원수

1인 세이프티로 4인 리바운드, 2인 세이프티로 3인 리바운드, 3인 세이프티로 2인 리바운드의 3가지 방법을 생각할 수 있다. 팀의 사정에 따라서 어느 방법을 채용하는지를 결정하지만, 가장 일반적인 방법은 2인 세이프티로 3인 리바운드이다. 이것은 3명이 리바운드 트라이앵글을 만들고, 2사람이 세이프티맨이 되는 방법이다.

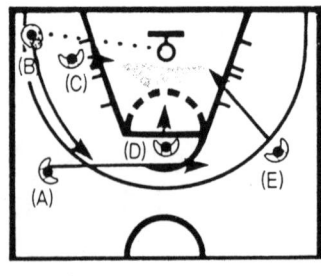

[그림6-4-1]

A, B는 세이프티맨
C, D, E는 리바운드 트라이앵글을 만든다.
〈주〉 원칙으로써 세트 슈터는 세이프티맨이 되고, 역사이드의 포워드가 리바운드에 참가한다.

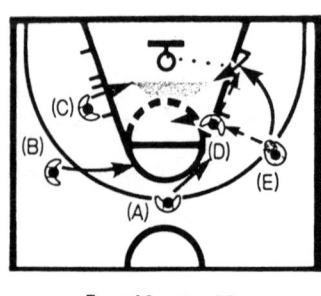

[그림6-4-2]

A, B는 세이프티맨
C, D, E는 리바운드 트라이앵글을 만든다.
〈주〉 골에 가까운 슈터는 그대로 리바운드에 참가한다.

(2) 새그와 플로트

개인 기술의 제2선, 제3선 포지션의 원칙을 약간 오버로 하고, 프리 스로 레인 부근을 집중적으로 단단히 지키려고 하는 디펜스이다. 새그란 골쪽으로 물러나서 지키는 움직임이고, 플로트란 옆으로 이동해서 골 가까이에 지키는 움직임이다. 골 부근을 중심으로 지키고 있기 때문에 컷인 플레이나 포스트 플레이에 대해서는 효과적이지만, 바깥쪽의 슛에 대한 체크가 늦어진다고 하는 약점을 갖고 있다.

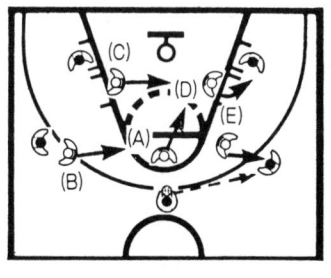

A는 새그
B, C는 플로트

[그림6-4-3]

5. 존 디펜스

맨투맨이 사람을 지키는데 대해 존은 지역을 지키는 디펜스이다. 자신의 지역에 있는 사람은 2인 이상 있어도 혼자서 지켜야 한다. 그래서 맨투맨 이상으로 예상 능력이 요구된다.

(1) 패스 커트

존 디펜스에 있어서 패스를 인터셉트 할 수 있는지 어떤지는 운동 능력보다도 예상 능력에 의한다. 패스를 하려고 하는 플레이어의 눈을 보고, 어느 방향으로 어떤 패스를 내보내려 하고 있는지를 예상하는 것이 중요하다. 커트의 요령은 패스를 하려고 하는 플레이어에 대해서는 상체를 비스듬히 뒤로 내던지듯이 해서 양손을 뻗는 것, 패스를 받으려고 하는 플레이어에 대해서는 캐치를 하려고 하는 손앞에서 컷트하는 것이다.

① 보조자를 사용한 패스 커트

그림6—5—1과 같이 보조자를 둔다. 패스는, 노페인트, 원 페인트, 더블 페인트의 순으로 하고, 마지막에 자유롭게 패스해서 커트를 노리게 한다.

② 3대 2

그림6—5—2와 같이 삼각형을 만들어 패스를 돌린다. 패스 커트하거나 7회~10회 패스를 돌리면 교대한다.

〈주〉볼 소지자에 대해서는 한가운데에서 어느 쪽인가의 사이드에 붙어서 지킨다.

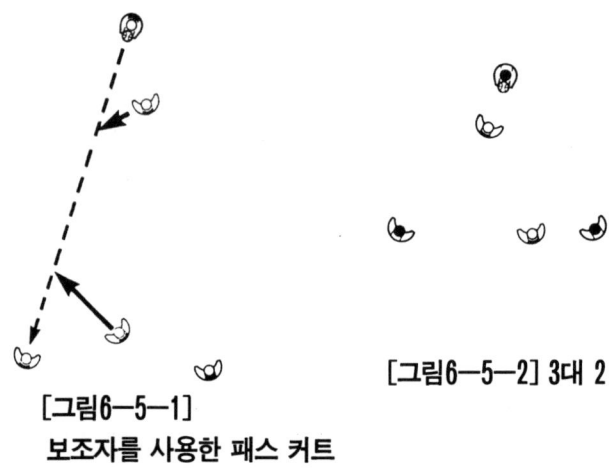

[그림6—5—1]
보조자를 사용한 패스 커트

[그림6—5—2] 3대 2

③ 4대 3

그림6—5—3과 같이, 서클을 중심으로 사각형을 만들고, 패스를 돌린다. 드리블해도 좋다. 단 드리블을 했을 경우에는 서클 내에 피벗 풋이 들어 가지 않으면 디펜스의 우승으로 한다. 패스 커트를 하거나 7회~10회 패스를 돌리면 교대한다.

•패스가 A에서 B로 넘어갔을 경우, D의 쪽에서 지키고, 그 사이에 D의 장소를 메운다.

•패스가 A에서 D로 넘어갔을 경우, 먼저 콜한 사람이 붙고, 또 한사람은 제자리로 돌아간다.

•드리블로 놓쳐서 서클 안으로 들어가게 되면 3명이 에워싸고, 바깥쪽으로 보내지는 패스의 커트를 노린다.

④ 5대 3

서클을 중심으로 사각형을 만들고, 서클 내에도 한 사람 두고, 5명이 패스를 돌린다. 서클 내의 플레이어는 자유롭게 움직여도 좋다. 패스 커트하거나 7회~10회 패스를 돌리면 교대한다.

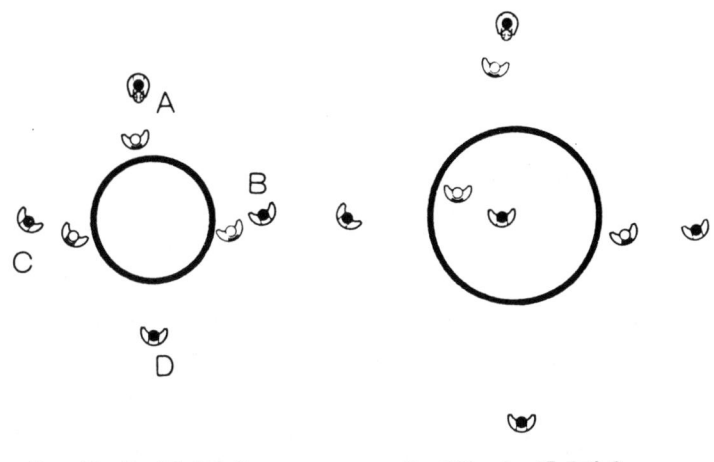

[그림6-5-3] 4대 3   [그림6-5-4] 5대 3

(2) 존 디펜스의 종류와 특징

존 디펜스의 종류에는 여러 가지 있지만, 대표적인 것은 2-3존, 3-2존, 1-3-1존이다. 2-1-2존은 2-3존의 변형이고, 1-2-2존은 3-2존의 변형이다.

그 외에 특수한 디펜스로써 4인 존에서 1인 맨투맨(박스 원 등)이나 3인 존에서 2인 맨투맨(트라이앵글 투) 등의 디펜스가 있다.

어느 존 디펜스나 각각 강한 면과 약한 면을 갖고 있기 때문에 잘 이해함과 동시에 자신의 팀에 맞는 디펜스형을 채용하는 것이 중요하다.

① 2—3존

리바운드 볼과 근거리 슛에 대해서는 강하지만, 미들 슛에 대해 체크하기 어렵다. 상대 팀이 센터 플레이어는 강하지만, 외각 슈터가 없을 경우에는 유효한 디펜스이다.

② 3—2존

미들 슛에 대해서는 강하지만, 코너와 존의 한가운데가 약하다. 약한 부분을 강화하기 위해서 매치업 존을 채용해도 좋다. 이것은 자신의 존에 있는 플레이어에 대해 맨투맨적으로 지키고, 다른 존에 갈 때에 확실히 같은 팀에게 건네주는 방법이다. 그러나 존의 형태가 무너질 우려가 있으므로 충분한 연습이 필요하다.

[그림6—5—5] 2—3존

[그림6—5—6] 3—2존

③ 1-3-1존

강한 센터 플레이어와 외각 슛에 대해서는 강하지만, 볼의 이동에 대해서 움직이는 거리에 차이가 생기기 때문에 형태가 무너지기 쉽다. 특히 가장 뒤에 있는 플레이어의 부담이 커진다. 반대로 생각하면, 형태를 무너뜨리지 않고 움직이면 가장 강한 존이라고 말할 수 있다.

[그림6-5-7] 1-3-1존

④ 그 밖의 존

 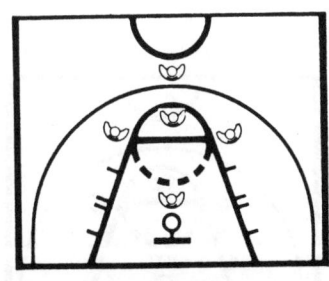

[그림6-5-8] 2-1-2존   [그림6-5-9] 1-1-2존

[그림6-5-10] 1-2-2존

[그림6-5-11] 2-2-1존

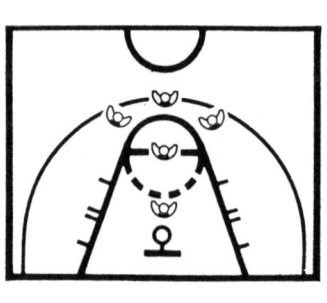

[그림6-5-12] 1-2-1-1존

1사람은 맨투맨

[그림6-5-13] 박스원

1사람은 맨투맨

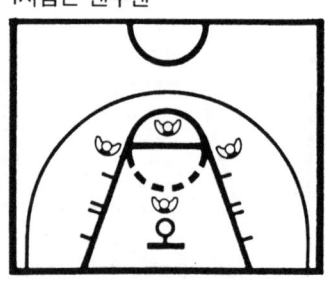

[그림6-5-14] 다이아몬드 원

2사람은 맨투맨

[그림6-5-15] 트라이앵글 투

(3) 존 디펜스의 연습법

존 디펜스는 맨투맨 디펜스보다 많이 움직여야 하는 점을 의식시키는 것이 필요하다. 그러기 위해서는 디펜스쪽의 인원수를 줄이거나 오펜스 쪽의 인원수를 늘려서 연습하는 것이 효과적이다.

① 5대 4

5명의 오펜스에 대해 4명이 디펜스한다. 2—3존의 경우에는 2—2의 형, 3—2존, 또는 1—3—1존의 경우에는 1—2—1의 형으로 연습한다. 오펜스는 5회 패스를 돌리면 프리 오펜스에 들어간다.

[그림6—5—16] 2—2의 형

[그림6—5—17] 1—2—2의 형

② 7대 5

그림6—5—18과 같이, 7명의 오펜스에 대해 5명이 오펜스를 한다. A~E는 포지션을 고정하고, 패스나 제자리에서 슛(다음 단계에서는 드리블 컷인까지 포함한다), F, G는 골 부근을 움직여도 좋다. 7회~10회 패스를 돌리는 사이에 슛하는 것으로 하고, 디펜스는 슛을 시키지 않도록 버티고 지킨다.

〈주〉 A~E는 볼에 미트하기 위해 움직이는 경우는 좋다. 슛을 했을 때의 리바운에 대한 참가는 F, G만으로 한다.

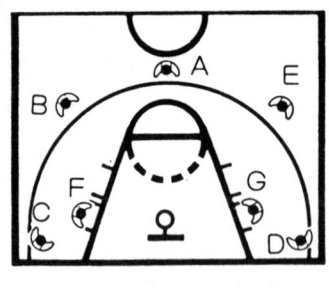

A~E는 패스 돌리기와 슛
F, G는, 프리 오펜스

[그림6—5—18]

6. 맨투맨 프레스 디펜스

다리의 힘은 있지만, 신장적으로 부족한 팀에 있어서 효과가 있는 디펜스이다. 맨투맨 프레스의 사고 방식으로써는 항상 타이트하게 붙어, 상대를 압박해서 오펜스 의욕을 없애게 한다. 그와 동시에 스태미너를 소모시키는 것을 목적으로 하는 경우와 적극적으로 볼을 뺏으러 가는 것을 목적으로 하는 경우가 있다.

(1) 올코트 타이트 디펜스

갬블을 하지 않고, 항상 상대에게 타이트로 디펜스를 해서 상대가 프런트 코트까지 볼을 옮기는 시간을 지연시켜서 무리한 오펜스를 시키는 것과 40분간 풀로 실시함으로써 상대의 체력을 소모시키고, 패스 커트나 드리블 커트를 해 속공으로 연결하는 것을 목적으로 한다. 상대가 패스나 드리블로 볼을 옮기고 있을 때에 항상 볼 라인까지 내려가는 것을 지켜야 한다.

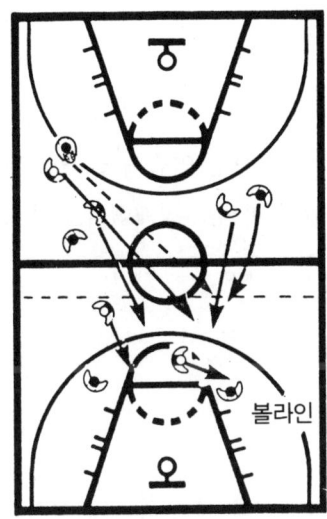

[그림6-6-1]
올코트 타이트 디펜스

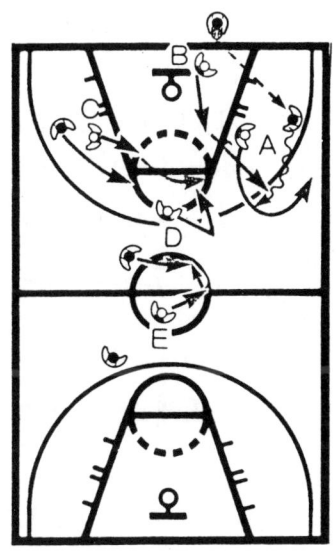

[그림6-6-2] 더블 팀

(2) 더블 팀

적극적으로 볼을 뺏으려고 하는 디펜스를 할 때에는 사이드 라인에 드리블을 시키고, 오버 디펜스를 해서 더블 팀으로 패스 커트를 노리는 방법이다. 상대의 백 코트에서는 효과적이지만, 프런트 코트에서 실패할 때에는 직접 슛으로 이어질 위험성이 있으므로 주의해야 한다.

• 그림과 같이 A는 볼맨에 대해서 오버 시프트해서 지키고, 사이드 라인에 드리블을 시킨다.

• A는 오버 플레이를 해서 드리블 커트를 노린다. 동시에 역사이드의 B는 전환을 시키지 않도록 더블 팀을 한다.

● C, D, E는 로테이션을 해서 패스 커트를 노린다. 가장 먼 플레이어는 무시한다.

〈주〉 처음은 4대 4로 연습하면 좋다. 골밑으로 패스를 당했을 때에 전원이 전속력으로 되돌아가는 것을 항상 연습해 둘 필요가 있다. 또한, 갬블을 하고 있기 때문에 숯을 먹혀도 실패했다고 생각하지 말고, 곧 오펜스로 전환하는 정신이 가장 중요하다.

7. 존 프레스 디펜스

상대팀에게 평소 연습하고 있는 플레이를 충분히 발휘시키지 않기 위해, 혹은 자기 팀이 지고 있을 때에 만회하기 위해 효과가 있는 디펜스이다. 1시합을 통해서 채용하는 것은 스태미너 면에서 상대 팀의 눈이 익숙해져 버린다고 하는 점에서도 바람직하지 않다. 어느 시점에서, 어느 정도의 시간을 사용하는가를 생각해 두는 것이 중요하다.

(1) 존 프레스의 구분과 종류

존 프레스의 형에는 여러 가지 있지만, 그 목적은 최종적으로는 볼 소지자에게 더블 팀해서 압박하고, 거기에서 나오는 패스를 커트하려고 하는 데에 있다. 어느 시점에서 더블 팀하느냐에 따라서, 올코트 프레스, 스리 쿼터 프레스, 하프 코트 프레스의 3종류로 구분된다. 또한 포진 방법에 따라서, 1—2—2, 1—2—1—1, 1—1—2—1, 2—2—1, 2—1—1—1 등으로 나눠진다.

어느 존 프레스의 경우나 절대로 잊어서는 안 되는 것은 제1선,

제2선, 제3선의 의식이다. 제1선은 볼에 프레셔를 가하는 역할, 제2선은 패스 커트를 노리는 역할, 제3선은 골밑을 지키는 역할이다.

패스나 드리블에 의해 제2선에서 제1선으로 혹은 제1선에서 제2선으로 변화해야 한다. 이 약속이 틀리면, 존에 깨짐이 생겨서 간단히 득점당해 버리므로 주의해야 한다.

① 프레스의 구분

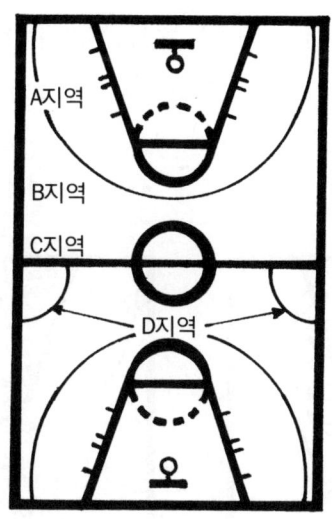

[그림6-7-1] 프레스의 구분

㉠ 올코트 : 1구째부터 프레스를 하고, A지역에서 더블 팀을 한다.

㉡ 스리 쿼터 : 제1선의 플레이어는 프리 스로 라인 부근에서 기다렸다가, B지역으로 볼이 옮겨졌을 때에 더블 팀을 한다.

ⓒ 하프 코트 : 제1선의 플레이어는 센터 서클상 부근에서 기다렸다가, C지역으로 볼이 옮겨졌을 때에 더블 팀을 한다. 특히 D지역으로 유도해서 백 패스를 유발시키는 것을 목적으로 한다.

② 프레스의 형

㉠ 1-2-2형 : 일반적인 형으로 올코트부터 하프 코트까지 같은 로테이션으로 가능하지만, 존의 한가운데가 약하다.

㉡ 1-2-1-1형 : 1-2-2형의 변형으로 장신자가 한 사람뿐인 팀에 있어서는 2선으로 올라가지 않아도 되므로 이 형이 좋다.

㉢ 1-1-2-1형 : 1-2-2형의 한가운데의 약함을 보완한 디펜스형이다. 스리 쿼터 또는 하프 코트의 프레스가 주가 된다.

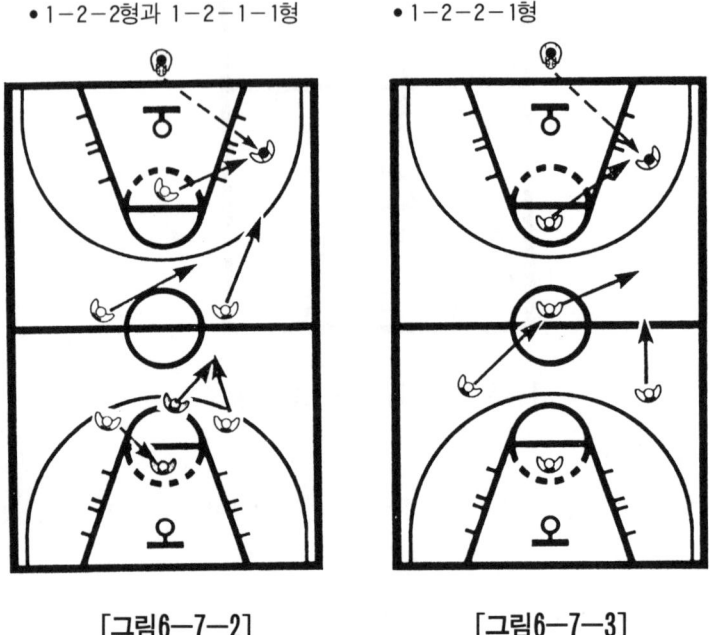

• 1-2-2형과 1-2-1-1형   • 1-2-2-1형

[그림6-7-2]   [그림6-7-3]

ⓒ 2—2—1형 : 더블 팀을 했을 때의 형이 어느 존 프레스나 2—2—1이 되는 것을 생각하면, 각 플레이어의 움직임이 가장 적다고 하는 이점이 있지만, 2—2의 한가운데가 약하다고 하는 결정을 갖는다.

ⓜ 2—1—1형 : 2—2—1형의 변형으로 특히 스로 인을 누르는 목적을 가진 디펜스이다.

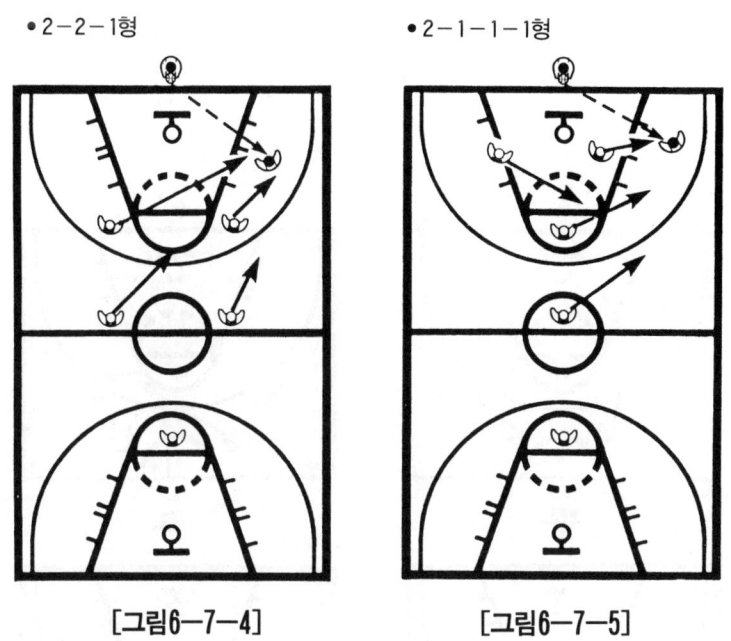

• 2-2-1형　　　　　• 2-1-1-1형

[그림6-7-4]　　　　[그림6-7-5]

(2) 1—2—2 존 프레스의 연습법

같은 형으로 올코트, 스리 쿼터, 하프 코트의 프레스가 가능한 것, 그대로 1—2—2, 또는 3—2 존으로 옮길 수 있다고 하는 이유로 1—2—2 존 프레스의 연습 방법에 대해서 설명을 한다. 다른 프레스도 이것에 준해 연습하면 된다.

① 기초 연습

2대 3 또는 3대 4로 오펜스의 인원수를 줄여 연습한다. 적극적으로 볼을 뺏으려고 하는 디펜스냐, 유도해서 미스를 유발시키는 디펜스냐의 목적을 명확히 해 두는 것이 중요하다. 커트하면 그대로 공격해서 2~3회 반복한다.

㉠ **적극적 디펜스**: 볼에 대해 드리블의 유무에 관계없이 항상 두 사람이 프레셔를 가해 패스 미스 또는 오버 타임(3초)을 노린다.

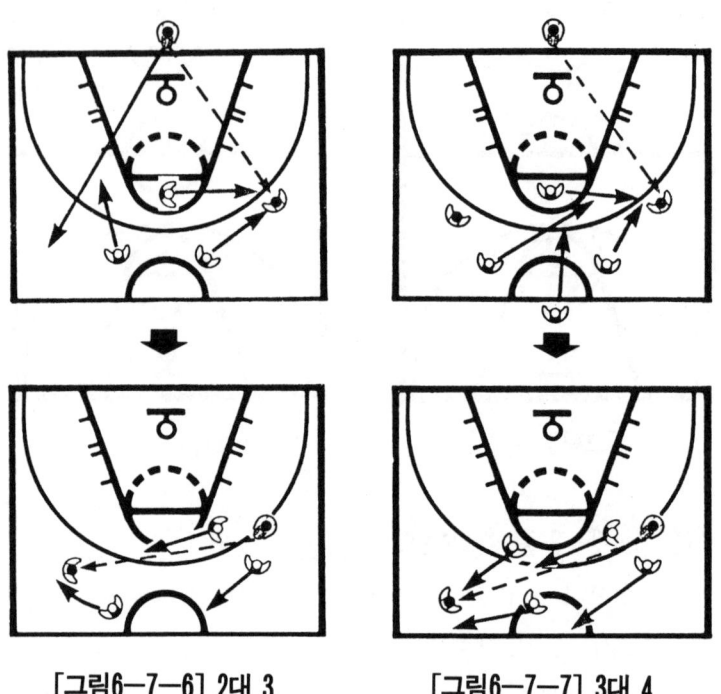

[그림6-7-6] 2대 3   [그림6-7-7] 3대 4

ⓒ 유도 디펜스 : 패스에 대해 1—2, 또 1—2—1의 형을 무너뜨리지 않고 지키고, 드리블 한 것을 계기로 더블 팀해서 패스 커트를 노린다.

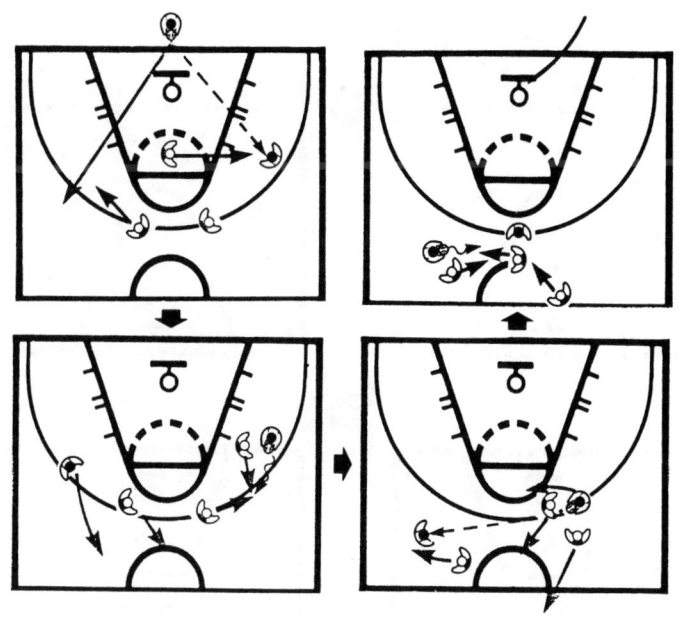

[그림6-7-8] 2대 3

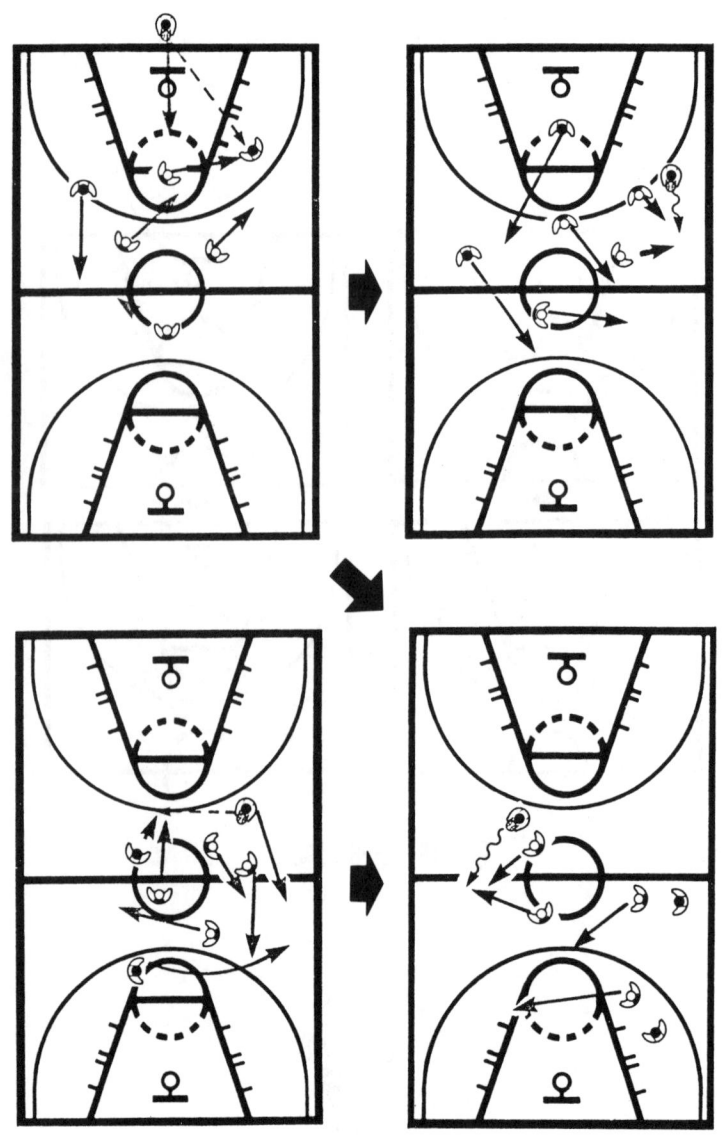

[그림6-7-9] 3대 4

② **로테이션**

㉠ 3인의 로테이션 : 제1선과 제2선의 3명만으로 로테이션한다.

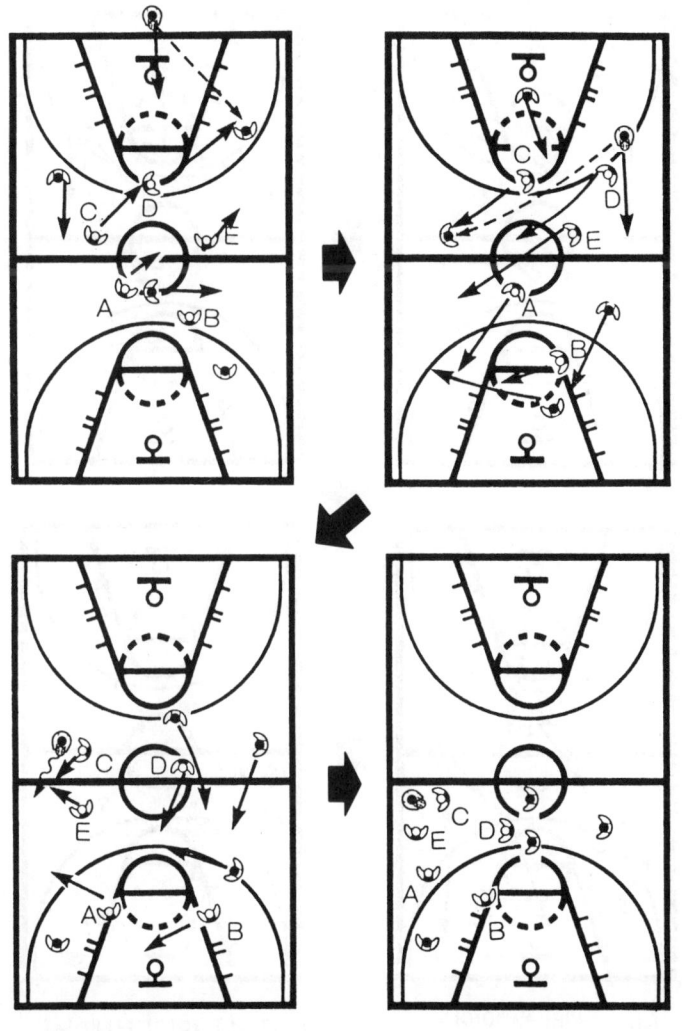

A.B……센터 플레이어
C.D.E……외각 플레이어

[그림6-7-10] **3인의 로테이션**

ⓛ **4인의 로테이션**:제3선의 플레이어도 로테이션에 참가한다.

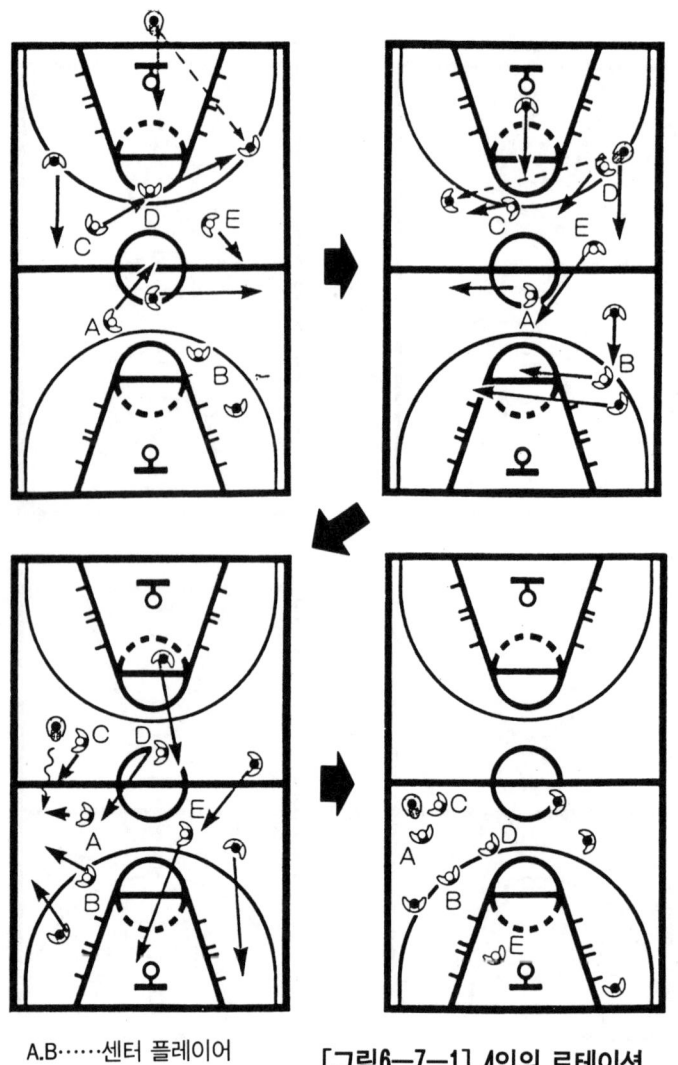

A.B……센터 플레이어
C.D.E……외각 플레이어

[그림6-7-1] 4인의 로테이션

③ 프레스의 방법

㉠ **올코트 프레스** : 지고 있을 때 만회를 하는 경우에 이용한다. 적극적으로 볼을 뺏으려고 하기 위해 항상 볼에 대해 두 사람이 가는 프레스로 한다. 갬블성이 강하기 때문에 상대팀에게도 득점당할 것을 계산해 두어야 한다.

㉡ **스리 쿼터 프레스** : 지고는 있지만, 시간적으로 여유가 있을 때에 이용한다. 올코트의 경우보다 약간 갬블성은 적지만, 로테이션을 정확히 실시하지 않으면 깨질 우려가 있다.

㉢ **하프 코트 프레스** : 상대팀의 오펜스를 교란해서 스무드하게 세트 오펜스에 들어가게 하지 않는 것을 목적으로 한다. 볼을 뺏는 것이 목적은 아니기 때문에 프레스 때보다, 되돌아 와서의 존 디펜스를 버티려고 하는 마음을 갖고 있어야 한다.

④ 프레스의 사고 방식

프레스를 하는 경우, 볼을 뺏어야 한다고 하는 마음이 선행해서 먼저 뛰어나가 버려, 골밑이 노마크가 된다고 하는 경우가 적지 않다. 프레스는 그 자체가 적극적인 디펜스이기 때문에 마음상으로는 오히려 '되돌아간다'고 하는 의식을 갖고 디펜스 해야 한다. 깨졌다고 생각해도 필사적으로 되돌아 가면, 슛이 떨어지는 경우가 있다. 이것도 훌륭하게 프레스가 성공했다고 말할 수 있다.

제 7 장
강해지기 위한 조건

1. 지도자의 역할

우리 나라의 지도자는 다른 나라에서는 분업화해서 실시하고 있는 역할을 혼자서 해내고 있는 경우가 대부분이다. 가능하면 몇 명인가 분담하는 편이 보다 효과를 올릴 수 있겠지만, 사실은 잘 되지 않는다. 그래서 지도자의 역할에는 어떤 것이 있는지를 확실히 인식해 두는 것이 보다 효과를 올리기 위한 조건이 된다.

(1) 연습 계획의 입안

연습 계획을 세우는 것은 감독의 역할이다. 우선 팀의 목표를 어디에 두는 지를 결정하고, 선수의 현재 능력, 잠재 능력을 확인한 후에, 연간 대회마다 매일의 연습 계획을 세우도록 한다.

① 연간 계획

4개월마다 3기로 나눠서 계획하면 좋다. 단, 어느 기간에 있어서나, 반드시 전습(팀적 연습)과 분습(개인 연습, 부분 연습)이 짜넣어져 있어야 한다.

㉠ **제1기 기초적 능력, 기초적 기술, 시합을 위한 개인 기술의 습득기** : 기초적인 능력 및 기술의 양성과 함께 1대 1 중심의 개인 기술과 속공의 기초 연습으로써의 투 맨, 스리 맨을 짜 넣는다. 연습 시합은 가능한 한 많이 실시해서 전습의 부족분을 보충함과 동시에 선수 개개의 부족한 점을 찾아 낸다.

㉡ **제2기 개인 기술 및 속공의 습득기** : 2대 2, 3대 3 중심의 개인 기술 및 팀적인 속공 연습을 중심으로 실시한다. 맨투맨 이외의 디펜스 형태를 채용하는 경우는 이 기간에 부분 연습을 짜 넣는다. 연습 시합을 가능한 한 많이 실시해서 전습의 부족분을 보충함과 동시에, 오펜스와 디펜스의 조화가 잘 되어 있는지 어떤지를 본다.

㉢ **제3기 시합을 위한 종합 연습기** : 5대 5를 중심으로 하는 팀적 연습을 실시한다. 개인 기술의 부족분을 보충하는 것도 이 기간의 연습이다.

② **대회마다의 계획**

연간 계획을 세움과 동시에 대회마다의 계획을 세우는 것도 필요하다. 이것은 계획을 세운다고 하기보다 연간 계획이 예정대로 진행되고 있는지 어떤지를 파악하는 것과 다음 대회를 향한 매일의 연습 계획을 변경하는 것이 주된 목적이다. 즉, 연간 계획에 맞는 목표를 세워서 대회에 임하고, 만일 그 목표가 달성되지 않는다고 한다면 그것은 매일의 연습 계획에 결점이 있었다고 생각된다. 그래서 다음 대회를 향해서 매일의 연습 내용을 개선해야 한다.

③ **매일의 연습 계획**

연간 및 대회마다의 계획에 따른 내용을 계획한다. 제1기, 제2

기는 개인적인 연습이 중심이 되지만, 단시간으로 되기 때문에 반드시 5대 5를 게임 형식으로 짜 넣는 것이 중요하다. 또한 슛 연습의 시간을 1시간당 최저 10분간은 잡도록 한다.

(2) 기술 지도

현장에 있어서 세세한 기술 지도를 하는 것은 코치의 역할이다. 기술을 습득시키기 위해서 가장 중요한 점은 지도자의 '열의'이다. 지도자의 진지한 자세는 저절로 선수에게 전해져서 진지한 태도로 연습에 몰두할 것이다. '열의'의 시작은 연습 개시시에 반드시 코트에 서는 것이라고 해도 좋다.

(3) 건강 관리

부상이나 병이 많아서는 만족한 연습을 할 수 없다. 선수의 건강 상태를 체크하는 것이 트레이너 또는 닥터의 역할이다.

매일의 연습에 있어서 선수의 안색, 움직임의 상태로 이상의 유무를 보는 것과 부상을 당했을 때에 응급 처치를 할 수 있는 것은 지도자로서 필요 불가결한 조건이다.

(4) 매니지먼트

원정, 합숙, 대외 시합시에 있어서 금전의 출입이나 그 외의 준비는 매니저의 역할이다.

(5) 생활 지도

특히 중학생이나 고교생의 경우, 연습 외에 있어서 생활, 즉 학교

생활과 가정 생활에 배려해야 한다. 자칫하면 승리 지상주의가 되어 학업이나 평소의 생활이 소홀해지거나, 야무지지 못하게 되거나 하는 경우가 적지 않다. 어디까지 학교 교육의 일환으로써의 클럽 활동임을 인식하고, 농구를 통해서 인격의 향상을 지향하는 것이 목적임을 지도자는 잊어서는 안 된다.

2. 연습에 대한 마음가짐

매일 매일 연습의 축적이 강해지기 위한 최대의 비결이다. 지도자, 선수 모두 연습에 임하는 자세가 진지해야만 한다.

(1) 지도자의 마음가짐
① 열의
열심히 지도하려고 하는 태도가 지도자에게 있어서 가장 중요하다. 표면적으로 말하자면 연습 개시시에는 반드시 코트에 선다, 옷을 갈아입는다, 앉지 않는다 등을 실행해야만 한다.
② 지식
㉠ 기술면 : 알고 있는 지식을 전달할 뿐으로는 지도라고는 말할 수 없다. 얻은 지식의 극히 일부를 선수의 능력에 따라서 전달하고, 선수의 창의 연구의 부분을 남겨 두는 것이 필요하다. 동시에 어떤 질문에 대해서도 납득이 가는 설명을 할 수 있도록 준비해 두어야 한다.

㉡ 정동면 : 특히 중학생, 고교생을 지도하는 경우, 정동적으로 불안정한 상태에 있기 때문에 그것에 알맞은 지도가 필요하다.

그러기 위해서는 인간의 발달 단계에 있어서 심리적 특징을 충분히 이해해 두어야 한다.

③ 교육적 배려

이기는 것으로만 목표 삼지 않고 주전 선수 외에 접촉 방법이 소홀해져서는 안 된다. 부원 한 사람 한 사람이 하나의 목표를 향해서 나아가는 자각과 역할을 갖게 하도록 연구해야 한다.

④ 환경의 정비

연습 시간이나 장소 등에 대해서 보다 좋은 조건에서 활동할 수 있도록 최대의 노력을 해야 한다.

⑤ 인간 관계의 개선

㉠ 외부 : 협회 관계자, 체육연합회 임원 등 외부의 농구 관계자와 보다 좋은 인간 관계를 만드는 것이 최종적으로 팀의 플러스가 된다.

㉡ 내부 : 학교(직장)의 상사, 동료와의 인간 관계를 중요시 여기는 것은 부활동을 원활히 하기 위한 중요한 요소이다.

(2) 선수의 마음가짐

① 레크레이션과 구별하라

현재 자신이 몰두하고 있는 농구가 레크레이션을 위한 스포츠인지, 어느 일정한 룰 하에 경합하는 경기 스포츠인지를 확실히 구별해 두어야 한다.

② 스포츠

농구가 생활의 전부가 되어서는 안 된다. 스포츠 그 자체가 여러 가지 의미에서 인간 형성의 한 수단임을 확실히 인식해 두는 것이 필요하다.

③ 코트 내외의 구별을 하라

코트 안과 코트 밖에서의 언동에 구별을 해야만 한다. 즉, 코트 내에 있어서는 서로 경합, 질타 격려하지만, 코트 밖에 있어서는 화기 애애하게 뭐든지 서로 이야기할 수 있는 것 같은 인간 관계를 만들도록 노력해야 한다. 또한, 코트 내에서 일어난 일을 코트 밖으로, 반대로 코트 밖에서 일어난 일을 코트 내로 가져 들어오는 것은 엄격히 삼가해야 한다.

PART 3.
최고의 플레이어가 되기 위해서는

제1장 농구의 특성과 플레이어의 적성
제2장 경기장과 시설·용구
제3장 준비 운동과 보강 운동
제4장 기능의 학습과 연습법
제5장 룰과 심판법

제1장
농구의 특성과 플레이어의 적성

네이스미스 박사는 농구를 통해서 ① 독창성, ② 민첩성, ③ 정확성, ④ 주의력, ⑤ 협조성, ⑥ 교치성, ⑦ 반사적 판단, ⑧ 스피드, ⑨ 자신감, ⑩ 자기 희생, ⑪ 자제심, ⑫ 스포츠맨십과 같은 특성이 길러진다고 확신했다.

1. 특 성

(1) 농구는 5인씩의 2팀이 서로 공방하고 상대의 움직임에 따라 집단으로 협력하면서 바스켓에 슛을 하여 득점을 겨루는 집단 스포츠이다.

(2) 달리기, 뛰기, 던지기의 기초적인 운동의 요소를 갖추어 모든 체력 향상에 유용하다.

(3) 연습이나 게임을 통해서 경쟁에 이기는 강한 정신적 태도 또는 팀이 서로 협력하며 바람직한 사회 태도가 육성된다.

2. 플레이어의 적성

농구 경기의 특성에서 본 플레이어의 적성은 다음과 같다.
① 슛의 능력
② 입체적인 활동 범위×평면적인 활동 범위
③ 경쟁의 세기
이 ①~③의 절대치의 합이 큰 사람일수록 농구의 플레이어로서 가치 있는 플레이어이다.

●슛의 능력 구성 요소●

① 밸런스 감각의 날카로움
② 강한 다리의 힘과 유연성
③ 볼 컨트롤――손목의 유연성과 그 가동 범위가 넓은 것

---

(1) 입체적인 활동 범위의 양성 요소

농구 플레이어는 경기의 특성으로 키가 크고, 팔이 길고, 점프력이 있는 것이 바람직하다. 그것은 리바운드에 강하고 슛에 유리할 뿐 아니라 슛 블록을 쉽게 할 수 있기 때문이다.

(2) 평면적인 활동 범위의 구성 요소

움직임에 스피드가 있고 민첩성이 풍부하고 또한 지구력이 갖춰져 있는 플레이어는 슛, 패스, 드리블을 재빨리 할 수 있어 어떤

오펜스에도 대응할 수 있는 디펜스력을 몸에 키울 수 있다. 그리고 이 능력은 연습에 의해 능숙해지는 것이 가능하다.

(3) 경쟁 세기의 구성 요소

① 플레이의 예상 능력과 머리 전환의 빠르기
② 의지의 집중력과 변화에 대한 대응력

농구는 어떻게 바뀔 지도 모르는 장면이 연속해서 나타난다. 이 부단히 변화하는 장면의 싸움에서는 우선 플레이의 예상 능력, 머리 전환의 빠르기, 주의의 집중력, 변화에 대한 대응력이 필요하다. 이와 같은 형태를 경쟁에 강하다고 하며 심리적 적성을 표현한 것이다.

쉬어가는 코너

☞ 시합에서의 개인 최고 득점

스웨덴의 매츠 웰메린군(13세)은 1974년 2월 5일 스톡홀름에서 이루어진 지구 소년 대회에 출장해서 272대 0으로 이긴 시합의 전득점을 혼자서 땄다. NBA의 게임에서는 1962년 3월 2일 '필라델피아'의 윌튼 쳄버렌(1936년생)이 '뉴욕'과의 시합에서 올린 100점이 최고. 대학 대항전에서는 미국 오하이오주의 리오 그랑데 칼리지의 클라렌스 '비보' 클랜시스가 1954년 2월 2일에 이루어진 힐스델 칼리지와의 시합에서 올린 113점. 여자에서는 1924년 2월 25일, 미국 메릴랜드주 로나커닝의 샌트럴 고교의 마리 보이드가 기록한 156점이 최고.

제 2 장
경기장과 시설 · 용구

1. 경기장

(1) 코 트

① 코트는 장해물이 없는 장방형의 평면으로 하고, 세로 28m, 가로 15m로 한다. 코트의 크기는 경계선의 안쪽에서 잰다.

② 스리 포인트 라인은 골대 중앙의 바로 밑을 중심으로 하는 반경 6.25m의 반원과 그 양끝을 사이드 라인과 평행히 엔드 라인까지 연장한 것으로 하고 반원의 치수는 원주선의 바깥쪽까지로 한다.

③ 경계선부터 장해물이나 관중까지는 2m 이상 떨어져 있어야만 한다.

④ 조명은 코트 위를 고르게 충분히 밝혀서 플레이어가 눈부시지 않을 것, 천장의 높이가 적어도 7m 이상이어야 한다.

(2) 코트의 도면

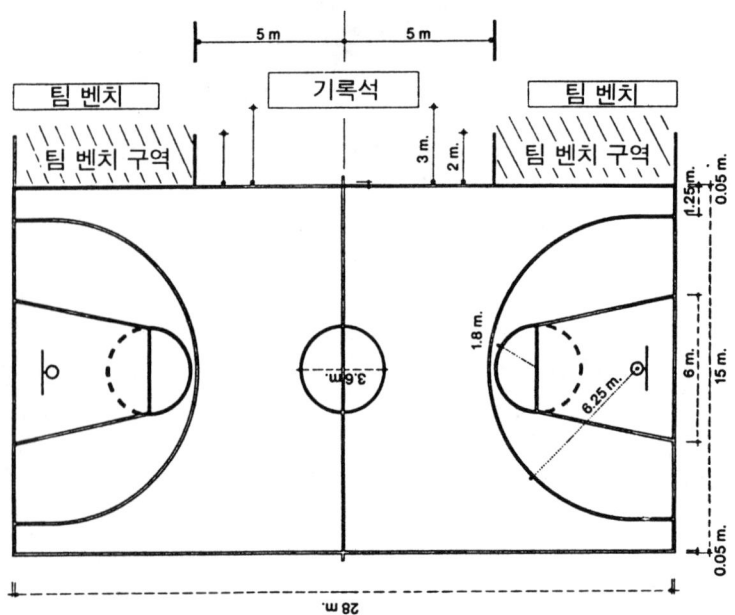

2. 시설 · 용구 · 선수의 복장

(1) 백 보드

① 백 보드는 두께 3cm의 단단한 목재나 투명한 재목으로 만들어진다.

② 표면은 평면으로 하고 투명하지 않은 것은 희게 칠한다. 백 보드는 폭 5cm의 선으로 테두리한다.

③ 백 보드의 지주는 코트밖의 장소에서 엔드 라인의 바깥쪽으로부터 1m 떨어져야만 한다.

(2) 바스켓

바스켓은 링과 네트로 되어 있으며, 링은 내경이 45cm의 오렌지색 철제로 크기는 직경 1.7~2.0cm, 거기에 흰줄제의 40cm 길이의 네트가 쳐서 볼이 바스켓을 통과할 때 순간 멈추도록 만들어져 있다.

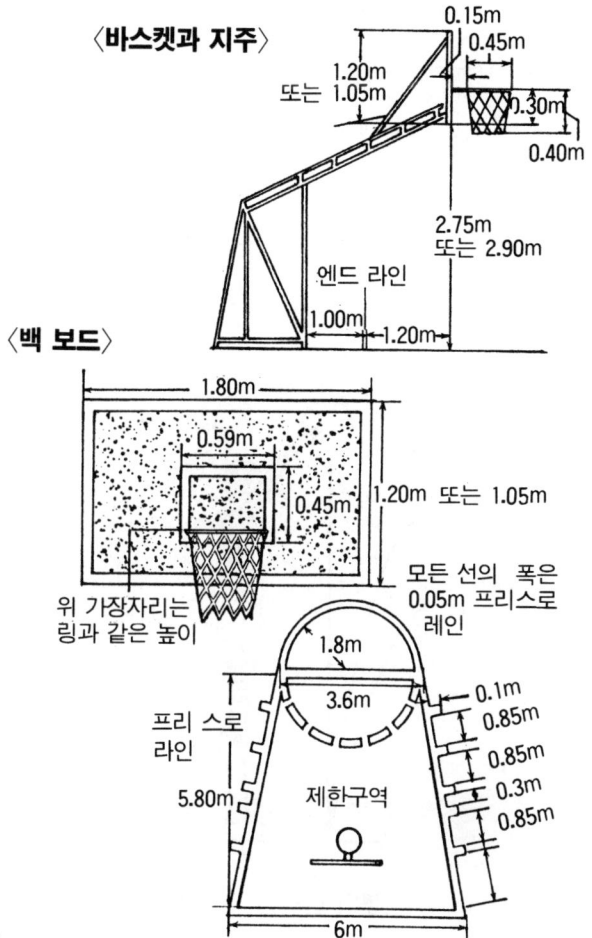

(3) 볼

볼은 구형의 고무자루를 피혁, 합성 물질 혹은 고무로 싼 것이다. 볼은 1.80m의 높이에서 마루에 떨어뜨렸을 때 1.20m~1.40m 튀기도록 공기를 넣는다. 사용하고 있는 볼 중에서 규격에 맞는 것을 적어도 1개 준비한다.

〈볼의 크기와 무게〉

		주위(cm)	중량(g)
일반·대학·고교		74.9~78	567~650
중 학 교		72~74	500~540
국민학교	5호	69~71	470~500
	4호	66~68	400~430

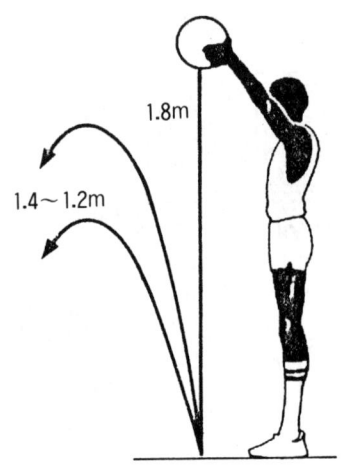

〈볼의 탄력〉

(4) 게임 기구

게임을 진행하기 위해서 다음과 같은 용구가 필요하다. 게임 워치 2개, 30초 표시기, 스코어 시트, 득점판, 반칙 표시기, 3종류의 신호 기구 등.

① 게임 클록(경기 시간, 하프 타임, 각 연장 시한전의 타임 아웃을 잰다)과 타임 아웃 워치를 준비해서 스코어 라인과 함께 잘 보이도록 둔다.

② 30초 룰을 위해서 플레이어, 관중에게도 잘 보이는 표시기를 준비한다.

③ 공식 스코어 시트는 농구 협회가 승인한 것을 이용한다.

④ 플레이어, 관중, 스코어러가 잘 보이도록 스코어 보드 등을 준비한다.

⑤ 반칙 표시기로써 1~5까지의 숫자를 쓴 5개의 표지와 1~7까지의 7개팀 반칙수를 나타내는 표지를 준비한다.

⑥ 신호 기구는 3종류의 음색이 다른 것을 준비한다.

(5) 플레이어의 복장

플레이어는 유니폼 등에 유니폼의 색과 확실히 구별할 수 있는 단색의 폭 2cm 이상의 번호를 단다.

유니폼
4번부터의
일련 번호를

🔸쉬어가는 코너🔸

☞ 득점왕

칼림 애브돌=자바르(1947년 4월 16일생)은 1984년 4월 4일, 윌튼 쳄버렌이 갖고 있던 NBA의 통산 득점 기록(31419점을 깨뜨렸다). 그의 데뷔는 1969년 현재는 로스앤젤레스 레이카즈에서 플레이하고 있다. 쳄버렌이 '필라델피아' 재적중인 1962년에 만든 4029점의 NBA시즌 최고 득점 기록은 아직 깨지지 않고 있다. 대학 재학 중의 최다 득점 기록은 여자의 경우 1975~79년 사이에 펄 무어의 4061점, 남자의 경우 트래비스 그란트의 4045점이다.

제3장
준비 운동과 보강 운동

격렬한 대시, 스톱, 점프의 연속인 농구에서는 관절의 유연성을 어떻게 유지하느냐가 중요하다. 그러기 위해서는 준비 운동의 단계부터 각 관절의 유연성을 기르는 것이 중요하다.

1. 준비 운동

농구의 워밍업에 대해서는 연습 및 게임 준비의 일부로 반드시 해야 하는 것이다. 그것은 자기의 컨디션 조정과 유연성에 중점을 두고 있기 때문이다.

(1) 스트레치를 중심으로 짠 트레이닝

〈스트레치를 할 때의 유의점〉

① 스무드하면서도 릴랙스하게 실시한다.
② 신체와 마찬가지로 정신면도 릴랙스해서 실시한다.
③ 반동(탄력)을 사용하지 않고 정확히 천천히 강화해 나가도록

한다.
　④ 운동을 하고 있을 때는 호흡을 보통으로 한다.
　⑤ 약 15초간은 그 자세를 유지하도록 한다.
　⑥ 자신의 페이스로 진행할 것. 다른 사람과 겨루지 않는다.

장소를 정해서 러닝 (약 3~5분). 처음은 천천히 마지막은 전력 질주로 끝낸다.

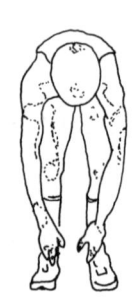

교차해서 발끝을 된다.

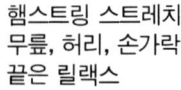

햄스트링 스트레치
무릎, 허리, 손가락 끝은 릴랙스

2 와 동일
(좌우로 교차)

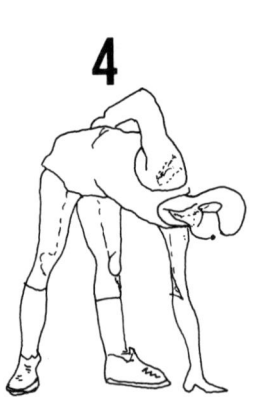

PART 3. 최고의 플레이어가 되기 위해서는   329

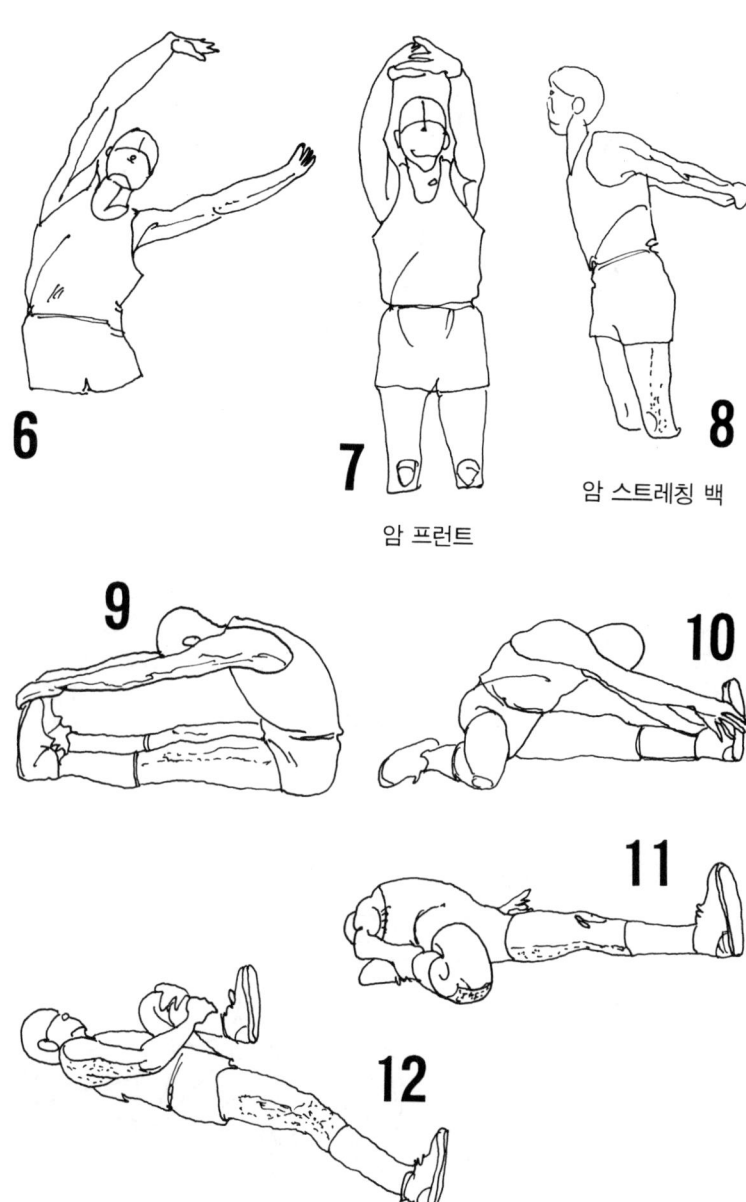

6

7
암 프런트

8
암 스트레칭 백

9

10

11

12

(2) 2인조에서의 보강 운동에 의해 유연성을 높인다

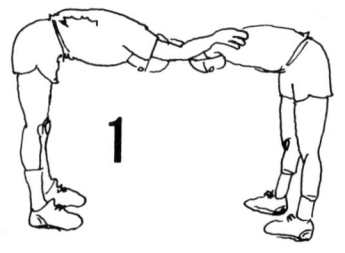

서로 어깨를 밑으로 민다.
등줄기를 편다.

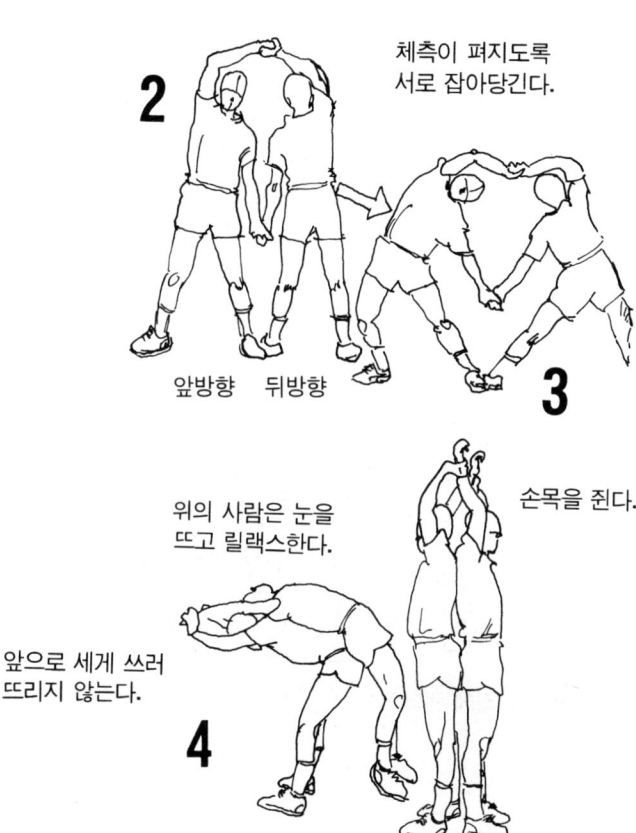

체측이 펴지도록 서로 잡아당긴다.

앞방향   뒤방향

위의 사람은 눈을 뜨고 릴랙스한다.

손목을 쥔다.

앞으로 세게 쓰러 뜨리지 않는다.

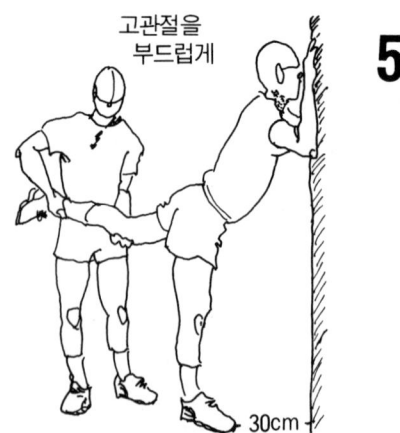

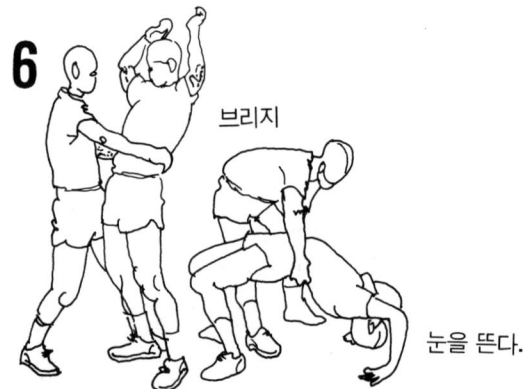

PART 3. 최고의 플레이어가 되기 위해서는   333

9 A가 B의 허리를 누르고, B의 손끝을 마루에 붙인다.

손등이 닿도록

10

11

2. 보강 운동

(1) 웨이트 트레이닝

농구에 있어서 근력 업을 꾀하기 위해 웨이트 트레이닝 기구를 사용하기 전에는 반드시 유연 운동부터 시작해야 한다. 전신을 움직이는 거상 운동을 주로 선택해서 가벼운 웨이트로 일련의 동작을 실시한다. 또한, 근력 향상을 도표로 기록해서 그 향상과 유지에 노력해야 한다.

중량은 첫날에 체중, 신장 등으로 그룹을 나누고 조금씩 무겁게 해서 각자의 최고 중량을 기록하고 그 다음부터는 40%의 중량으로 반복 횟수 10회 1세트를 시키도록 하면 좋다. 다음에 4.5kg씩 늘려서 횟수를 8회 1세트, 다시 4.5kg 늘려서 6회 1세트를 실시하면 좋다.

게다가 목을 아이소메트릭으로 단련하는 것이 필요하다.

이 름		체중( ) kg 신장( ) cm		L-사용중량 T-반복횟수	
트레이닝 항목	L T	월일		월일	
1. 컬	L T				
2. 벤트로잉	L T				
3. 벤치 프레스	L T				
4. 스쿼트	L T				

5. 프레스	L T				
6. 시트 업	L T				

※ 첫날의 측정을 정확히 할 것과 다음부터의 측정 중량의 산출 방법을 서술해 둔다.

〈예〉

항 목	최고거상중량	반 복 횟 수 10 8 6		
컬	30kg 30×60(%)	12.5	15	20kg
스쿼트	55kg 55×40(%)	22.5	27.5	32kg
프레스	40kg 40×40(%)	15	20	25kg
벤치 프레스	45kg 45×40(%)	22.5	18	27.5kg

① 컬(상완이두근의 발달)

• 바벨 샤프트는 가능한 한 몸 가까이에 두고 무릎, 허리를 충분히 구부리고 양손을 허리폭 정도로 벌린다. 양손은 샤프트의 밑에서부터 언더그립으로 쥔다.

• 양팔꿈치는 몸쪽에 고정하고 일어선다.

• 바벨을 어깨 부근까지 감아올리면 다음에 팔을 충분히 펴서 제자리로 되돌린다.

• 동작은 호흡을 의식하면서 리드미컬하게 하고 팔꿈치 끝은 고정하고 전완부만 움직이며 그 이외의 신체 각부는 동요하지 않도록 한다.

② 벤트로잉(광배근, 승모근의 발달)

• 상체를 앞으로 쓰러뜨린 자세에서 가슴까지 바벨을 끌어 올린다. 다음에 제자리로 되돌리고 이 동작을 반복한다.

- 양다리는 구부려도 좋지만 등을 펴 둔다.
- 상체의 반동을 사용하지 않고 팔만을 움직인다.

③ 벤치프레스(대흉근, 삼각근, 상완삼두근, 전흉근의 발달)

- 벤치에 똑바로 누워서 양손으로 바벨을 쥐고 양팔꿈치를 깊이 구부려서 가슴 위에서 바벨을 지지한다(양손의 폭은 어깨 폭보다 약간 넓은 것이 좋다).
- 양팔꿈치를 펴서 바벨을 바로 위로 밀어 올리고 다음에 제자리로 되돌린다. 이 동작을 반복한다.

④ 스쿼트(대퇴사두근, 대둔근의 발달)

- 머리 위에 바벨을 이고 등을 펴고 선다.
- 양무릎과 허리를 완전히 구부려서 웅크린 후 곧 일어선다. 이 동작을 반복한다.
- 처음부터 끝까지 등을 펴고, 얼굴을 약간 비스듬히 위로 향하고 동작한다.
- 발뒤꿈치 밑에 바벨의 플레이트 등을 깔고 실시한다.

⑤ 프레스(삼각근, 승모근, 상완삼두근, 전흉근)의 발달

- 양다리는 어깨 폭 정도로 벌리고 발끝은 약간 바깥으로 벌린다.
- 바벨 샤프트는 가능한 한 몸 가까이에 두고 무릎, 허리를 충분히 구부리고 눈은 전상방 등을 펴고 양손은 샤프트 위에서 쥔다.
- 무릎, 허리의 순으로 펴고 바벨을 단숨에 가슴 위까지 끌어 올려서 손바닥을 위로 향하고 바벨을 지지한다.
- 바벨을 가슴 위 지지(支持)부터 머리 위로 양팔꿈치를 펴고 밀어 올려서 다음의 가슴 위치까지 되돌리고 이 동작을 반복한다.

⑥ 시트업(복직근, 외복사근, 대요근)의 발달

• 똑바로 누워서 양손의 손가락을 후두부에서 깍지끼고 상체를 일으킨다.

• 우선 머리를 일으키고 그 다음 어깨, 등의 순으로 신체를 일으킨다.

• 그리고 하배부, 어깨 그리고 머리의 순으로 신체를 원래의 자세로 되돌린다.

• 복근의 힘이 늘어남에 따라서 양발바닥을 딱 붙이고 양무릎을 구부린 자세에서 실시하고 운동을 어렵게 하면 좋다.

(2) 웨이트 트레이닝 때의 유의점

① 트레이닝 시작의 시기(2~3주간)는 무거운 부하를 이용하지 않고 비교적 가벼운 부하를 선택해서 우선 올바른 폼과 동작을 몸에 익히도록 할 것.

② 바벨 등의 중량 기구는 모두 몸 가까이에서 다루고 근력의 사용 순서는 우선 다리의 힘을 이어서 상체의 근력을 사용한다고 하는 순서를 지킬 것.

③ 신체의 안정과 상체의 자세, 특히 배근을 펴서 실시하는 점에 유의할 것. 등을 둥글리고 무거운 것을 다루면 중량물의 부담이 원배상의 정점인 등뼈의 1점에 가해져서 추간판을 다쳐 '추간판 헤르니아'를 일으킬 우려가 있다.

④ 트레이닝 때마다 기구를 점검하고 특히 바벨의 플레이트 멈춤쇠는 잘 고정되어 있는지 어떤지를 확인할 것.

⑤ 워밍업의 운동을 실시하고 나서 트레이닝에 들어가고 트레이닝 중에 가끔 적당한 유연 체조 등을 짜 넣을 것.

PART 3. 최고의 플레이어가 되기 위해서는 339

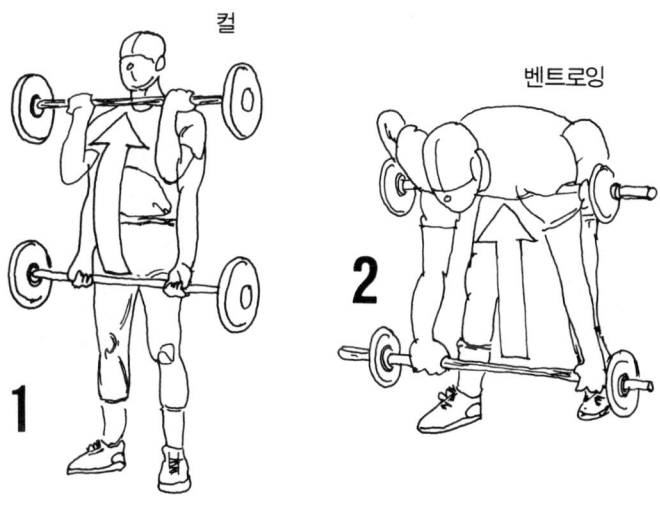

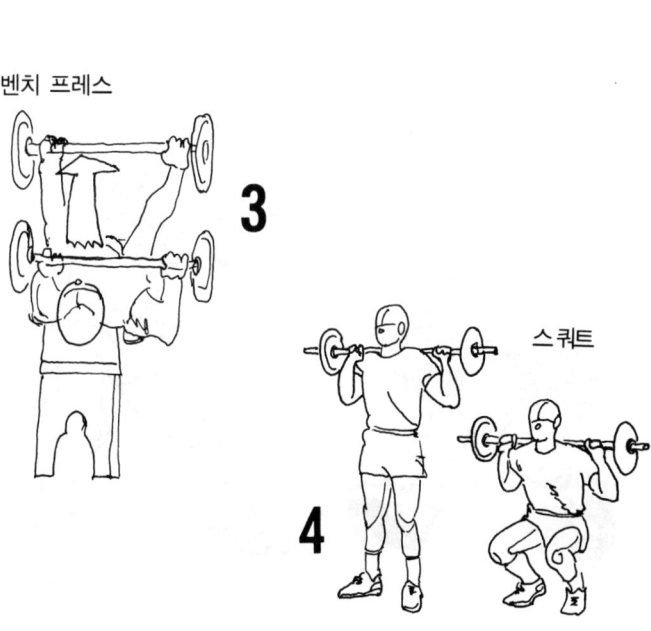

5 프레스

시트업 6

제4장
기능의 학습과 연습법

 농구의 기술은 개인 기능과 집단 기능으로 크게 나눠진다. 볼을 다루는 기능이나 신체를 컨트롤하는 개인 기능의 발달이 즉시 집단 기능을 높이고 팀력의 증가로 이어지는 것이어야 함은 말할 필요도 없다.

1. 개인 기능

 농구는 5명이 서로 협력해서 공방하는 집단적 스포츠이지만 한 사람 한 사람의 개인 기능이 기초가 되어 팀의 조직적 플레이가 완성되어 가는 것이다.

(1) 슛

 농구는 점수따기 게임이다. 어떤 좋은 패스를 해도 아무리 기민한 드리블을 해도 슛이 들어가지 않으면 의미가 없다. 슛은 농구 플레이에서 가장 중요한 것이다.

[개인 기능의 구조]

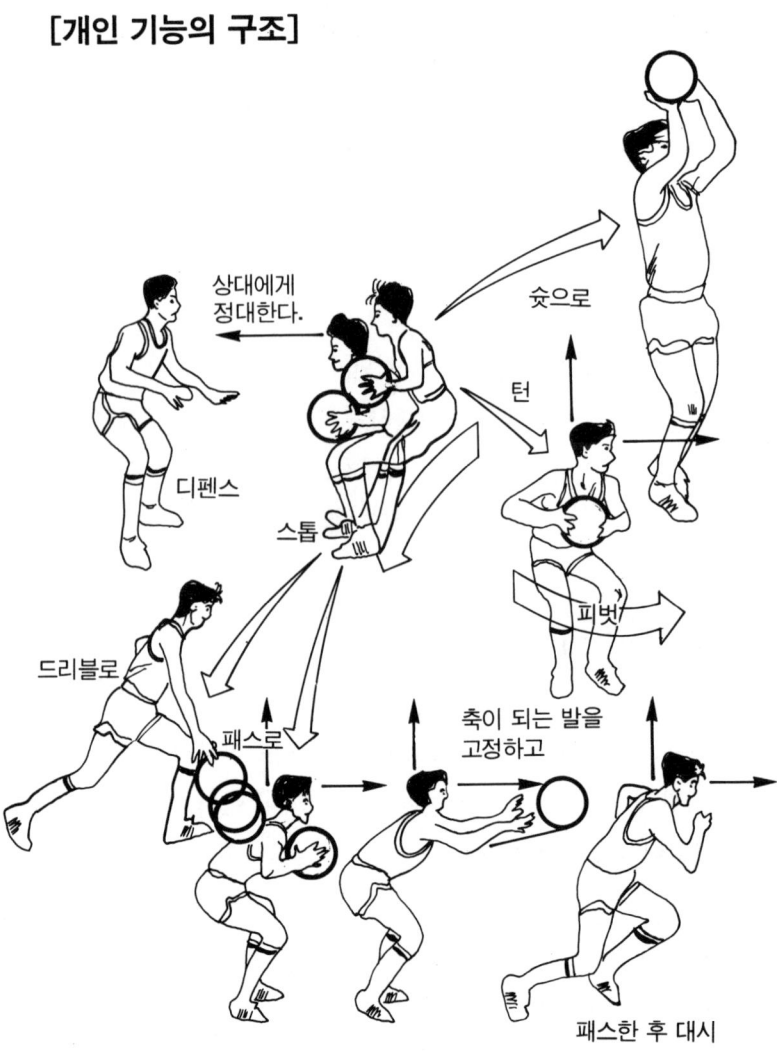

┌─── POINT & ADVICE ───┐
'절대로 들어간다'고 확신을 갖고 정확한 슛 방법을 습관화한다. 슛 숙달의 요령은 반복해서 연습하는 수밖에 없다.
└──────────────────────┘

① 러닝 슛

러닝 슛은 바스켓 가까이까지 달려가 볼을 받아서 원 투 스텝으로 슛을 하는 것이다. 또한, 드리블로 가져 가는 것을 드리블 러닝 슛이라고 한다. 속공이나 컷인 플레이에서 많이 사용하는 스피드 감 넘치는 슛이다. 러닝 슛은 레이업, 클로즈업, 덩킹의 3종류로 나눌 수 있다.

┌─── POINT & ADVICE ───┐
☞ 러닝 슛의 요령
① 볼을 가지면 눈은 골을 본다.
② 발의 스텝은 '원 투'의 리듬이다.
③ 오른손으로 슛을 할 때는 왼발 도약으로 점프 슛을 한다.
④ 점프는 넓이뛰기와 같이 앞이 아니고 넓이뛰기와 같이 바로 위로 높이 뛴다.
⑤ 슛의 목표는 백 보드의 약간 앞쪽으로 하고 슛은 살짝 놓고 오는 느낌으로 한다.
⑥ 볼을 놓는 것은 점프의 최고점에서 한다.
⑦ 팔·팔꿈치를 높이 펴서 슛을 한다.
└──────────────────────┘

㉠ **레이업 슛** : 플레이어가 얽혀서 혼잡해 있을 때에 사용된다. 백 보드에 얹어 놓고 온다고 하는 느낌으로 슛을 한다.

POINT & ADVICE

러닝 슛의 발 옮김은 '원 투' 스텝으로, 레이업 슛은 볼을 살짝 놓고 오는 느낌으로 한다.

ⓛ **클로즈업 슛** : 클로즈업 슛은 신장이 작은 플레이어에게 많이 사용되고 대부분의 경우 백 보드에 볼을 맞혀서 슛을 한다.

POINT & ADVICE

스피드를 타고 클로즈업 슛을 할 때에는 자칫하면 볼이 백 보드에 세게 맞아 실패하는 경우가 많아지므로 손목의 스냅을 충분히 살려서 볼에 역회전을 주도록 하자.

Q 오른손으로 슛을 하는데 발의 움직임이 잘 되지 않는다.

A 볼을 선 채로 바운드시켜서 오른발을 내딛어 볼을 쥐고 다음에 왼발을 내딛고 점프해서 슛을 하는 연습을 반복하면 좋을 것이다.

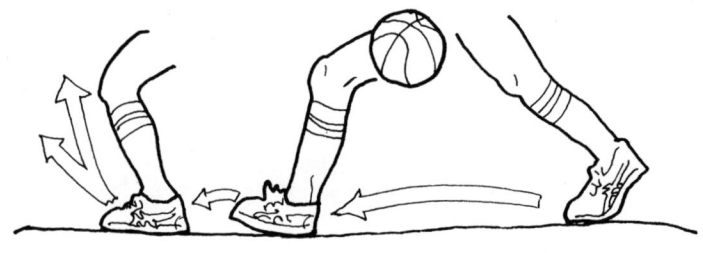

ⓒ **오른손잡이의 경우**: 왼발로 마루를 차고 공중에서 패스를 캐치해서 오른발부터 착지(원), 다음에 왼발로 착지함과 동시에 플로어를 강하게 위쪽으로 차고(투), 점프한다.

ⓔ **덩킹 슛**: 링 위에서 볼을 세게 내리치듯이 해서 넣는 슛으로 농구의 묘미를 맛보게 하는 슛이다.

• 원 핸드 덩킹 슛

─── POINT & ADVICE ───
마지막 원 투 스텝의 제1보의 보폭을 좁게 하고 다음의 왼발 착지에서 위쪽으로 크게 점프를 한다.

Ⓠ 원핸드의 경우, 볼을 한손으로 단단히 쥘 수 없다.
Ⓐ 처음은 농구 공보다 작은 배구공을 사용하거나 농구공의 공기를 빼서 연습하면 좋을 것이다. 그와 동시에 손가락 끝의 악력을 강화하기 위해 손가락을 세워 쓰러뜨리기를 여러번 연습한다.

● 보스 핸드 덩킹 슛

● 백 덩킹 슛
한손, 양손 어느쪽 슛의 경우라도 도약 위치는 링을 지나가서 바깥쪽 링의 바로 밑이다. 점프가 최고점에 달하면 볼을 등쪽으로 …….

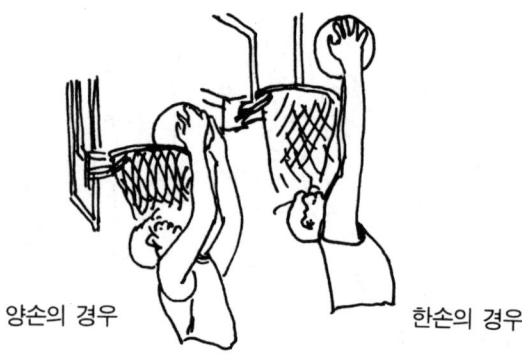

양손의 경우　　　　　　한손의 경우

㉤ **크로스 오버 슛(백 슛)** : 같은 팀으로부터의 패스가 링에 너무 가깝거나 디펜스가 너무 접근해 있거나 했을 때 사용하는 슛이다.

POINT & ADVICE

끝까지 링에서 눈을 떼지 않도록 하는 것이 중요하다.

슛 때, 볼에는 회전을 주지 않고 백 보드에 가볍게 맞히도록 한다.

② 점프 슛

현재 게임중에 슛 성공률이 가장 높고 가장 많이 쓰이는 방법이다. 원 핸드의 점프 슛을 마스터한다.

〈점프 슛의 요령〉

① 볼은 이마의 약간 위에 준비한다.

② 볼의 쥐는 법은 손가락 전체로 쥐고 양팔과 양팔꿈치로 삼각형을 만들도록 한다.

③ 무릎을 충분히 구부리고 준비한다.

④ 슛의 목표를 링 앞가장자리의 1점에 집중한다.

⑤ 무릎의 펴지는 탄력과 팔꿈치를 높이 펴는 기세를 이용해서 슛을 한다.

⑥ 점프는 똑바로 위로 뛴다.

⑦ 볼을 뗀 후의 팔로우 스로를 충분히 취한다.

Q 슛의 컨트롤이 던질 때마다 다르다.

A 같은 위치(골에서 2m 정도 떨어진 위치가 좋다)에서 몇 번이나 반복해서 슛을 해 본다. 눈은 슛이 끝날 때까지 골을 직시한다.

Q 점프가 앞으로 푹 고꾸라져서 슛을 잘 할 수가 없다.

A 무릎을 충분히 떨어뜨리고 점프는 약간 뒤로 당겨 지듯이 해서 슛을 하자.

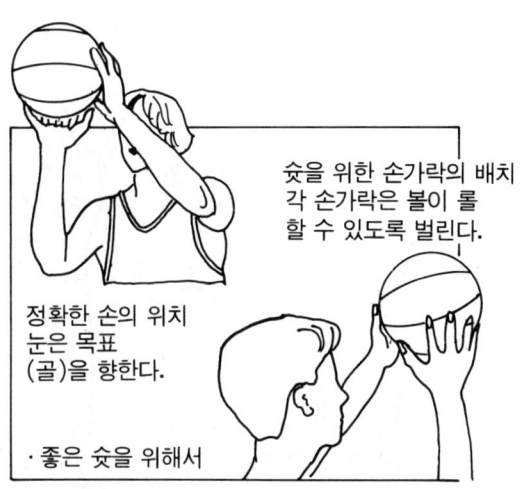

③ 턴 슛

턴 슛은 골 밑에서 접근한 디펜스를 피해서 하는 점프 슛으로 턴 플레이어는 반드시 마스터해야 하는 슛이다. 스톱, 피벗, 턴, 페인트 등의 기술을 병용한 슛이다.

㉠ 프런트 턴 슛

---- POINT & ADVICE ----

턴은 중심 이동을 낮게, 재빨리, 스무드하게 해서 상하 움직임이 없도록 한다. 턴하기 전에 1번 후방에 페인트를 넣으면 효과적이다.

ⓛ 백 턴 슛

―― POINT & ADVICE ――
턴은 양무릎을 떼지 않고 착 붙이도록 하면 스무드하게 할 수 있다.

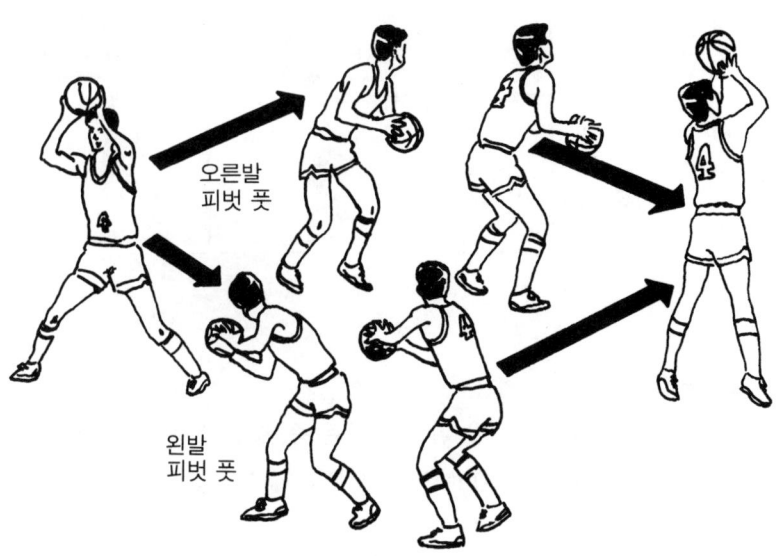

④ 스텝 인 슛
　러닝 슛과 턴 슛의 중간 스피드로 변칙적인 리듬으로 하는 슛이다. 그 때문에 상대 디펜스의 리듬을 무너뜨리는 데에는 유효한 슛이다.

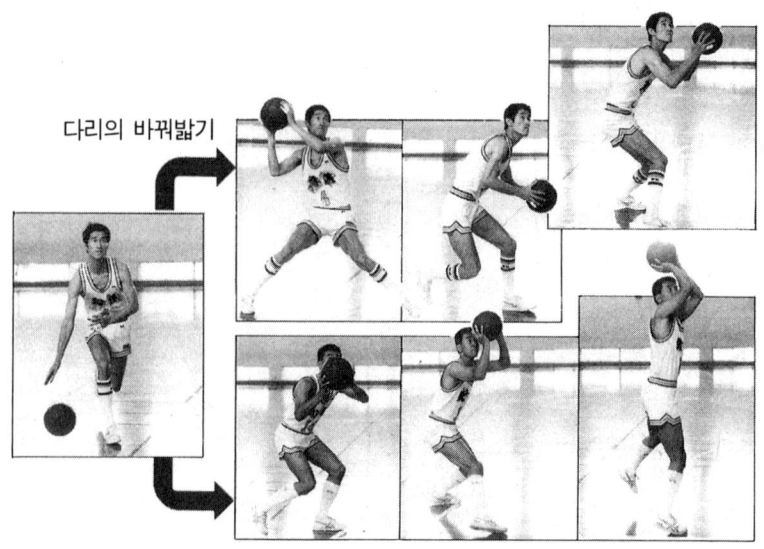

다리의 바꿔밟기

⑤ 훅 슛

훅 슛은 링에 가장 가까운 위치에 있는 즉, 장신의 센터 플레이어가 많이 이용한다. 볼을 시계에 넣지 않고 슛을 하는 것이 특징이다.

〈훅 슛의 요령〉

① 훅 슛을 하는 제1단계는 볼을 어깨 높이에 홀드한다.

② 볼이, 릴리즈될 때는 슈터의 얼굴이 바스켓을 향하고 릴랙스한 손목과 손가락끝의 '겊'으로 역스핀을 준다.

③ 슛 때에 볼을 보지 않는다. 슈터는 어느 위치에 볼을 맞히느냐에 전신경을 집중시킨다.

⑥ 세트 슛

세트 슛은 점프하지 않고 슛을 하기 때문에 몇번이나 페인트가 가능하다. 더구나 코트에서 패스, 드리블의 폼과 같은 폼으로 준비하고 패스, 드리블의 페인트와 함께 할 수 있기 때문에 재빠른 모션으로 슛을 하는 것을 익히면 상대로부터 방어당하지 않고 쉽게 슛을 할 수 있다.

㉠ 보스 핸드 세트 슛

―――― POINT & ADVICE ――――

발목, 무릎, 허리의 탄력을 살려서 중심이동을 스무드하게 한다.

Q 먼 장소에서라면 좀체로 닿지 않기 때문에 준비한 볼을 밑으로 내려 버린다.

A 볼을 밑으로 내리면 시점(눈의 위치)과 발점(볼을 떼는 위치)이 벗어나기 때문에 좋지 않다. 볼은 얼굴 앞으로 하고 무릎을 충분히 구부려서 슛을 하도록 한다.

ⓒ 원핸드 세트 슛

─── POINT & ADVICE ───
 손가락 끝의 칩(볼을 튕기는 것)과 팔로우 스로가 가장 중요한 포인트이다.

PART 3. 최고의 플레이어가 되기 위해서는   357

⑦ 슛의 연습 방법
㉠ 러닝 슛 : 스피드를 타고 달려 들어가면서 볼을 받아 원 투 스텝으로 슛한다.

 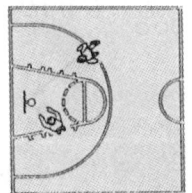

ⓛ **크로스 러닝 슛**: 몸이 흐르지 않도록 골 방향으로 어깨·다리를 넣는다.

 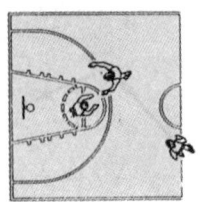

ⓒ **컷인 슛**: 볼을 포스트맨에게 패스한 후, 그 앞으로 가서 볼을 받아 오른쪽(혹은 왼쪽)으로 드리블 인——슛.

 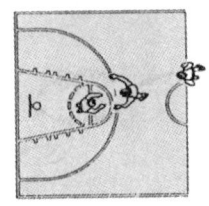

ⓔ **연속 스폿 슛**: 2개의 볼을 사용해서 한 사람이 슈터에게 패스한다. 한 사람이 50개 슛을 하고 교대한다.

ⓜ 드리블 슛 : (21개 슈팅 게임)
어느 쪽이 먼저 21개 넣을까?

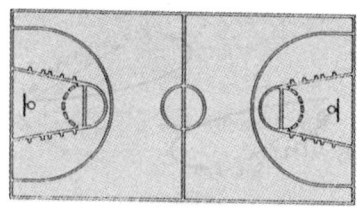

ⓗ 골 밑 캐치——1보 내딛기——점프 슛 : 골밑으로 뛰어 들어가서 볼을 받아 1보 내딛어 점프 슛.

골밑으로 뛰어 들어가서 공중에서 볼을 받아 양발 동시에 착지한다. 착지는 양발을 벌리고, 무릎을 구부리고, 상체를 일으킨다.

어느쪽인가의 다리를 축으로 해서 1보 내딛고 슛을 한다.

ⓢ 러닝——스톱——점프 슛 : 달려들어온 사람에게 패스 골에 대해 오른쪽에서 달려들어왔을 경우, 오른발 왼발의 순으로 스톱하고 골에 정대해서 점프 슛을 한다. 슛을 한 사람은 스스로 리바운드를 따서 반대줄에 참가한다. 패스한 사람은 곧 역사이드로 달려들어가서 볼을 받아 슛을 한다.

POINT & ADVICE

☞ 슛 연습의 일반적 원칙

① 모든 지점에서 연습하기 보다는 어느 1점에서 반복 연습하는 편이 효과적이다.

② 거리의 컨트롤을 하기 위해서는 우선 골 가까운 지점부터 시작해서 같은 바향으로 조금씩 거리를 늘려 나간다.

③ 슛의 능력은 연습한 수만큼 숙달된다.

---

(2) 패 싱

패싱은 농구와 같이 끊임없이 돌아다니고 있는 스포츠에서는 찬스를 넓히기 위해 중요한 요소이다. 즉, 패싱을 드리블과 함께 보다 유리한 곳으로 볼을 보내는 수단으로 그것은 드리블 보다도 빨라, 의외성을 상대에게 주는 효과가 높은 것이다.

POINT & ADVICE

☞ 좋은 패스의 요령

패스가 성립하기 위해서는 패스하는 사람과 받는 사람에게 각각 책임이 있다.

☞ 패스하는 사람

"본다" 패스하는 같은 팀이 비어 있는가?

그 같은 팀이 자신을 보고 있는가?

☞ 볼을 받는 사람

"의사 표시 한다" 자신이 비어 있을 것

자신의 어디로 패스해 주기 바라는가

보다 빠르고, 정확하게, 더구나 의외성 풍부한 패스를……

① 볼 드는 법, 자세, 패스 리시브(캐치)

㉠ 볼 드는 법, 자세

팔의 힘을 빼고, 손가락을 벌려서 살짝 든다.

정면에서 본 장면

볼을 위 앞에 준비한다. 볼을 든 손바닥은 볼을 다시 준비하지 않고 다음 플레이를 할 수 있도록

POINT & ADVICE

볼을 들 때는 엄지와 검지로, 생기는 각도는 90도 정도가 적당(양손가락이 볼의 봉합선을 1개 걸러 옆 눈에 걸리면 된다.)

ⓒ 패스 리시브(캐치)

POINT & ADVICE

☞ 패스 리시브의 원칙

① 패스를 받을 때에는 볼이 손안에 들어올 때까지 계속 볼을 보고 있어야 한다.

② 리시버로서는 패스와 타이밍을 맞춰서 오픈이 되어야 한다. 손을 올리고 자신을 디펜스하고 있는 상대로부터 떨어져 패스하는 플레이어에게 패스하기 쉬운 목표를 준다.

③ 볼은 유연한 손으로 미트하도록 해야 한다. 볼을 보호할 준비를 해 둔다.

④ 볼을 단단히 잡고 나서 행동으로 옮길 것. 다음 동작에 신경을 빼앗기고 있으면 볼을 잘못 잡는 경우가 적지 않다.

---

② 체스트 패스

농구의 대표적이고 기본적인 패스로 시합중의 패스 중 80% 정도는 이 패스가 사용되고 있다. 이 패스의 이점은 정확하고 빠른 것으로 또한 양손으로 패스하기 때문에 볼의 컨트롤이 하기 쉽고 동작을 재빨리 할 수 있는 점에 있다.

POINT & ADVICE

체스트 패스는 패스 리시버의 어깨부터 허리 사이, 특히 가슴 부근에 정확히 한다.

익숙해지면 다리를 끌어당기면서 패스하는 것도 배우도록 한다.

③ 원 핸드 푸시 패스

패스를 내는 범위가 좌우 어깨의 앞, 좌우의 허리라고 하는 정도로 넓기 때문에 리시버의 사이에 디펜스가 있는 경우에 많이 사용된다.

── POINT & ADVICE ──

볼을 밀어냈을 때 손바닥은 패스하는 방향으로 똑바로 향하게 한다.

④ 바운드 패스

볼의 준비, 패스 동작은 체스트 패스, 푸시 패스와 같은 요령이다. 디펜스가 머리 위를 가드하고 있을 때나 점프하고 있는 체세일 때에 효과가 있다. 또한 패싱 패터를 바꾸고 싶은 경우와 같이 체인지 오브 페이스에 유효하다.

― POINT & ADVICE ―

바운드 패스는 체스트 패스 보다 그 이상으로 '밀어내는 힘'이 필요하다. 그것은 바운드시키기 때문에 코트에 착지한 후 볼의 스피드가 둔해지기 때문이다.

Q 볼을 어디에 바운드시키면 좋을까?
A 원칙적으로는 디펜스의 발밑이 가장 손이 닿기 어려운 곳이므로 그곳에 볼을 바운드시키면 좋을 것이다.

보스 핸드

원 핸드

⑤ 언더핸드 패스

이 패스는 양손, 한손 2종류가 있다. 주요 용도는 ⓐ 드리블을 그만둔 직후, ⓑ 피벗으로 자세를 바꾼 후 ⓒ 리바운드 볼 후의 패스 아웃 등이다.

— POINT & ADVICE —

낮은 자세라고 해서 고양이 등이 되어서는 안 된다. 상체는 일으켜서 패스하는 방향을 잘 보는 것이 중요하다.

· 무릎을 구부리고, 허리를 떨어뜨리고, 볼을 후방으로 끌어온다.

· 패스하는 방향으로 한발을 내딛으면서 패스하는 쪽의 팔을 똑바로 편다.

· 내딛은 다리로 볼을 커버하고, 어깨를 축으로 해서 휘둘러 내어 마지막으로 손가락의 스냅으로 컨트롤한다.

· 손을 뻗은 채로 팔로우 스로한다.

⑥ 오버헤드 패스

양손으로 볼을 머리 위로 가져 가서 재빠른 모션으로 스냅을 살려서 디펜스의 머리 위를 넘기는 패스이다.

POINT & ADVICE

오버헤드 패스의 목표는 리시버의 머리 부근이다.

· 볼을 머리위, 약간 전방으로 높이 '치켜 올리도록'한다.
· 패스할 때는 손목을 아래쪽으로 스냅한다.

팔로우 스로에서는 손바닥과 손가락이 플로어면으로 향하는 형으로

· 패스하는 방향으로 한발을 내딛는다. 양팔꿈치는 약간 전방으로 굴곡시킨다.

⑦ 숄더 패스(베이스 볼 패스)

먼 위치에 있는 같은 팀으로의 패스로써 특히 속공(패스트 브레이크)을 주체로 한 팀이 많이 사용하는 패스이다.

──── POINT & ADVICE ────

패스는 볼을 재빨리 강하게 던질 필요는 없다. 중요한 것은 리시버가 달리는 스피드, 타이밍에 맞추는 것이다.

· 재빠른 모션으로 볼을 어깻죽지로 가져 온다.

· 패스를 던지는 방향으로 똑바로 스냅한다. 폴로 스루를 정확히 한다.

⑧ 그 밖의 패스

㉠ 루프 패스 : 상대 디펜스가 아군 리시버와의 사이에 있을 때 그 머리 너머로 볼을 통과시키기 위해 이용한다.

㉡ 훅 패스 : 블록당하지 않도록 하기 위해 세트 오펜스의 경우 유효하다. 또한, 속공의 패스 아웃에 흔히 사용된다.

시선을 볼의
던지는 방향으로

ⓒ **핸드 오브 패스(건네주기 패스)** : 자신이 갖고 있는 볼을 자기 팀에게 건네준다고 하기보다 뺏게 하는 느낌으로 건네준다. 스크린 플레이에서 쓰이는 방법이다.

ⓔ **비하인드 더 백 패스** : 등너머로 수평으로 볼을 던지기 때문에 확실히 한손으로 볼을 컨트롤 할 수 있는 것이 절대 조건이다.

이 패스는 필연적으로 패스 페인트가 포함되므로 이 기술을 익힘으로써 상대 디펜스를 빼내어 속이는 재미를 만끽할 수 있을 것이다.

⑨ 패스의 연습법

㉠ **1대 1의 퀵 패스**: 4~5m 떨어져서 마주 보고 2개의 볼로 한 사람은 체스트 패스, 또 한 사람은 바운드 패스로 동시에 한다.

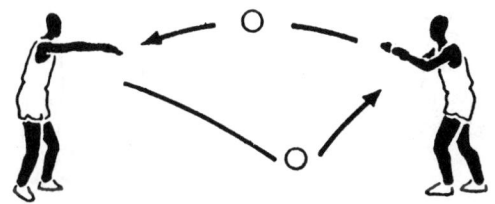

㉡ **3대 1**: 방어는 볼 소지자에게 붙는다. 패스하는 사람은 방어의 움직임을 잘 보고 패스를 한다.

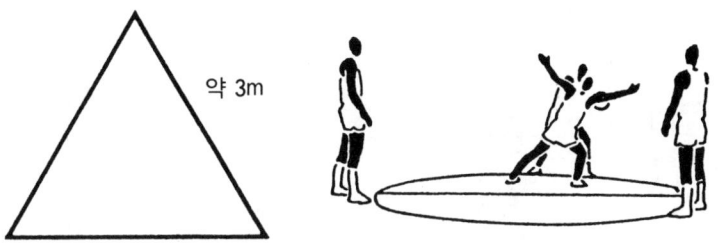

㉢ **3대 2**: 방어의 한사람은 볼에 대해 또 한사람은 2명의 리시버 중간에 한다.

㉹ 스폿 패스

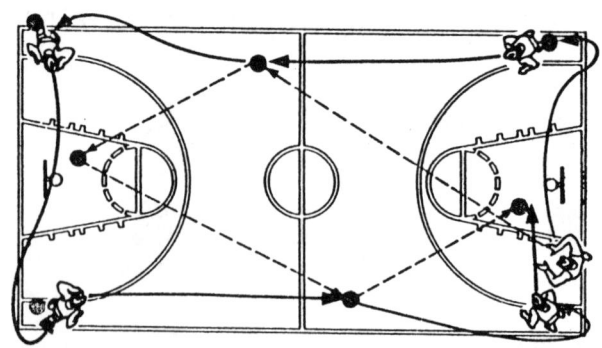

㉺ 리시버의 지시대로 패스: 리시버가 손을 올린 쪽에 볼을 준비해서 패스한다. 패스한 후, 손을 올려 지시한다.

왼쪽으로 패스할 때는 볼을
왼쪽에 준비한다

머리 위로의 패스는 오버헤드
패스를 한다

리시버가 손을 비스듬히 밑으로
하면 바운드 패스를 한다

조금 멀리 떨어져서 세로로
달려 거기에 숄더 패스를 한다

㈂ 투맨 패스──2대 1:2대 1일 때 가능한 한 볼을 갖고 있는 사람이 공격한다. 과감히 러닝 슛을 한다.

(3) 드리블

드리블은 시합중 아래의 4가지 목적을 달성하기 위해 사용된다. 팀에 좋은 드리블러가 있으면 프레스 디펜스에 대해서도 쉽사리 공격할 수 있어 공격의 폭이 넓어지므로 연습을 거듭해 기술을 습득하는 것이 중요하다.

〈목적〉

① 골로 공격한다.

② 볼을 옮긴다.

③ 찬스를 노린다(공격을 넓히거나 페인트 동작으로써 사용하거나 한다).

④ 볼을 킵한다(스트링의 하나로써 사용한다).

─── POINT & ADVICE ───

☞ **좋은 드리블을 위해서**
① 손가락은 가능한 한 펴서 볼을 잡듯이 드리블한다.
② 몸의 중심은 어느 쪽인가의 다리에 싣고 있다.
③ 가능한 한 볼을 보지 않도록 한다.
④ 좌우 어느 쪽의 손이라도 할 수 있도록 한다.
⑤ 볼과 반대쪽의 팔꿈치를 펴거나 어깨를 넣거나 해서 상대에게 뺏기지 않도록 한다.
⑥ 볼은 몸의 옆, 후방에서 친다.

① 기본적 드리블

㉠ 머리를 들어 비전을 넓힌다(원칙적으로는 골을 본다).

㉡ 세게 마루에 바운드시켜 손가락 끝으로 볼을 잡아 손목으로 컨트롤한다.

㉢ 드리블을 시작할 때 다리를 크게 앞으로 내딛어 볼을 내민다.

㉣ 드리블이 끝나는 순간에 들어와서도 좋은 패스나 좋은 슛을 할 수 있도록 한다.

② 디펜스에게 마크당하고 있을 때의 드리블

볼과 디펜스 사이에 몸을 넣는다. 어깨를 앞으로 내밀고 몸은 반신(半身)의 자세로 앞을 확실히 본다.

　디펜스로부터 볼을 지키기 위해 디펜스 쪽 손의 팔꿈치를 구부리고 손바닥을 디펜스로 향한다. 이때 무릎을 구부리는 것도 중요하다.

── POINT & ADVICE ──
디펜스보다 낮은 중심을 취해서 드리블을 한다.

③ 드리블의 방향 전환(드리블 체인지)

　㉠ 프런트 턴 드리블(앞돌아 방향 전환) : 디펜스와 4m 이상 간격이 있을 때에 많이 사용된다.

── POINT & ADVICE ──
볼만의 방향 전환이 아니고 체중 이동이 중요하다.

· 비스듬한 자세에서 나와 있는 오른발 앞에 드리블을 친다.
· 가능한 한 낮고, 재빨리 체인지하기 위해 손목의 스냅을 사용한다.
· 곧 왼쪽 어깨를 내밀어 비스듬한 자세가 된다.

ⓛ **백 턴 드리블** : 디펜스와의 거리가 극히 가까울 때에 사용된다.

Q 드리블 체인지는 프런트 턴이 가장 유리한가?

A 그런 것은 아니다. 확실히 프런트 턴은 앞이 잘 보여서 시야를 넓게 취할 수 있지만 디펜스에게 밀착당했을 경우는 상대와 볼 사이에 자신의 몸을 넣는 백 턴 쪽이 유리하다.

· 내딛은 오른발로 마루를 확실히 힘껏 밟는다.
· 무릎을 깊이 구부린다. 체중은 오른발에 싣고 있다.
· 볼을 오른발목의 바로 옆쪽에 짚는다. 체중은 오른발에 싣고 있다.

· 볼을 배 정면에서 왼손으로 누름과 동시에 오른발에 싣고 있는 체중을 즉시 왼발로 이동.

ⓒ **백 롤 드리블** : 디펜스에게 드리블 코스를 완전히 확보당했을 때에 사용된다.

· 디펜스와의 사이에 왼발을 넣고, 왼발을 축으로 백 턴한다.
· 손목을 젖혀서 볼을 끌어당긴다. 체중은 왼발에 싣는다.
· 볼을 감듯이 바운드시킨다.
· 오른발을 크게 내딛고 체중을 이동한다.

ⓓ **비하인드 더 백 드리블** : 디펜스에게 드리블의 진로를 확보당해서 극단적으로 오버시프트 당했을 때에 유효하다.

· 보디 밸런스를 무너뜨리지 않도록 하고, 상반신을 확실히 비튼다.
· 오른팔을 크게 돌리면서 왼발 밑으로 볼을 보낸다.
· 왼쪽 어깨가 앞으로 나와 있는 체세를 순간에 오른쪽 어깨가 앞으로 나와 있는 체세로 전환한다.

ⓜ **비트윈저 레그 드리블**:밀집해 있는 곳에서 볼을 양다리 사이로 통과시켜 드리블의 진행 방향을 바꾼다.

― POINT & ADVICE ―
시야가 좁아지므로 몸을 너무 앞으로 숙이지 않는다.

· 내딛은 오른발이 플로어에 닿는 순간, 양발의 거의 중간 지점에 바운드. 손가락과, 손목의 스냅을 잘 사용한다.

④ 드리블의 연습법

㉠ 좌우로의 이동 연습

다리를 좌우로 약간 넓게 벌리고 볼을 오른손으로 오른발 앞에 드리블한다. 이 때 중심은 오른발에 둔다.

튕겨 올라오는 볼을 오른손 비스듬히 위에서 손바닥으로 받아낸다.

중심을 오른발에서 왼발로 이동시키면서 볼을 왼발 앞으로 내민다.

왼손으로 받아내어 한번 볼을 왼발 앞에서 드리블한 후 왼쪽에서 오른쪽으로 이동한다.

㉡ 전후로의 이동 연습

뒷다리에서 앞다리로 중심을 이동시키면서 볼을 앞으로 내민다.

팔꿈치를 펴서 전진하려고 한다. 볼을 받아내서 중심을 끌어당겨 되돌린다.

ⓒ 라인 이용의 드리블 연습

코트에 그어져 있는 바스켓이나 발리의 라인을 이용해서 몸은 라인의 안쪽, 볼은 라인 바깥에서 친다.

ⓔ 서클 드리블(30초간)

3인 1조로 원 중심에 한 사람 서서 그 사람이 웅크리면 드리블의 방향 전환을 한다.

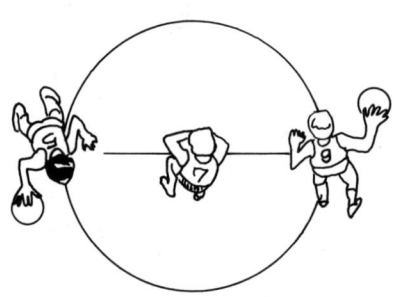

㉩ 볼 커버의 연습

• 볼을 튀기게 하는 점을 한점에 제한하고 디펜스의 움직임에 대응해서 자신의 몸을 움직여 커버한다.

• 드리블러의 위치를 일정점에 제한하고 볼을 디펜스가 있는 반대쪽에서 드리블해 커버한다.

(4) 리바운드

시합중 공격측이 슛을 해도 절반 정도는 성공하지 못한다.

그 볼을 어느쪽 팀이 획득하느냐가 승패의 열쇠를 쥔다고 해도 과언이 아니다. 디펜스 리바운드와 오펜스 리바운드의 2종류가 있지만 그 목적은 다음과 같다.

- 디펜스 리바운드를 잡아서 상대측에게 제2, 제3의 슛을 시키지 않는다.
- 디펜스 리바운드에서부터 빠른 공격을 개시한다.
- 오펜스 리바운드를 따서 제2, 제3의 슛(팔로우 업 슛)로 연결한다.

① 리바운드 볼 잡는 법

볼에 적극적으로 향해 최고점에서 잡는 것이 중요하다.

㉠ 보스 핸드

· 눈은 확실히 볼을 본다. 팔을 뻗는다.
· ㄴ자 자세를 취한다.

ⓛ 원 핸드

· 양다리로 착지, 팔꿈치를 편다.

ⓒ 칩 아웃

볼을 잡을 수 없다고 판단했을 경우, 팀 메이트나 비어 있는 스폿에 볼을 쳐내고 볼을 뒤쫓는다.

· 볼을 감아들인다.

② 스크린 아웃

상대보다도 안쪽에 위치를 잡고 등과 팔, 팔꿈치로 상대를 밀어내도록 한다. 디펜스에게는 빼 놓을 수 없는 플레이이다.

팔을 올려 팔꿈치를 가볍게 구부리고, 가슴을 펴고 등줄기를 편다.

③ 디펜스 리바운드에서 속공

㉠ 리바운드 사이드에 아웃 레트 패스

ⓛ 센터로 아웃 레트 패스

ⓒ 리바운더가 센터에게 드리블 아웃

④ 오펜스 리바운드의 예측

볼의 궤적을 보고 볼의 낙하점, 낙하 방향을 예측하는 것이 오펜스 리바운드를 잡는 힘을 향상시킨다. 또한, 팀메이트의 슛 습관을 파악해 두는 것도 중요하다.

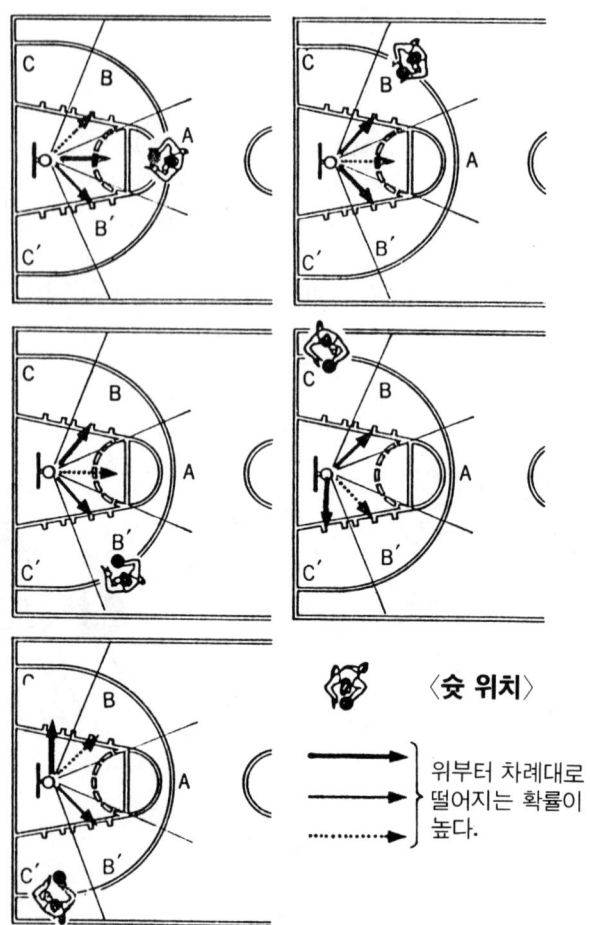

⑤ 팀으로써의 오펜스 리바운드의 예측

트라이앵글 포지션을 취하는 연습을 쌓아 둔다. 각각의 팀에서 약속을 해 둔다.

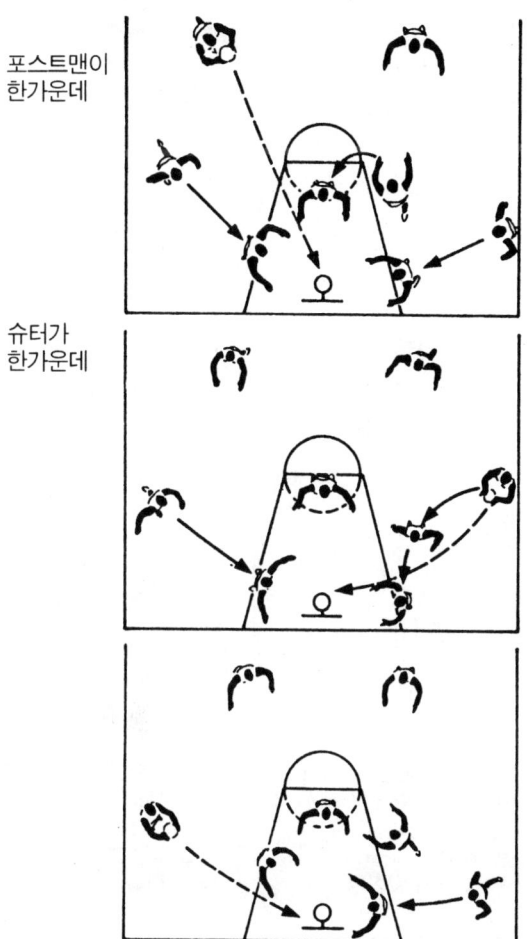

⑥ 디펜스 스크린 아웃을 피하고서의 오펜스 리바운드

① 등부에 비스듬히 붙는다.

②③ 오른손, 오른발을 이용해서 상대의 안쪽으로 들어간다.

④ 스크린 아웃을 해서 볼에 달려든다.

⑦ 리바운드의 연습법

㉠ 연속 리바운드 볼

㉡ 1대 1 리바운드 연습

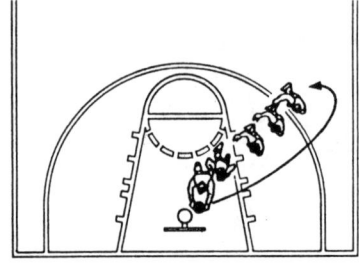

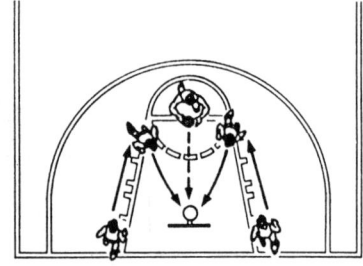

백 보드에 맞히거나 바운드 볼을 후방의 사람이 달려나와 점프해서 공중에서 한손으로 받아 다시 백 보드에 리바운드시켜서 그 볼을 다시 다음 사람이 백 보드에 맞힌다.

코치의 호루라기 신호로 양자가 프리 스로 라인까지 대시해서 방향을 바꾸어 골 밑으로 리바운드 볼을 따라간다. 코치는 2명에게 타이밍을 맞춰서 슛을 한다.

ⓒ 3인의 리바운드 연습   ㉣ 스크린 아웃과 오펜스
                                  리바운드 연습

· 골밑의 3사람은 리바운드를 겨루어   · 디펜스를 골을 향해 스크린 아웃의
딴 사람이 슛을 하고 나머지 2사람은   자세를 취한다.
디펜스를 한다.   · 오펜스는 비스듬히 디펜스의 바깥
· 3회 슛이 먹힌 사람은 교대하고   쪽에서부터 디펜스에게 접해 있는
다시 새롭게 시작한다.   손과 발부터 디펜스 앞으로 돌아
                                   들어가서 볼에 달려든다.

(5) 오펜시브 보디 컨트롤

농구의 가장 기초가 되는 움직임은 대시해서 스톱, 턴할 수 있는 것이다. 또한, 볼을 뺏기지 않기 위한 피벗이 필요하다.

① 스톱

㉠ 점프 스톱: 공중에서 볼을 캐치한 후 양발 동시에 1박자에 착지한다.

POINT & ADVICE

☞점프 스톱의 요령
① 스톱하기 직전의 1보의 보폭을 넓게 한다.
② 스톱하기 직전에 전경 자세에서 후경 자세로.
③ 다리는 가능한 한 발끝부터 착지한다.
④ 눈은 전방을 본다.

ⓛ **스트라이드 스톱**: 보통으로 달리고 있는 스텝 그대로 '원 투'의 2박자에 스톱한다. 이 경우 '원'의 다리가 피벗 풋이 된다.

Ⓠ 스트라이드 스톱이 잘 되지 않고 흔히 트래블링이 된다.

Ⓐ 스트라이드 스톱의 '원'쪽의 다리 무릎을 마루에 닿을 만큼 깊이 구부리고 스톱은 '원'의 다리로 끝내도록 하자. '투'의 다리는 스톱을 보다 안정시키는 것과 다음 움직임에 내딛는 다리로 한다.

② 피벗

볼을 갖고 축이 되는 발을 중심으로 하고 다른 다리를 생각하는 방향으로 내딛는 것을 말한다. 볼 킵을 위해서 없어서는 안 되는 플레이이다.

POINT & ADVICE

☞ 피벗 풋

오른쪽 그림에서 볼 수 있듯이 원을 그리듯이 다리를 움직여서는 안 된다. 중심을 반드시 한점에 모으고 그 후에 임의의 방향으로 내딛도록 한다.

양무릎은 여유가 있도록

발끝이 포인트

③ 턴

턴이란 대시해서 스톱하고 볼을 갖고 있는 경우는 피벗 풋을 축으로 방향 전환하는 것이다.

㉠ **백턴** : 피벗 풋을 축이 되는 발로 하고 다른 한쪽의 다리를 몸 후방으로 이동시켜 회전해서 방향을 바꾼다.

㉡ **프런트 턴** : 피벗 풋을 축이 되는 발로 하고 다른 한쪽의 다리를 몸의 전방으로 이동시켜 회전해서 방향을 바꾼다.

④ 보디 컨트롤 볼 킵의 연습

㉠ **서클 러닝** : 지도자의 호루라기 신호를 스타트해서 서클을 따라 대시, 호루라기가 울리면 스트라이드 스톱하고 프런트 턴(백 턴)한다. 이 동작을 30초간 계속한다.

㉡ **드리블→스톱→턴→패스의 연습** : 재빠르게 낮은 드리블로 5~6m 나아가서 스톱(스트라이드, 점프)하고 턴(프런트 백)하고 패스한다. 4인 1조로 연속해서 실시한다.

스톱하고 턴해서 패스

㉢ **연속 피벗의 연습** : 볼을 들고 마루의 1점을 피벗 풋으로 힘껏 내딛고, 가능한 한 크고 빠르게 다리를 바꿔 딛는다. 볼도 다리 이동에 맞춰서 움직인다.

㉣ 1대 1의 피벗 연습

달아나는 다리의 피벗 　　　　공격하는 다리의 피벗

㉤ 1대 2의 피벗 연습

극한부터 극한으로 움직이게 하는 것이 중요

(6) 페인트 플레이

페인트는 상대를 속이는 동작을 해서 상대의 허를 찌르는 플레이이다. 바꿔 말하자면, 슛을 성공시키기 위해 상대를 떼어놓고 앞지르는 플레이이다.

① 페인트 플레이의 여러 가지

㉠ 로커 모션 : 기본적인 페인트 모션으로 제1보는 디펜스의 위크 사이드에 준비하고 앞으로 내딛는 다리는 골쪽으로 중심을 크게 이동시킨다.

㉡ 허리 흔들기 : 좌우의 무릎을 교대로 굴신시키고 중심을 좌우로 이동시켜 디펜스를 좌우로 흔들어 빼간다.

㉢ 만세 : 오버헤드 패스를 준비하는 빠르기와 준비 자세에 의해 디펜스의 몸을 띄우고 다 펴지면 갑자기 가라앉아 빼간다.

ⓛ **지릅뜸**: 뺀다고 페인트한 직후, 드리블 스톱한 직후에 시선을 골로 향하고 디펜스를 슛에 반응시켜 빼간다.

ⓜ **살금살금 걸음**: 체중을 완전히 피벗 풋 위에 놓고 다른 한쪽의 다리를 크게 내딛어 볼 유지하는 위치를 공격 다리의 반대로 한다. 디펜스가 볼에 대응하면 내딛은 다리쪽으로 내딛은 다리쪽에 대응하면 볼의 자세를 취한 쪽으로 빼간다.

ⓑ **수직 다리** : 디펜스와 접근해 있을 때 비스듬해질 때까지 다리를 평행히 당겨 디펜스를 당긴 다리에 대응시키고 그 반대를 빼는 피벗을 해 빼간다.

ⓢ **놓기 다리** : 제1보는 보통의 보조로 내딛는다. 체중은 피벗풋에 놓아두고 상체를 후퇴하는 제스처를 해서 이 제스처로 상대를 방심시켜 두고 단숨에 빼간다.

ⓞ **목 흔들기** : 목의 방향을 중심을 내딛은 쪽(왼발)으로 이동하고 볼을 반대 방향(오른손으로 오른발쪽)으로 내밀어서 빼간다. 손은 볼을 밖으로 비틀듯이 해서 드리블한다.

② 1대 1의 페인트 플레이

페인트를 걸어 디펜스를 뿌리치고 슛을 하는 방법이다.

㉠ '뺀다'와 페인트하고 점프 슛

㉡ '뺀다'와 드리블하고 스톱해서 점프 슛

㉢ 디펜스를 위로 꾀어 빼간다

ⓔ 디펜스를 좌우로 꾀어 빼간다

눈은 골을 본다.
'왼쪽으로 뺀다'고 다리와 볼을 왼쪽으로 날카롭게 내민다.
오른쪽으로 치고 들어가서 드리블 인.

ⓜ 디펜스를 좌우로 꾀어 두고 다시 위로 꾀어 간다.

── POINT & ADVICE ──

페인트 플레이에서는 진실미가 무엇보다도 중요하다.
'정말로 뺀다', '정말로 슛을 한다'고 하는 시선과 다리의 움직임이 중요하다.

③ 페인트 플레이의 연습법

㉠ 허리 흔들기, 살금살금 걸음의 연습 : A가 골밑부터 프리 스로 서클까지 드리블해 간다.

B는 그것을 따라 간다. A가 드리블, 스톱하고 프런트 턴해서 '허리 흔들기'나 백 턴해서 '살금살금 걸음'으로 공격한다.

갑자기 크게 프런트 혹은 백 턴해서 거는 페인트 모션의 액센트를 익히는 것이 포인트이다.

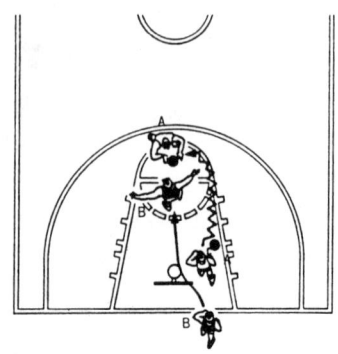

ⓛ 드리블 스톱 점프 슛 : A는 보조자로부터 볼을 받으면 뺀다고 날카롭게 드리블하는데 대해 B가 크로스 스텝으로 대응한 곳에서 스톱해 점프 슛을 한다.

또한 A는 '뺀다고 페인트하고 재빨리 자세를 취해 짧게 노리고 슛' 하는 연습법도 된다.

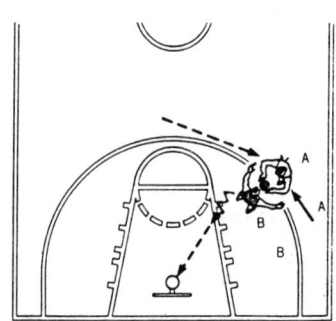

ⓒ **지름뜸의 연습** : A는 포스트맨인 B에게 볼을 넣음과 동시에 그림의 위치로 달려 들어가서 B로부터의 리턴 패스를 받는다. 이 때 A의 L의 간격은 넓어져 있을 것으로 이 때 슛을 준비하고 눈을 골을 향하기만 하면 좋은 중거리 슛이나 뺄 수 있는 절호의 찬스가 된다.

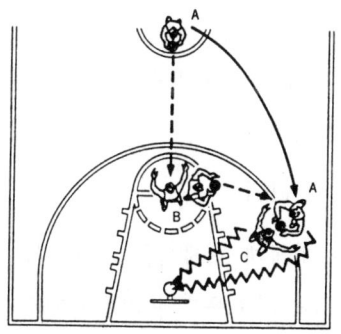

ⓔ **수직 다리와 만세의 연습** : A는 L에게 패스하고 골 밑으로 컷인 해서 미들 포스트의 위치에서 리턴 패스를 받는다.

여기에서 수직 다리 점프 슛, 혹은 수직 다리의 페인트로 뺀다. 또한 만세로 빼는 타이밍을 익힌다.

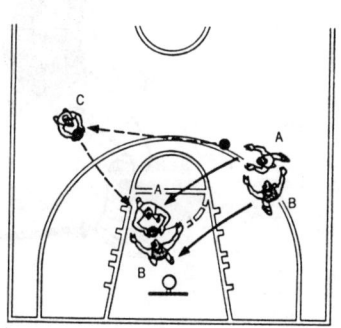

(7) 디펜스

농구에 있어서 득점하는 것은 중요하지만 상대의 득점을 막는 것도 마찬가지로 중요하다.

디펜스의 기술에 대해서는 누구나가 숙달할 가능성을 갖고 있다.

〈목적〉

㉠ 좋은 슛을 시키지 않는다.

㉡ 슛으로 이어지는 패스, 드리블을 쉽게 시키지 않는다.

㉢ 찬스가 있으면 볼을 뺏는다.

POINT & ADVICE

디펜스는 항상 상대에게 프레셔를 가해 상대에게 좋아하는 공격을 시키지 않는다. 리바운드와 마찬가지로 의욕이 중요하다.

---

① 디펜스의 기본 자세

㉠ 머리와 눈은 전방을 주시한다.

㉡ 팔과 손가락은 구부려 두고 자유롭게 움직이게 하는 준비를 해 둔다.

㉢ 무릎은 구부려서 어떤 방향으로나 재빨리 움직일 수 있도록 준비해 둔다.

㉣ 체중은 양발의 엄지죽지에 균형있게 실어 둔다.

---- POINT & ADVICE ----

① 눈은 확실히 상대를 본다.
② 체중을 양발의 엄지죽지에 싣는다.
③ 무릎을 구부려서 언제나 움직일 수 있도록 준비해 둔다.
④ 팔, 손을 유효하게 사용한다.
⑤ 소리를 질러서 자기 팀끼리의 연락을 끊지 않는다.

② 디펜시브 풋 워크

오펜스의 움직임의 코스를 체크하고 어떤 때는 앞질러 간다.

㉠ **사이드 스텝** : 측진하려고 하는 다리가 리드하는 다리가 되고 다른 다리가 리드하는 다리에 기대어서 측진하는 스텝이다.

㉡ **복서 스텝** : 어깨 폭으로 다리를 벌리고 양다리 발목의 킥하는 힘으로 양발 동시에 움직인다. 페인트에 대응하는 스텝으로서 유효하다.

㉢ **크로스 스텝** : 공격자나 볼에서 눈을 떼지 않고 러닝 스텝으로 대응한다.

③ 볼 소지자에 대한 디펜스

상대와 골을 연결하는 선상에 위치한다. 볼에 대해 핸즈 업하는 것이 중요하다.

---- POINT & ADVICE ----

다리를 전후로 벌리고 디펜스했을 경우, 등쪽을 위크 사이드, 가슴쪽을 스트롱 사이드라고 한다. 위크 사이드쪽으로 놓치지 않도록 주의해서 위치한다.

팀의 디펜스로서는 엔드 라인쪽으로 놓치지 않도록 위치한다.

☞ 디펜스의 요령

① 상대와의 간격은 팔을 뻗었을 때 손가락끝이 볼에 닿는 정도가 좋다.

② 양다리를 약간 전후로 벌리고 중심을 뒷다리에 싣고 무릎을 구부려서 낮게 준비한다.

③ 볼이 눈 앞에 있다면 스냅한다.

④ 드리블에 대해서는 그 진행 방향에 대해 수직으로 코스 체크한다.

④ 볼을 갖지 않는 사람에 대한 디펜스

클로즈 스탠스와 오픈 스탠스의 2종류가 있다.

㉠ 클로즈 스탠스
자신이 마크하고 있는 상대에게 볼을 갖게 하지 않는다고 하는 수비 방법이다.

㉡ 오픈 스탠스
마크하고 있는 상대보다 볼을 중시하고 있는 수비 방법이다.

⑤ 디펜스 포지션의 잡는 법

볼을 가진 사람에게는 '인라인의 원칙', 볼을 갖고 있는 않는 사람에게는 '모서리의 2등분 선상의 원칙'에 따른 방법으로 포지션을 잡는다.

㉠ **인라인의 원칙** : 볼을 가진 오펜스(A)에 대한 디펜스(A´)는 상대와 골을 연결하는 가상 선상에 위치해서 슛, 패스, 드리블 등을 당하지 않도록 체크한다.

㉡ **모서리 2등분선상의 원칙** : 볼을 갖지 않는 오펜스(B)에 대한 디펜스(B´)는 볼을 킵하는 오펜스(A)와 골과의 모서리의 2등분 선상에 위치한다.

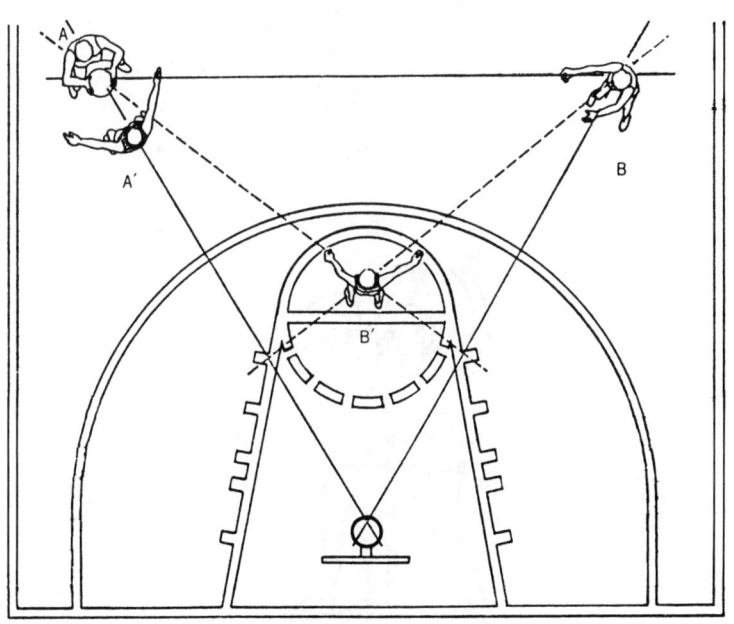

⑥ 포스트맨에 대한 디펜스

포스트맨에게 볼이 들어가면 득점으로 연결되는 경우가 많기 때문에 간단히 볼을 갖게 하지 않는 노력을 할 필요가 있다.

㉠ 비하인드 포지션 : 신장차가 없으면 불리하다.

㉡ 프런트 포지션 : 앞에서 따라 가서 인터셉트를 노린다.

ⓒ 사이딩로 : 골쪽에서 지키는 방법이다.

ⓔ 사이딩 하이 : 볼쪽에서 지키는 방법이다.

ⓜ 포스트맨에 대한 디펜스에서 주의할 점(디펜스를 전환하는 것이 중요)

● 볼 소지자가 패스한 후 날카롭게 컷인 할 위험성이 크기 때문에 패스함과 동시에 1보 물러나서 경계한다.

• 볼을 갖게 하지 않도록 프레셔를 심하게 한 디펜스를 했을 경우, 그 뒤를 놓쳐서 간단히 득점당한다. 그것을 막기 위해서 골밑으로 볼이 패스당하지 않도록 지킨다.

⑦ 디펜스의 연습법

㉠ 트라이앵글 스텝 : A→B→C→A→D→C→A의 순으로 A→B, B→C, A→D, D→C의 코스는 크로스 스텝으로, C→A는 사이드 스텝으로 나아간다. 30초간 반복한다. B와 D의 위치에서 방향을 바꾼다.

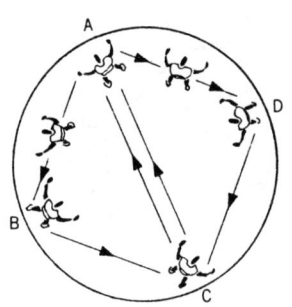

ⓛ 피벗에 발을 맞추는 연습 : 공격자는 가능한 한 빠르고 크게 다리를 내딛는다. 디펜스는 상대의 다리에 발을 맞추는 것을 연습한다.

몸의 방향 전환 방법은 앞 위로 올려 있는 손을 몸쪽보다도 뒤쪽으로 마루를 치는 듯한 기분으로 흔들어 내리면 앞 다리는 후방으로 재빨리 크게 당겨지고 새로운 앞다리가 된 쪽의 손은 자연히 올려진다.

ⓒ 올코트 드리블 1대 1(숫까지)
• 팀으로서의 약속을 정하고 디펜스 목표를 정해서 실시한다.
〈예〉 사이드로 드리블을 치게 한다.
• 다리는 빠졌을 때를 제외하고는 사이드 스텝으로 분발한다.
• 드리블 체인지를 몇 번이나 시킨다.

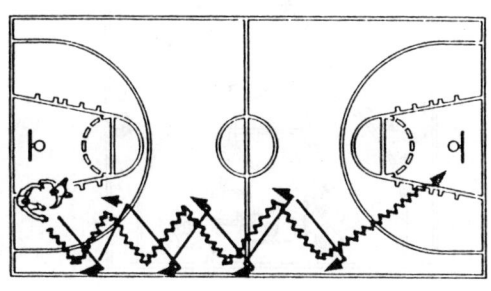

㉣ 볼 맨 1대 1에서 볼사이드 컷인에 대한 디펜스 연습
● A의 포지션에서 볼을 갖고 1대 1
● A에서 B나 C에게 패스하고 볼 사이드 컷인

그 때 디펜스는 1~2보 물러나서 볼 사이드에 기대서 보디 체크를 해 지킨다.

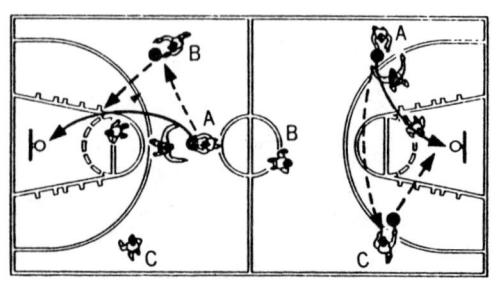

㉮ 포스트맨에 대한 1대 1
● 포스트맨 2사람은 외각, A, B, C의 패스에 맞춰서 하이 포스트, 미들 포스트, 로 포스트에서 볼을 받을 수 있도록 움직인다. 디펜스는 재빠르게 대응해서 볼을 갖게 하지 않도록 분발한다.

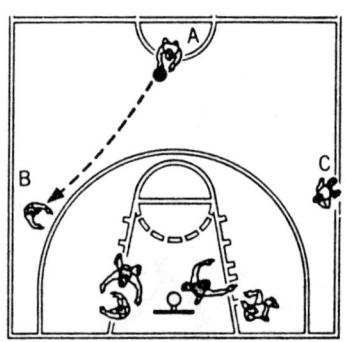

2. 집단 기능

농구도 깊이 연구하면 득점의 경쟁이다. 득점의 기회는 서로 비슷하게 있다. 즉, 상대에게 슛을 먹으면 마이볼이 되기 때문에 이쪽에게 슛을 할 기회가 생긴다. 오펜스의 집단 기능의 목적은 골하는 찬스 볼을 5명이 협력해서 어떻게 득점으로 연결시키느냐에 있고 디펜스의 집단 기능의 목적은 팀이 협력해서 어떻게 상대 골 찬스 볼을 깨뜨리냐에 있다.

(1) 오펜스의 기본 플레이

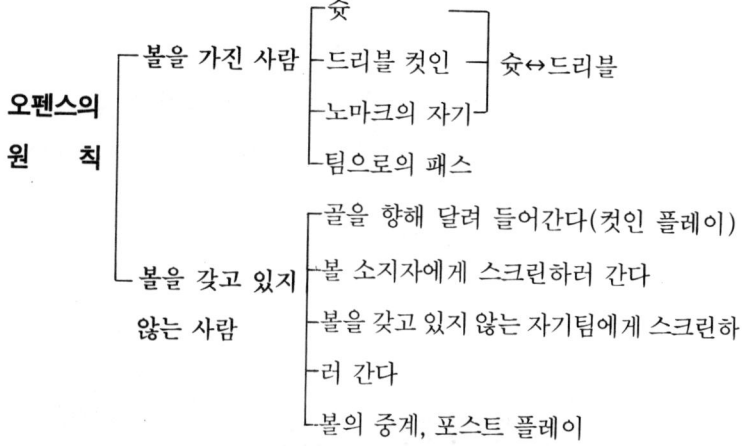

① 컷인 플레이
 ㉠ 기브 앤드 고(볼 사이드 커트) : 볼을 패스한 순간의 대시로 디펜스를 떼어 놓는 플레이이다.

ⓛ 블라인드 컷인 플레이 : 컷인을 디펜스의 약점인 등뒤에서 하는 플레이로 스톱→스텝백, 방향 전환해서의 컷트인 등의 바리에이션이 가능하다.

ⓒ **백도어 플레이**: 블라인드 커트의 일종으로 이 플레이는 볼 소지자가 옆에 패스하기 어려울 때에 대시해 오는 다음 사람에게 패스하면 효과적으로 전개할 수 있다.

㉣ 드리블러가 접근할 때의 블라인드 커트

② 스크린 플레이

상대 방어자의 기술이 높아지면 보통의 컷인에서는 방어를 떼어 놓을 수 없게 된다. 그래서 같은 팀에게 자신의 마크맨을 합법적으로 방해하도록 해서, 방어를 떼어놓을 필요가 생긴다. 그것이 스크린 플레이이다.

㉠ 볼을 갖고 있는 공격자에 대한 스크린 플레이

• 인 사이드 스크린 플레이(픽 오프 플레이) : 스크린의 사람은 컷인의 사람이 지나 갈 때까지 확실히 스크린할 것. 컷인의 사람은 스크린한 사람과 빠듯이 드리블해 갈 것.

• 드리블 스크린 플레이 : 드리블러는 정말로 빼간다고 하는 드리블을 해 갈 것.

• 아웃 사이드 스크린 플레이 : 컷인하는 사람이 패스후, 골 밑으로 달려 들어갈 때에는 페인트를 사용해서 상대 방어자보다 1보라도 선행하는 것이 이 플레이의 성공의 열쇠다.

ⓛ 볼을 갖고 있지 않는 공격자끼리의 스크린 플레이
• 인 사이드 스크린 플레이

• 백 스크린 플레이
 이 플레이는, 방어자의 등뒤(시야의 밖)에서 스크린을 당하기 때문에 방어가 어려워 실전에서는 성공하는 경우가 많은 플레이이다.

ⓒ 픽 롤 플레이(커트 어웨이) : 공격자의 스크린 플레이에 대해 방어자가 스위치하지 않으면 여유롭게 컷인해서 슛을 할 수 있을 것이다. 그러나 방어자가 마크맨을 스위치하면 컷인 한 사람은 반드시 슛을 할 수 있다고는 할 수 없다. 그래서, 아래 그림과 같이 컷인에서 스크리너에 대해 패스를 보내서 노마크 슛을 할 수 있도록 한다. 이것을 픽 롤 플레이라고 해서, 실전에서 흔히 사용된다.

ⓒ 스크린의 벽을 이용한 점프 슛

③ 실전적 플레이의 연습 〈2대 2, 3대 3의 오펜스 플레이〉

㉠ 2대 2

• 가드——가드

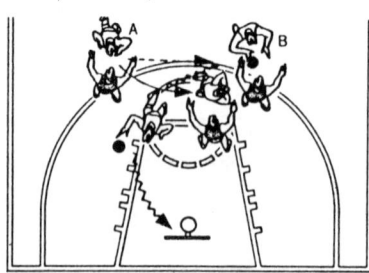

인 사이드 스크린 : A→B에 패스. A는 B의 방어자에게 스크린. B는 A의 스크린을 이용해서 드리블 인. 방어자가 스위치하면 픽 롤 플레이.

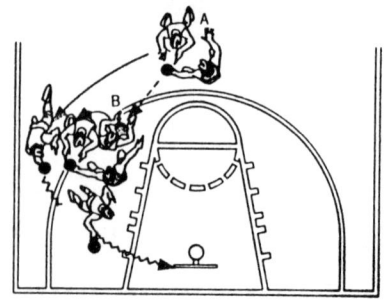

아웃 사이드 스크린 : A→B로 패스. A는 자신을 마크하고 있는 방어자를 B에게 부딪쳐서 비벼 떨어뜨리도록 컷인. B는 A로, 90도 프런트 턴해서 건네주기 패스. 180도 백 턴해서 오버헤드 패스. 리버스턴하면서 바운드 패스.

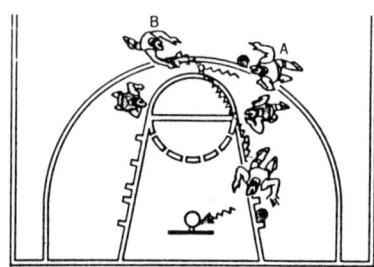

드리블 스크린 : A는 B쪽으로 드리블. B는 A의 바깥쪽에서 볼을 받아 드리블 인.

아웃 사이드 스크린→가드에서 포워드로의 훅 패스 : A의 진행을 방해하면 A는 골밑으로 뛰어 들어오는 B에게 훅 패스 B68

PART 3. 최고의 플레이어가 되기 위해서는

- 가드——포워드

인 사이드 스크린 : A→B에게 패스. A는 B의 방어자에게 스크린. B는 A의 스크린을 이용해서 드리블 인. 방어자가 스위치하면 픽 롤 플레이

- 포워드→센터

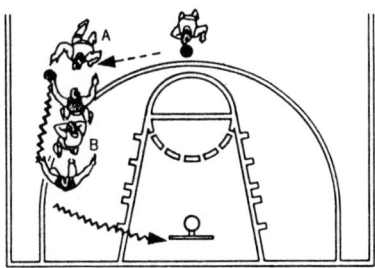

백 스크린 : 코치가 A에게 패스함과 동시에 B는 A의 방어자에게 백 스크린을 한다. A는 스크린을 이용해서 드리블 인, 방어자가 스위치하면, 픽 롤 플레이

㉠ 3대 3

- 포워드——포워드

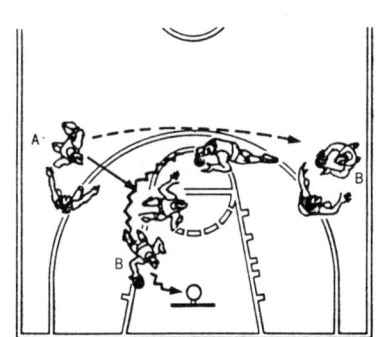

크리스 크로스 패스 - (1) : A→B로 패스하면서 프리 스로 라인쪽으로 대시, B는 A에게 패스하고, 볼을 받은 A는 B에게 건네주기 패스, B는 드리블 인.

- 시저스 커트

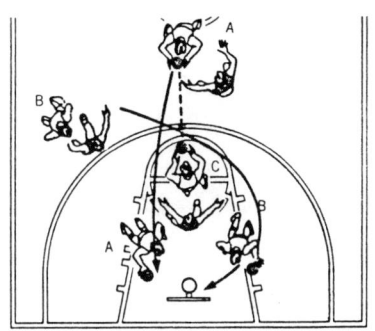

A→C로 패스. A와 B는 교차하도록 달린다.
· A에게 패스, A가 드리블 인
· B에게 패스, B가 드리블 인
· A, B 에게 패스하지 않고, A, B가 지나가면, C가 슛

● 아웃 사이드 스크린

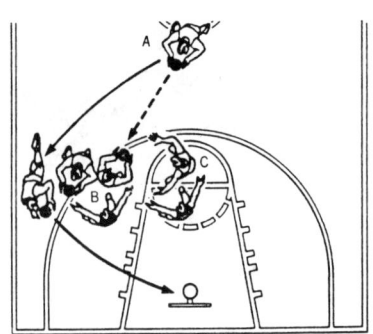

크리스 크로스 패스-(2) : A는 패스 페인트해서 B에게 건네주지 않고 드리블 인해 간다.

● 가드──센터

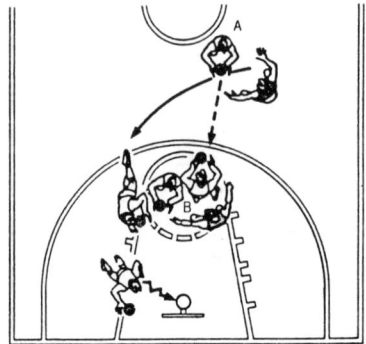

아웃 사이드 스크린

A→B로 패스. A는 B의 아웃 사이드 스크린을 이용해서 달려 들어간다.
· B가 A에게 패스
· 그것을 할 수 없는 경우, C에게 패스를 넣고, C→A로 패스

PART 3. 최고의 플레이어가 되기 위해서는

● 인사이드 스크린──(1)　　● 백 도어

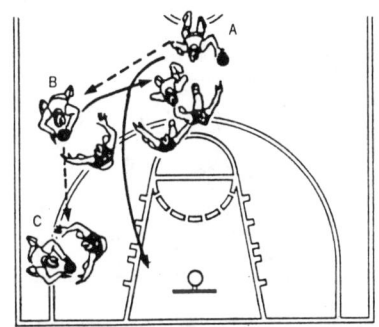
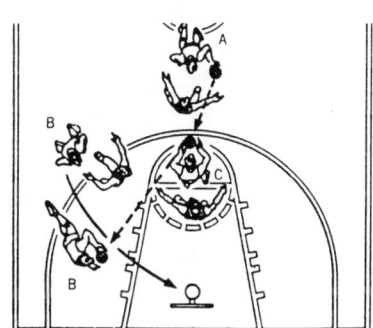

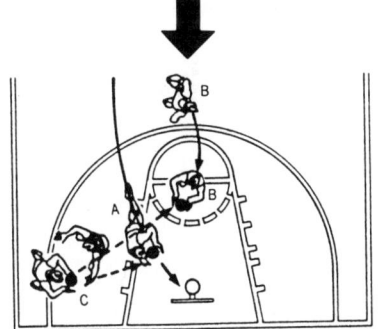
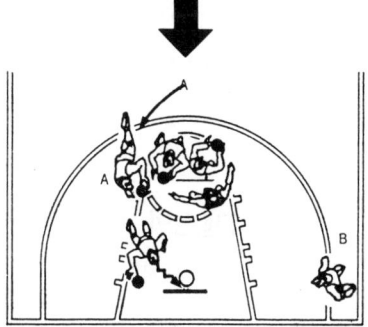

A→B→C에게 패스
　B는 C에게 패스한 후, A의 방어자에게 인사이드 스크린하러 간다.
　A는 B의 스크린을 이용해서 컷인.
C는 A나 B에게 패스를 넣는다.

　· A는 드리블로, 포스트의 C에게 패스.
　· 패스와 동시에 B가 골을 향해 달려 들어간다.
　· 백 도어가 잘 되지 않을 때, B는 역사이드까지 달려 들어간다.

● 인사이드 스크린—(2)   ● 트레일 플레이

A는 B에게 패스하고, C의 방어자에게 스크린 하러 간다.
C는 스크린을 이용해서 컷인하고, B로부터 패스를 받아 점프 숏

A는 B에게 패스를 하고, 트레일하러 간다. B는 A에게 건네주기 패스를 하고, C의 방어자에게 스크린하러 가고, C는 미들 포스트로 나가서, A로부터 패스를 받는다.

(2) 디펜스의 기본 플레이

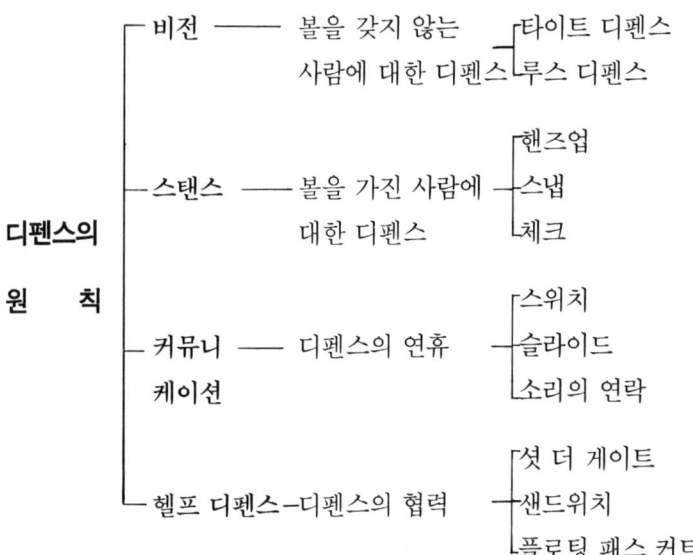

① 비전

시야를 넓혀서 자신의 상대와 볼 소지자의 움직임을 항상 시야에 넣고 디펜스를 한다.

㉠ **타이트 디펜스**: 볼을 가지려고 하고 있는 사람에 대한 마크(특히 슛 에어리어 내에 있는 사람에 대한 마크)

㉡ **루즈 디펜스**: 슛 에어리어 밖에서 볼을 관계없는 사람에 대한 마크

볼을 갖게 하지 않도록 상대와의 간격을 좁혀서 클로즈 스탠스를 취해, 팔을 옆으로 올려서, 패스를 시키지 않도록 한다.

오픈 스탠스로 상대의 컷인이나 드리블 인을 막고, 플로팅 패스의 커트를 노린다.

② 스탠스

자신이 마크한 상대가 볼을 가지면, 핸즈업→스냅→체크의 순으로 방어한다.

㉠ 핸즈업

손을 내리면 볼에 닿는 포지션을 잡는다. 한쪽 손은 위로 올리고, 다른 쪽 손은 옆으로 올린다.

㉡ 스냅

놓치지 않는 체세를 만들고 나서 손을 뻗는다. 스냅은 위에서 아래로 내리도록 한다.

㉢ 체크

드리블에 대해 다리로 대항하고, 코스를 방해한다.

③ 커뮤니케이션

　무의미한 소리를 지르는 것이 아니고, 마크를 서로 확인하거나, 상대의 스크린 플레이에 대해 연휴(連携)한 플레이를 할 수 있도록 소리를 질러 연락한다.

PART 3. 최고의 플레이어가 되기 위해서는 425

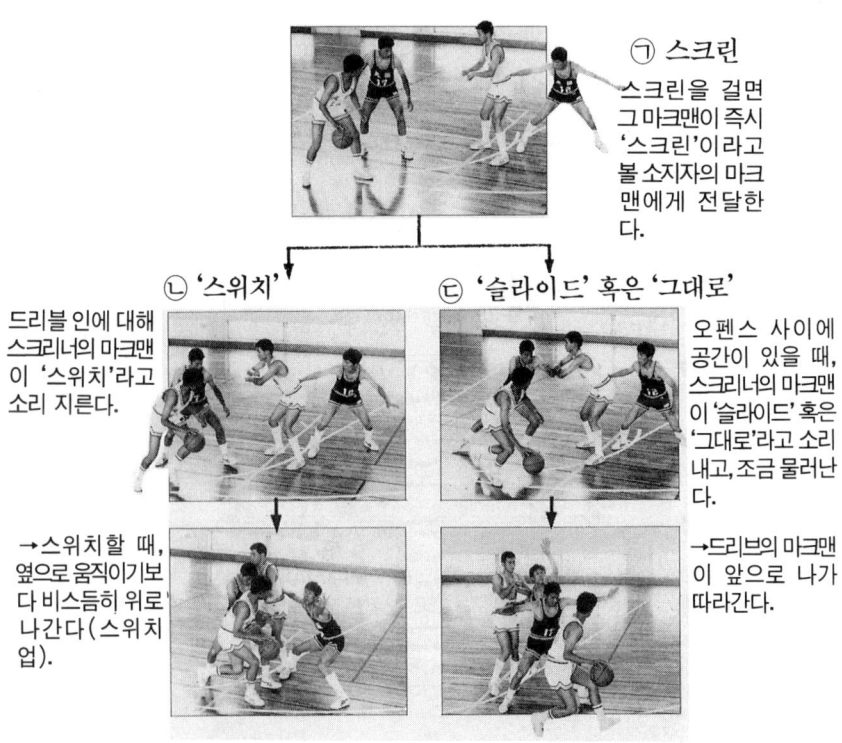

㉠ 스크린
스크린을 걸면 그 마크맨이 즉시 '스크린'이라고 볼 소지자의 마크맨에게 전달한다.

㉡ '스위치'
드리블 인에 대해 스크리너의 마크맨이 '스위치'라고 소리 지른다.

㉢ '슬라이드' 혹은 '그대로'
오펜스 사이에 공간이 있을 때, 스크리너의 마크맨이 '슬라이드' 혹은 '그대로'라고 소리 내고, 조금 물러난다.

→스위치할 때, 옆으로 움직이기보다 비스듬히 위로 나간다(스위치 업).

→드리브의 마크맨이 앞으로 나가 따라간다.

④ 헬프 디펜스

드리블 인이나 컷인으로 놓친 사람을 서로 돕는다. 또한, 플로팅 패스의 커트를 노린다.

㉠ 셧 더 게이트

드리블 인으로 놓친 사람을 헬프한다.

몸 전체로 커버한다. 그러나 스위치는 아니다.

자신의 마크맨에게 패스를 당하면, 곧 마크로 돌아간다.

ⓛ 샌드위치

볼 소지자에 대해 2사람이 사이에 끼우러 가서, 거기에서 내보내지는 패스 커트도 노린다.

ⓒ 플로팅 패스 컷트

루스 디펜스로 마크한다.

플로팅 패스 커트를 노린다.

⑤ 협력적 디펜스의 연습(4:2)

㉠ 기본형

㉡ 볼이 우측 사이드의 C로 이동

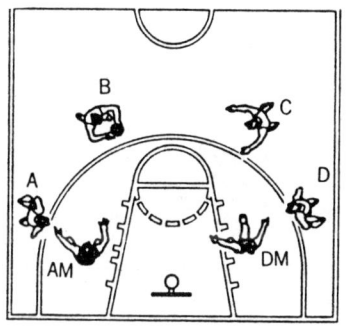

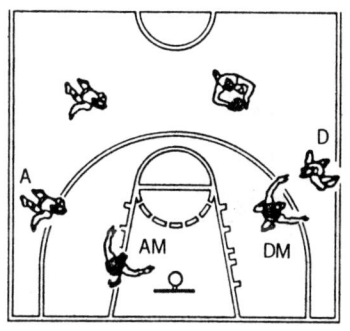

ABC는 1분간, 서로 패스를 계속한다. B, C는 정위치에서, A, D는 사이드 라인을 따라서 움직인다.

DM은 타이트 디펜스, AM은 루스 디펜스

㉢ 볼을 D가 소지

㉣ 1분후 코치의 신호로 A, D가 공격한다

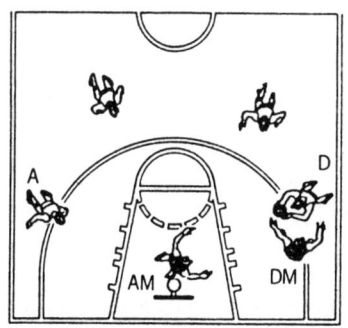

DM은 '볼'이라고 소리를 지르고, D의 약간 우측에 기댄다. AM은 '헬프'라고 소리를 지르고 골 가까이로

A가 드리블 인해 오면 DM은 셧 더 게이트

⑩ D가 AM에게 스크린   ⑪ A가 컷인

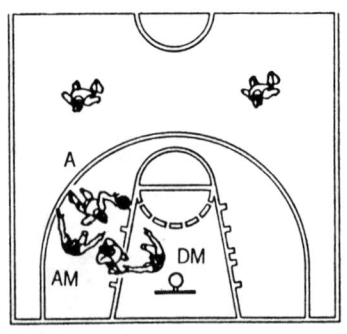 

DM이 '스크린'이라고 소리를 지른다. AM은 좌측에서 A에 반보 다가가서, 왼쪽을 놓치지 않도록 한다.

DM이 '스위치' 혹은 '슬라이드'라고 소리를 질러, 협력적 디펜스를 한다.

(3) 팀 플레이 ── 오펜스

〈각 포지션의 명칭〉

Ⓐ 포인트(톱) : 가드의 플레이어가 위치한다. 이것은 골까지의 공간을 지배하기 위해 필요한 위치로 고정적 또는 계속적으로 위치한다.

Ⓑ 다이너고널 : 포워드의 플레이어가 위치한다. 이 위치는 포스트와 코너와 거의 같은 거리에 있다.

Ⓒ 코너 : 센터의 플레이어가 위치한다. 보통, 엔드 라인과 사이드 라인에서 1보씩 떨어진 곳에 위치한다.

Ⓓ 포스트 : 센터의 플레이어가 위치하는 장소에 따라, 골에 가까운 쪽부터 로 포스트, 미들 포스트, 하이 포스트라고 한다.

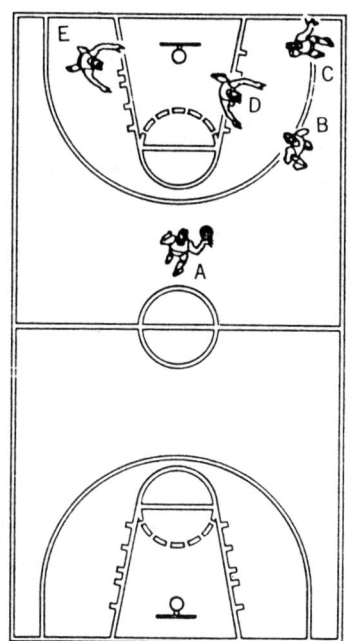

Ⓔ 포어맨(위크 사이드) : 포워드(또는 센터)의 플레이어가 위치한다. 이 위치에서의 플레이어는 항상 볼을 보는 것, 얼굴을 코트 중앙으로 향하는 것이 중요하다.

① 각 플레이어의 능력과 움직임

㉠ 가드 : 가드는 팀의 리드오프맨이다. 팀에 있어서 유효한 찬스를 만드는 플레이를 하자. 가드의 역할로써는, ① 상대 디펜스의 약점을 재빨리 찾아내어, 득점의 확률이 높은 슛으로 가져간다. ② 게임의 흐름을 읽는다. ③ 다른 4명의 움직임을 리드한다. ④ 코치의 지시를 전달한다 등이 있다.

- 포워드에 패스하고, 들어간다
- 드리블로 컷인하고, 디펜스로 끌어당겨서 패스를 한다

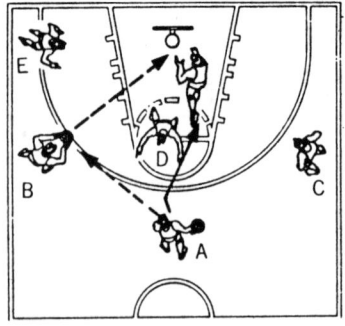
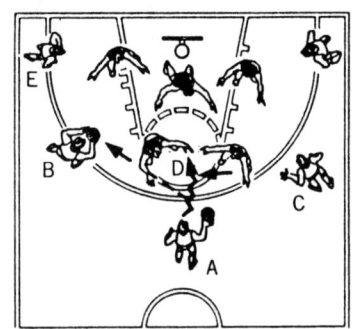

가드 Ⓐ는 Ⓑ에게 패스하고, 포스트 Ⓓ와 스크린이 걸리도록 들어간다. Ⓑ는 Ⓐ로의 패스를 시도해 본다.

── POINT & ADVICE ──

☞ 가드에게 요구되는 능력과 기능

① 기민성, 재치있는 머리 회전

② 킵력(볼 컨트롤, 보디 컨트롤)

③ 드리블 워크, 패스 워크

④ 슛의 능력

⑤ 게임 컨트롤

가드는 상대팀의 디펜스가 어떤지를 읽을 수 있고, 가드가 들어가면 맨투맨인지 존 디펜스인지 곧 알 수 있다.

● 포스트에 패스하고 들어오는 아웃 사이드 스크린

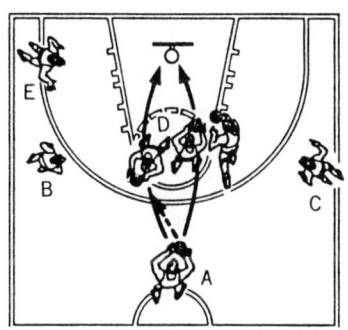

가드 Ⓐ는 포스트 Ⓓ에게 패스하고 들어간다. 이 경우는 Ⓓ가 포스트에서 플레이 (1대 1이나 슛)할 수 있는 것 같으면 들어가지 않는다.

포스트에 패스하는 경우, 체스트 패스는 커트당하는 경우가 많으므로 오버헤드나 바운드 패스로, 가드로부터의 패스가 커트당하면 상대의 속공으로 이어지므로 주의한다.

● 포워드에 패스하고, 역사이드로 스크린을 세트한다.

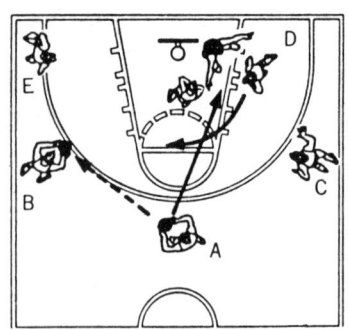

A는 B에게 패스하고, D의 방어자에게 스크린을 걸러 간다. D는 A의 스크린을 이용해서, 하이포스트에서 B로부터 볼을 받아 슛한다.

ⓛ **포워드의 능력과 움직임**: 포워드는 골 게터이다. 포워드의 오펜시브 플레이는 ① 패스를 받아 슛, ② 패스를 받아 빼서 슛, ③ 패스를 받아 리턴 패스하고, 대시해서 패스를 받아 슛의 3가지이다. 따라서, 마크맨을 떼고 볼을 받는 움직임과 항상 슛할 수 있는 움직임이 요구된다.

〈포워드의 움직임〉
- 45°(다이사고널)의 위치에서 골을 향해 컷인한다.

센터의 백 스크린을 이용해서 컷인. A로부터 패스를 받은 B는 E의 백스크린을 이용해서 컷인

• 스크린을 이용한 점프 슛

● 역사이드에서의 스크린을 이용해서 뛰어들어간다.

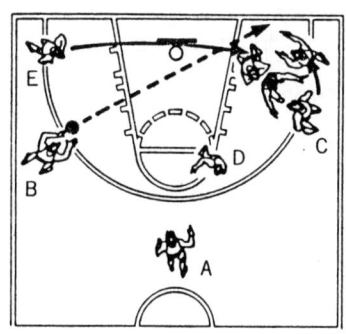

B에게 패스가 건너감과 동시에, E가 역사이드의 C의 방어자에게 스크린하러 간다. C는 그것을 이용해서 뛰어 들어간다.

- 센터에 대한 스크린으로 센터를 살리는 움직임

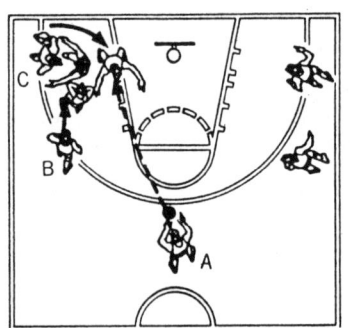

B는 C의 방어자에게 인사이드 스크린 하러 간다. C는 B의 스크린을 이용해서 포스트로 뛰어들어가, A로부터의 패스를 받아 슛

ⓒ **센터의 능력과 움직임**: 센터는 리바운더로 포인트 게터이다. 플레이어 중에서 리바운드 볼이 떨어지는 지역에서 가장 긴 시간 플레이한다. 또한, 포스트에 들어가서 바스켓에 가장 가까운 곳에서 플레이한다. 즉, 복수의 방어자에게 둘러싸인 상태가 많다. 따라서, 날카롭고 빠른 피벗, 상대에게 강한 볼 킵력, 상대를 밀어젖히고 서라도 따는 리바운드의 능력 또 포스트에서 볼을 받아 슛을 하는 능력이 요구된다.

〈센터의 움직임〉

① 하이 포스트에서 미들 혹은 로 포스트로

● 미들 포스트에서 역사이드의 미들 포스트로

가드↔포워드↔센터가 패스하고 있을 때에 하이 포스트의 센터가 찬스를 봐, 미들 혹은 로 포스트로 뛰어 들어간다.

가드↔포워드가 패스, 오른쪽으로 볼이 패스되면 좌측의 센터가 우측의 미들 포스트로 뛰어 들어간다.

● 더블 하이 포스트에서의 스크린에서 골밑으로
● 픽 롤 플레이

A의 포스트맨이 B의 방어자에게 스크린한다. 그 스크린을 이용해서 B는 골밑으로. C는 B에게 패스

가드(포워드)가 엠프티 에어리어(오펜스도 디펜스도 없다)쪽으로 컷인해 가서 그 방어자에 대해 스크린을 한다. 컷인 플레이어에 대해 포스트의 디펜스가 스위치하면 롤 플레이를 한다.

· 아웃 사이드 스크린

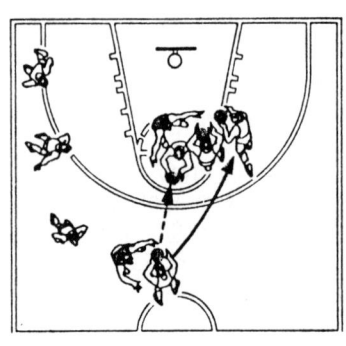

포스트에서 볼을 받아, 달려들어온 플레이어의 방어자에게 아웃 사이드 스크린을 건다.

- 스크린을 이용해서 로 포스트로   • 포워드로의 스크린

② 오펜스의 플로어 밸런스

〈플로어 밸런스의 원칙〉

동일 에어리어에 여러명이 겹쳐서는 안 된다. 그것은 공격중에 자기팀끼리 서로 방해해서는 안되고(단, 스크린 플레이가 스택 플레이는 별도다) 또한, 슛, 리바운드나 세이프티맨의 준비가 항상 이루어져야 하기 때문이다. 대표적인 플로어 밸런스를 이하에 들지만, 이들의 목표는 상대의 강력 디펜스를 약화시키고, 자기팀의 리바운드를 강화 시키고, 상대의 골에어리어를 허술하게 하고, 센터, 포워드의 1대 1을 중시하는 데에 있다. 또한, 가로 스크린, 세로 스크린을 살려서 골하는 것도 목표이다.

㉠ 1—3—1의 플로어 밸런스 : 이 밸런스의 목표는 D가 장신자나 E가 뛰어난 포스트맨이거나, B가 컷인 플레이나 점프 슛이 능숙한 선수인 경우이다. 모두 1대 1을 노린다. A나 C는 스크린을 이용해서 슛이나 컷인을 할 수 있는 플레이어다. 또한, ☐의 에어리어 내에서 1대 1로 공격하는 것도 중요하다.

㉡ 1—4의 플로어 밸런스 : 이 밸런스의 목표는 B, C, D, E의 1대 1 공격이다. 상대 방어자가 장신자일 때에 매우 유효하다. 또한, A 이외는 항상 리버스 턴이나 백도어 플레이, 볼사이드 컷인, 블라인드 사이드 컷인 등으로 간단히 공격할 수 있다. 반대로 오펜스가 장신자만 있는 경우는 골을 향해 다운해서, 리버스 턴을 하여, 미스매치 플레이를 시도해 보면 좋다. 또한, A가 다른 4명과 협력해서 다종의 스크린 플레이를 해도 좋다. ☐의 에어리어 내에서 1대 1로 공격하는 것도 중요하다.

ⓒ 2—3의 플로어 밸런스 : 이 밸런스의 목표는 C, D, E의 1대 1이다. 리버스 턴, 볼 사이드 컷인, 블라인드 사이드 컷인, 백도어 플레이로 공격할 수 있다. 또한, A—C—E, A—B—E, B—D—E 의 스크린 플레이도 생각할 수 있다.

③ 세트 오펜스 플레이의 예

㉠ 1-3-1의 세트 오펜스   ㉡ 2-3의 세트 오펜스

가드가 포워드에 패스

가드는 자신의 방어를 포스트에 맞히도록 달려 들어간다.

포워드로부터 가드로의 패스가 통하지 않는다.

하이 포스트가 로 포스트로

포워드는 달려들어온 가드에게 오버헤드 패스

역사이드의 포워드가 포스트 앞으로 와서 패스를 받는다.

패스가 통하지 않는 경우, 미들 포스트로

골밑에서 점프 슛

점프 슛

포워드가 스크린을 이용해 달려 들어간다.

패스를 받아 슛 | 스크린을 이용해 뛰어 들어간다. | 패스가 통하지 않는 경우 스크린을 한다.

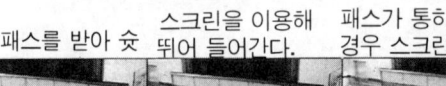

역사이드의 포워드가 패스를 노린다.

ⓒ 1-4의 세트 오펜스

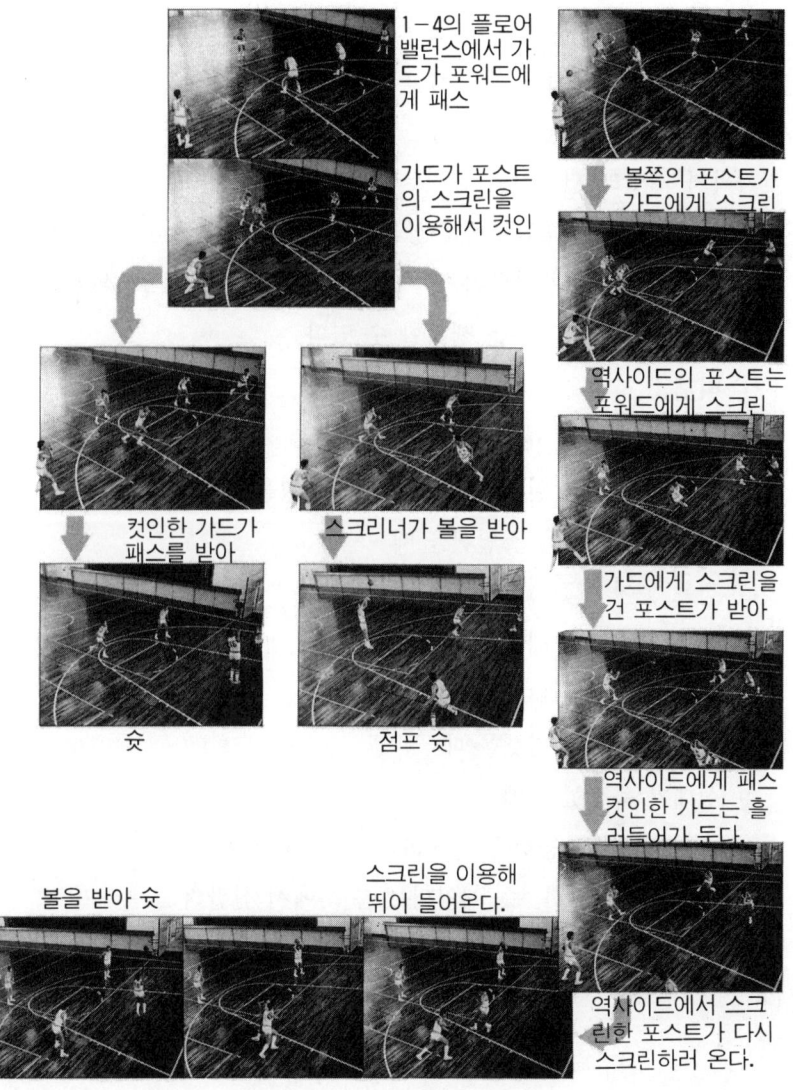

④ 속공(패스트 브레이크)

농구 경기의 특성중 하나로, 전후반 20분 간씩의 시간 내에서 득점을 겨룬다고 하는 점이 있다. 즉, 한정된 시간 내에 어떻게 많은 득점을 하느냐가 목적이 되고 있다. 근대 농구는 점점 더 공격형이 되고 있어, 속공이 중시되는 까닭이다. 속공의 목적은 볼을 갖자마자 재빨리 단시간의 공격(패스트 브레이크라고 한다)으로 득점을 거듭해서 상대팀에게 손상을 주는 데에 있다.

㉠ **속공의 찬스** : 속공의 찬스는 상대볼에서 자기팀 볼로 옮겼을 때다. 다음 9가지의 경우를 생각할 수 있다.

① 디펜스 리바운드 볼을 획득했을 때
② 루스 볼에 이겨서, 볼을 획득했을 때
③ 상대의 패스를 인터셉트(패스 커트) 했을 때
④ 상대의 드리블을 스틸했을 때
⑤ 점프 볼에 이겼을 때
⑥ 슛 블록에 성공해서 볼을 빼앗았을 때
⑦ 상대가 바이얼레이션을 범했을 때
⑧ 상대가 파울을 범했을 때
⑨ 상대가 득점했을 때

이 중, 속공의 가능성은 ①~⑤의 경우에 높고, ⑦⑧⑨에서는 그 찬스는 희박해진다. 즉, 게임의 흐름 속에서 심판의 호루라기로 게임이 스톱하지 않고 볼을 획득했을 때 속공의 찬스는 많이 생긴다.

PART 3. 최고의 플레이어가 되기 위해서는 445

〈속공의 조립〉

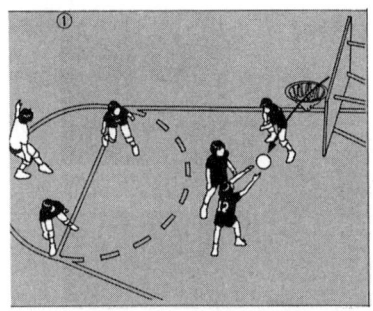

리바운드의 획득

재빠른 아웃 레트 패스

미들맨으로의 패스

미들맨의 볼 운반

속공의 마무리 · 아웃 넘버로의 패스

노마크 슛

ⓒ **속공의 조립**: 속공에서 가장 확률이 높은 슛은 러닝 슛이다. 이 슛을 노마크시키기 위해 달리는 것이 속공이라고 해도 과언은 아니다. 또한, 속공에 대해서 상대 팀은 세이프티맨이 귀진(**歸陣**)하지만, 그것은 2사람이 한계로, 그 2사람의 플레이어에 대해 3명의 플레이어로 아웃 넘버(상대보다도 플레이어의 인원수가 상회하는 것)로 공격하는 것도 속공의 목적이다. 속공을 성공시키기 위해서는 3가지의 중요한 요소가 있다(그림1).

ⓐ 속공의 스타트……리바운드 볼의 획득과 아웃 레트 패스
ⓑ 미들 레인에서의 연결……미들맨으로의 패스와 미들맨의 볼 운반(패스냐 드리블이냐)
ⓒ 속공의 마무리……노마크 슛으로 이어지는 달리기와 패스

ⓐ **속공의 스타트**: 아웃 레트 패스의 원칙(그림3)은 리바운드 볼을 획득한 쪽의 사이드 지역에 있는 플레이어에게 패스하는 것이다.
ⓑ **미들 레인에서의 연결**: 미들 레인에서 볼을 옮기는 미들맨과, 리딩 플레이어가 달린 반대의 리드 레인을 달리는 플레이어로 아웃 넘버를 만드는 것이 중요하다.
ⓒ **속공의 마무리**: 한가운데에서 잘 아웃 넘버할 수 있으면 미들맨은 양사이드의 플레이어 어느 쪽인가에게 노마크 슛을 시키는 것이 중요하다. 이 때의 이상적인 형태는 그림4와 같이 3명의 플레이어로 역삼각형을 만들어 상대의 세이프티맨을 공격하는 것이다.

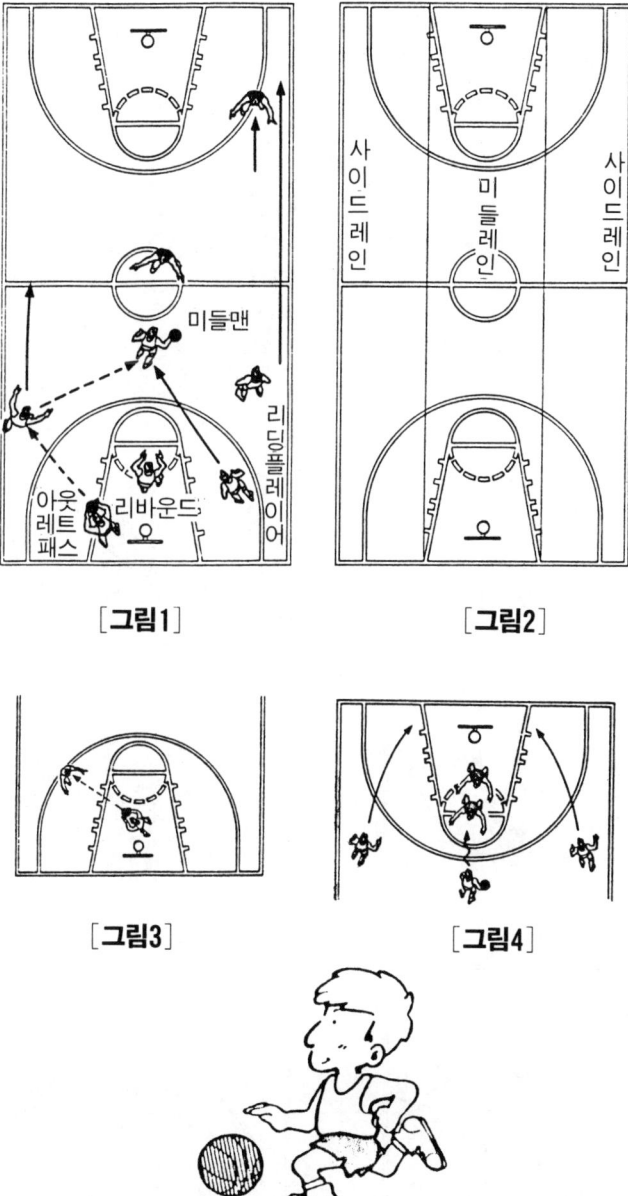

ⓒ 속공의 여러 가지 형태

ⓐ 원 맨 대시

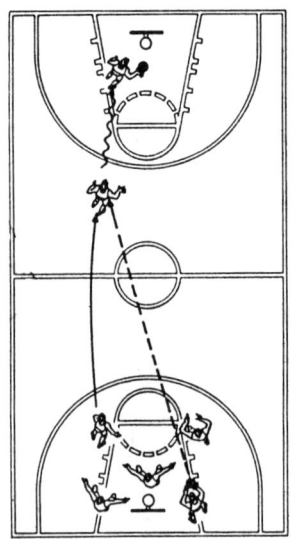

ⓑ 측선 속공

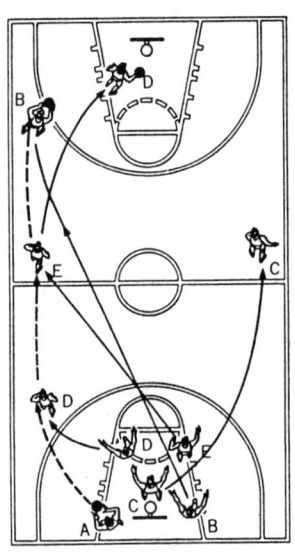

ⓒ 3레인 속공──(1)

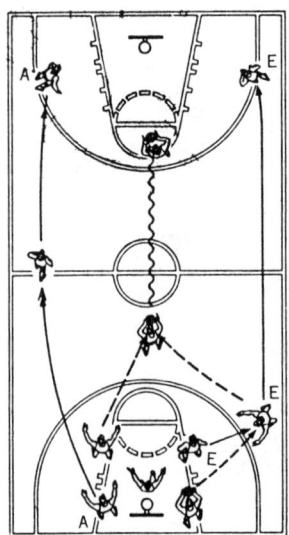

ⓓ 3레인 속공──(2)

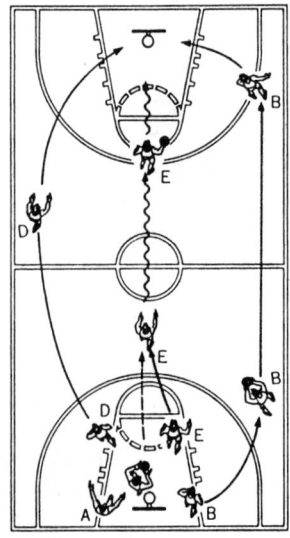

ⓔ 3레인 속공 ─(3)

㉣ **세컨드 브레이크(제2차 속공)** : 속공의 마무리 단계에서 아웃 넘버(2대 1이라든가 2대 2)의 형태를 만들 수 없었다고 해도 속공은 종료한 것이 아니다. 근대 농구에서 득점이 늘어난 이유의 하나는 세컨드 브레이크라고 하는 기술이 있다. 그림5와 같이, 패스트 브레이크로 3레인 속공을 잘 할 수 있었지만 디펜스의 귀진이 빨라, 픽업(디펜스가 오펜스를 붙잡은 상태를 말한다)해서 상대 팀과 자기 팀이 동수가 되어 버렸다. 그래서, 그림6과 같이, 또 한 사람의 오펜스가 대시해 와서, 공격에 참가하여 득점하려고 하는 것이 세컨드 브레이크(제2차 속공)이다. 이 방법은 패스트 브레이크에서의 한가운데부터 마무리 단계에서 아웃 넘버의 형태를 가져 가는 기술과 같은 사고 방식이다. 세컨드 브레이크의 미들맨의 움직임 (그림7, 그림8의 A플레이어)에는 2가지의 코스가 있다. 그림7이나

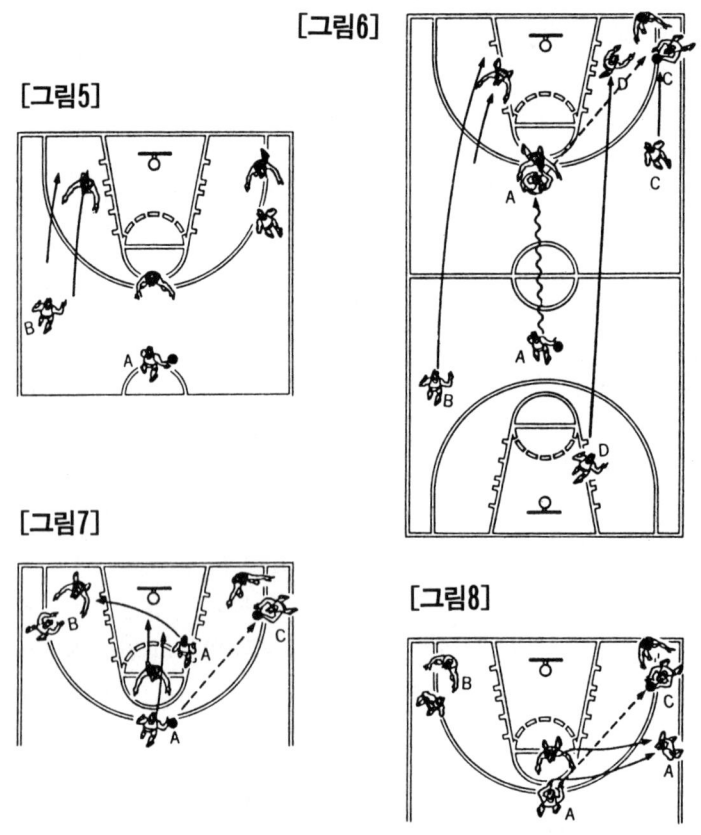

그림8이나 자기팀의 4명째의 공격 참가를 스무드하게 하기 위한 움직임이다. 자신의 마크맨을 끌어당겨 두고, 골부근을 엠프티(넓게 텅 빈 상태)로 해두는 효과가 있다. 그리고 4명째의 공격 참가자는 장신자인 경우가 많아 골 밑에서 미스매치(작은 선수가 큰 선수를 마크하고 있는 상태)가 일어나는 경우가 많아져서 득점 가능한 때가 있다. 팀내에 빨리 달릴 수 있는 센터 플레이어가 있으면 다용해야 할 기술이다.

㉤ 제3차 속공——전개 : '빨리 공격한다'고 하는 점에서는 세컨드 브레이크에서도 상대에 대한 효과는 충분하다. 그러나 더욱 진보한 단계의 팀에서는 속공과 지공(세트 오펜스)의 틈을 가능한 한 없애고 공격하려고 하는 움직임이 있다. 그것이 제3차 속공(전개)이다.

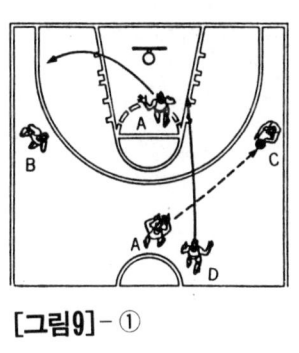

[그림9]-①

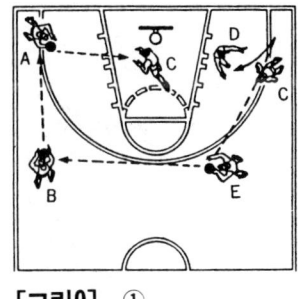

[그림9]-①

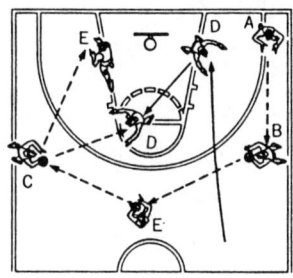

[그림10]

⑤ 점프 볼에서의 플레이

㉠ 센터 서클에서의 점프 볼의 기본형

〈플레이어의 적성〉

Ⓐ 팀 내에서 가장 장신으로 점프력이 있는 선수

Ⓑ 제2의 장신으로 점프력이 있고, 패스, 드리블이 능숙한 선수

ⓒ·ⓓ 발이 빠르고 슛의 능력이 있는 선수
ⓔ 상당한 장신으로 상대의 움직임을 읽을 수 있는 선수

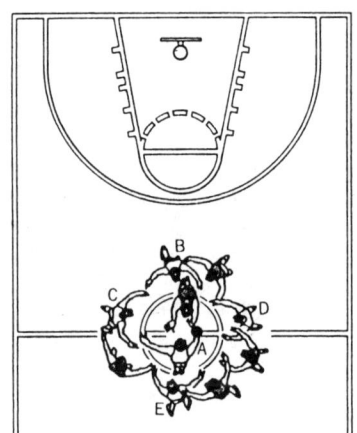

A가 오른손잡이의 경우는 B와 C사이에 탭하는 것이 좋다. B와 C가 점퍼가 탭하기 쉽도록 포지션을 잡을 것.

ⓛ 센터 점프에서의 공격법

A로부터 탭당한 볼을 B가 볼 미트해서 캐치하고, 리버스 턴 하면서 C에게 패스한다. 동시에 D는 스타트를 끊고 팔로우한다. 이 때, 상대쪽이 변화로 나오는 경우도 있으므로 각 플레이어는 상대를 간단히 이동시키지 않도록 암블록을 실시한다.

ⓒ **프런트 코트에서 상대에게 점프 볼을 이긴다고 판단했을 경우의 공격법(Ⅰ)**

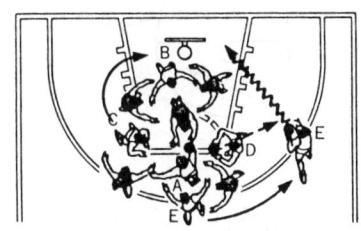

A에서 B로 탭당해서 B가 리버스 턴으로 슛을 하는 것이 이상적이다. B가 디펜스에 둘러싸여 있을 때, D에게 탭하고, 동시에 E가 D의 옆쪽으로 이동해서 B나 C에게 패스하거나 자신이 슛을 한다.

ⓔ **프런트 코트에서 상대에게 점프 볼을 이긴다고 판단했을 경우의 공격법(Ⅱ)**

E는 탭당한 볼을 캐치해서 슛을 노린다, 만일 디펜스가 오면 C에게 패스한다. C는 사이드를 가능한 한 빨리 드리블한다. A는 왼쪽 사이드로 달려 들어가서 이 마크맨에게 백스크린을 건다. C는 그것을 이용해서 슛을 한다.

㉤ 상대의 점프 볼을 노린다

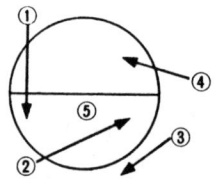

상대 센터가 확실히 탭하는 것이 예상되는 경우 ①, ②, ④는 그림과 같이 시계 방향과 반대로 로테이션을 해서 탭 당한 볼을 잡는 데에 노력한다. 이와 같이 이동하면 ③이 노마크가 되지만 오른손잡이의 센터는 오른쪽 후방으로의 탭의 확률은 거의 없고, 가령, 거기로 탭당해도 슛으로는 직접 연결되지 않는다.

❻ 아웃 오브 바운드에서의 플레이

㉠ 커텐 플레이—(1)

· 기본형

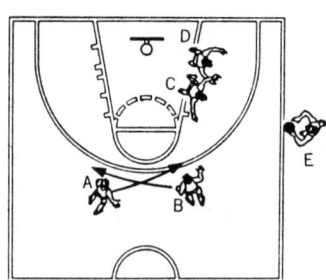

볼이 있는 쪽에 2사람의 포스트맨이 선다. 가드의 2사람은 교대하도록 움직인다.

· 로 포스트로의 패스

E에서 A에 패스를 넣고, A에서 B로 패스. C가 D의 마크맨에게 스크린을 걸고, D가 그것을 이용해서 로 포스트로. B에서 D에 패스.

· 커트 이너로의 패스

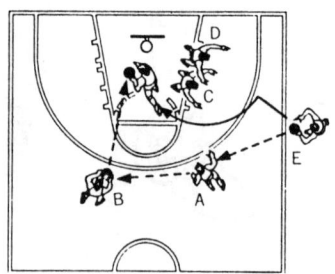

E→A→B로 패스. E는 패스와 동시에 C, D의 벽을 이용해서, 골밑으로 컷인. B에서 E에 패스

ⓛ 커텐 플레이—(2)

· 기본형

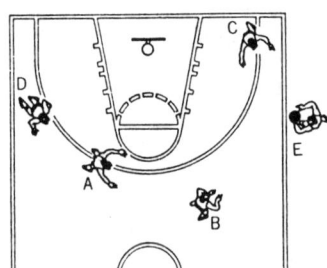

· 백스크린

A가 B의 마크맨에게 스크린. B는 그것을 이용해서 골밑으로 컷인. E는 B에 패스. D, C는 골밑으로 좁히지 않도록 크게 벌려.

· 백스크린

E→A에 패스. C는 E의 마크맨에서 스크린. E는 그것을 이용해서 골밑으로 컷인. A는 E에 패스

ⓒ 커텐 플레이—(3)

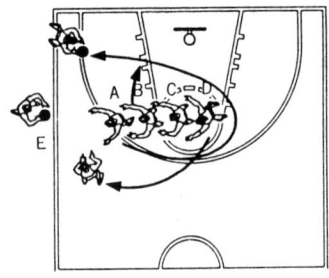

A는 코너로 가서, 볼을 받으면 3점 슛을 노린다. B는 골 밑에서 볼을 받도록 움직인다. C는 하이 포스트, D는 가드의 위리로 가서 3점 슛을 노린다.

― POINT & ADVICE ―

☞ '뭐니뭐니해도 3점 슛'

들어갈 확률이 낮은 3점 슛보다 확률이 높은 2점을 노리라고 하는 소리도 있지만, 3점 슛의 효과는 큰 것. 그것은 상대팀이 '덜컥'하는 심리적 영향, 자기팀의 '해냈다'고 하는 사기의 고양 등 3점 이상의 효과가 있기 때문이다. 찬스가 있으면 3점 슛을 적극적으로 노리자.

(4) 팀 플레이――디펜스

팀 디펜스에는 크게 나눠서 맨투맨 디펜스와 존 디펜스가 있다. 또한, 그 방어하는 범위에서 올 코트 디펜스이냐, 하프 코트 디펜스이냐로 혹은 상대에 대한 격렬함으로 프레스 디펜스이냐, 노멀 디펜스이냐로 나눠진다. 대전 상대에 따라서 어느 형의 디펜스를 취하느냐 또 어느 장면에 어떤 형의 디펜스를 조합해 나가느냐 등, 팀으로써의 디펜스의 과제가 된다. 물론, 어떤 형의 디펜스도 형성할 수 있도록 기초 체력이나 기초 기술의 습득이 필요함은 말할 필요도 없다.

① 프레스 디펜스

프레스 디펜스는 올 코트에서 혹은 하프 코트에서(보통 올 코트의 경우가 많다), 볼을 갖고 있는 상대나 볼을 받으려고 하는 상대에게 접근해서 격렬하게 디펜스해서 심리적으로 상대를 괴롭혀 공격의 리듬을 무너뜨리고, 볼을 인터셉트 하거나, 미스 플레이를 유도해서 게임을 유리하게 전개시키려고 하는 방어법이다.

㉠ 맨투맨 플레스 디펜스: 맨투맨 프레스는 공격자의 능력에 따라 마크맨을 지정할 수 있는 점, 존 프레스에 비하면 볼을 뺏을

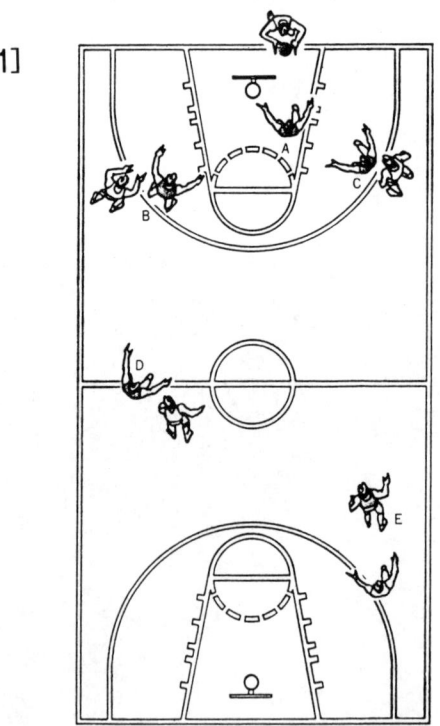

[그림1]

수 있는 가능성은 적지만, 간단히 마크를 따돌려 버릴 가능성도 적은 점에 특징이 있다.

・제1선의 프레스 : (볼을 옮겨 오는 공격자에 대한 프레스— 그림1・ⒶⒷⒸ)는 쉽게 스로 인 시키기 않도록 볼 사이드를 오버 플레이한다. 또한, 볼 운반을 위해서 가능한 한 많은 패스나 드리블을 사용시킨다. 공격자가 1대 1의 드리블로 볼을 진행시키려고 할 때는 드리블 체크에 노력하고, 특히 사이드 라인을 따라서 놓치지 않도록 한다.

[그림2]

[그림3]

[그림4]

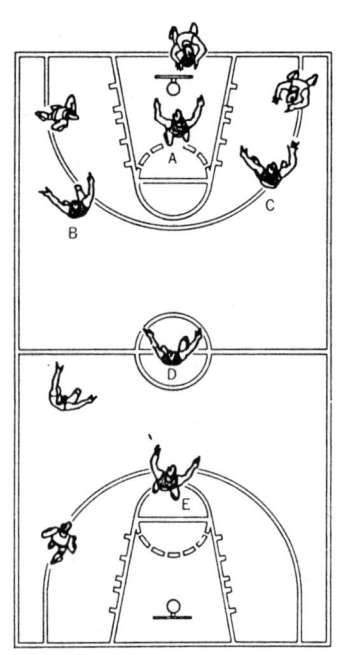

・제2선의 프레스: (그 외의 공격자에 대한 프레스——ⒹⒺ)는 마크하고 있는 상대 앞에 위치해서, 제1선 프레스의 머리 너머 패스의 인터셉트를 노린다(그림2). 또한, 제1선이 드리블로 놓친 경우는 재빨리 커버로 가서 로테이션을 한다(그림3).

ⓛ 존 프레스 디펜스: 맨투맨 프레스보다도 보다 많은 핀치 플레이(볼 소지에 대해 2명의 방어자로 '협공'으로 한다)의 찬스를 만들어 적극적으로 패스의 인터셉트를 노리는 데에 특징이 있다. 존 프레스에서는 제1선(그림4의 A, B, C)에 발이 빠른 플레이어를 배치하고, 제2선(D)에 패스의 인터셉트가 능숙한 플레이어를 배치

[그림5] [그림6]

한다. 특히 D는 이 존 프레스의 키맨으로 재치가 있고, 상황 읽기가 빠른 플레이어를 배치하기 바란다. 이 3—1—1형의 프레스의 움직임은 제1선의 방어 플레이어 중 A가 '볼을 쫓아가는 플레이어'가 되고, B C가 '움직임을 멈추는 플레이어'가 된다. 이것은 A가 볼을 쫓아가서 사이드로 이동시키고, B 혹은 C의 두사람으로 볼 소지자를 핀치하려 하는 목적이다(그림5). 그리고, 거기에서 나오는 패스의 인터셉트는 그림6과 같이, 또 한명의 제1선 플레이어와 제2선 플레이어 D로 노린다. 또한 제3선 플레이어 E는 머리너머의 롱패스의 인터셉트를 노린다.

② 맨투맨 디펜스(노멀 디펜스)

이 디펜스는 원칙적으로 5명이 각각 자신의 마크를 정하고, 책임을 갖고 그 상대를 마크하는 방어법이지만, 최근에는 스크린 플레이 등의 공격법의 발달과 병행해서 자신의 상대를 마크하면서 어떻게 협력해 방어하느냐가 과제가 되고 있다. 따라서, 맨투맨 디펜스를 강화하기 위해서는 개인의 방어력을 강화함과 함께 협력해서 방어하는 기술(스위치, 헬프, 셧 더 케이트 등)이나, 소리로 서로 연락해서 협력해 방어하는 태도·습관을 몸에 익히는 것이 중요하다.

㉠ 맨투맨 디펜스(노멀 디펜스)에서의 협력 방법(그림1)

· 1사람째의 디펜스 A는 볼 소지자에 대한 디펜스. 상대에게 쉽게 슛을 시키지 않는다. 드리블로 간단히 컷인 당하지 않도록 전력으로 방어한다.

· 2사람째의 디펜스 B, C는 볼 소지자의 옆에 있는 사람에 대한 혹은 다음에 볼을 받으려고 하는 사람에 대한 디펜스, 1사람째의 디펜스의 헬프와 자신의 상대에게 쉽게 볼을 갖게 하지 않도록 방어한다.

· 3명째의 디펜스 D, E는 그 이외의 공격자를 마크하는 디펜스로 특히 포스트로의 뛰어 들기에 유의해서 코스 체크를 한다. 이 디펜스는 자신의 마크맨을 놓쳐서는 안 되지만, 그 상대를 방어한다고 하기 보다, 골밑으로의 패스나, 컷인해 오는 플레이어에 대한 체크에 유의해야 한다.

㉡ 맨투맨 디펜스에서 특히 주의할 점

· 디펜스는 한사람이라도, 한시도 마음을 놓아서는 안 된다.

[그림1]

[그림2]

[그림3]

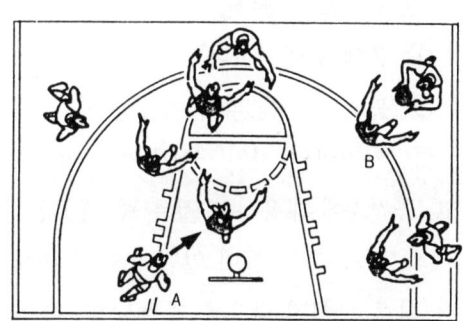

마음을 놓은 쪽이 당한다.
　· 커뮤니케이션(소리의 연락)이 중요.
　A는 '볼'이라고 소리를 지른다.
　B는 '헬프'
　D는 '스크린'('백스크린')이라고 C에게 연락한다.
　E는 '포스트에 들어간다'고 전달한다(그림2).
　· 포스트나 골밑으로 들어오는 플레이어에 대해 타이밍을 놓치는 노력을 한다. 타이밍을 놓친다란, A의 오펜스 플레이어가 포스트로 들어갈 때, 그 마크맨이, 그 코스 앞으로 나가 체크한다. 또한, B도 포스트로의 패스 발점을 눌러서, 패스의 타이밍을 늦춘다(그림3).

③ 존 디펜스

　존 디펜스는 지역 방어법이라고도 불려서 종래는 1대 1이 약하다고 해서, 5명의 방어자가 각각 방어 지역을 분담해서, 각각 각자의 지역을 방어한다고 하는 소극적인 것이었다. 그러나 최근에는 5명의 방어자가 볼의 움직임에 대해, 자신의 방어 지역에 구애되지 않고, 적극적으로 볼을 추적하는 방어법으로 되어 있다.
　〈존 디펜스의 원칙〉
　① '볼에 플레이한다'
　② '볼의 이동을 따라 이동한다'
　③ '자기팀의 지원', '상대의 교환' 볼에 대응하는 것이 주(主)고, 공격자에 대응하는 것은 종(從)이 된다.
　④ '존의 수축' 볼이 일단 방어진 내에 들어오면, 재빨리 수축해서, 볼을 방어진 밖으로 패스시키도록 노력해야 한다.

⑤ '핀치 대책, 로테이션이 쉽다' 만일, 어딘가에 슛 당할 위험이 생겼을 때에는 자신이 분담하는 존을 지킨다고 하는 것은 의미가 없다. 그곳을 버리고, 핀치 지역의 방어에 전력을 다해야 한다.
⑥ '역습 겨냥' 디펜스의 주의 집중은 볼에 있기 때문에 항상 패스의 인터셉트를 노려야만 한다.

㉠ 2—3 존 디펜스: 2—3 존 디펜스는 습득하는데 비교적 쉽고, 리바운드 볼이나 볼 밑의 근거리 슛에 강한 반면, 톱이나 45도의 위치 등의 바깥쪽으로부터의 슛에는 약한 디펜스 ◯ 는 약점이 되는 지역)이 변형으로써 '2—1—2'의 존이 있다.

㉡ 3—2 존 디펜스: 3—2 존 디펜스는 속공을 내는데 유리한 진형(陣型)으로 바깥쪽으로부터의 슛에는 강하지만, 포스트 부근이나 양코너로부터 공격당하면 약한 디펜스 ◯ 는 약점이 되는 지역). 이 변형으로써 '1—2—2'의 존이 있다.

ⓒ **1—3—1 존 디펜스**: 1—3—1 존 디펜스는 매우 수세적인 방어법('1—1—3'의 배치로 한다)으로 할 수도 있지만, 공격적인 방어법('3—1—1')로 할 수도 있다. 결점은 볼의 이동에 대해, 방어자 전원이 대처하기 어렵고, 이동해야 하는 거리에 차이가 생겨서 진형이 언밸런스가 되기 쉬운 점 등이다. 단, 속공은 전개하기 쉽다 ◯는 약점이 되는 지역).

④ 특수한 존 디펜스
㉠ '박스 앤드 원' 존 디펜스

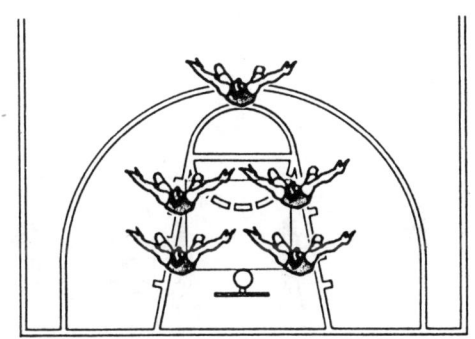

㉡ '다이아몬드 앤드 원' 존 디펜스

이 디펜스들은 4명이 존을 형성하고, 다른 한명은 볼 소지자를 쫓아다니거나 키 포인트가 되는 공격자를 맨투맨으로 마크하는 방법이다. 득점력이 있는 특정 공격자를 마크하기 위해서는 효과적이지만, 4명이 형성하는 존이 작아져서 외부로부터의 슛이나 다른 공격자에 대한 디펜스력은 약해진다고 하는 결점도 있다.

⑤ 존 디펜스를 위한 연습

㉠ **대시 앤드 백** : 공격자의 패스를 하는데 맞춰서 방어자 2명은 볼이 공중에 있는 사이에 대시하고, 백하는 연습법이다. 볼 소지자에게는 타이트하게 붙고, 다른 1명은 자신의 마크맨과 볼이 보이는 위치까지 재빨리 백한다.

㉡ **디펜스 포지션의 요령 습득을 위한 연습** : 5명의 공격자는 비어 있는 사람에게 가능한 한 재빨리 패스한다. 이 패스의 이동에 따라서, 볼이 공중에 있는 동안에 4명의 방어자는 각각의 포지션을 잡는다.

제 5 장
룰과 심판법

■농구가 최초로 이루어진 무렵의 룰은 13조였다!

① 볼은 축구공을 사용하고, 볼은 한손 혹은 양손으로, 어느 방향으로 패스해도 좋다.

② 볼은 한손 혹은 양손으로, 어느 방향으로 쳐도 좋다. 단, 주먹으로 치는 것은 금지한다.

③ 플레이어는 볼을 갖고 달릴 수 없다. 또한, 볼을 캐치한 지점부터 패스를 해야 한다. 상당한 스피드로 달리고 있을 때에 볼을 캐치했을 경우는 만일 스톱하려고 노력하고 있다면, 1보 2보는 허용되는 경우도 있다.

④ 볼은 양손으로 가져야만 한다. 양팔이나 몸을 이용해서는 안 된다.

⑤ 어떤 방법이든 상대를 찌르거나, 잡거나, 밀거나, 발을 걸거나, 때리거나 하는 것은 허용되지 않는다. 이 규칙의 제1회째의

위반은 1개의 파울로 한다. 2회 위반을 범했을 경우는 다음 골이 성공할 때까지 퇴장으로 한다. 만일, 고의로 상대를 다치게 하려고 하는 플레이라고 간주되었을 경우는 게임 종료후까지 퇴장으로 한다.

⑥ 제2, 3, 4, 5조에서 서술한 사항을 1회 위반할 때마다 1개의 파울로 한다.

⑦ 양팀의 어느 쪽인가가 연속해서 3개의 파울을 범하면, 그 상대팀에게 1골을 준다(연속이란 그 사이에 상대팀이 하나도 파울을 하지 않는다고 하는 것이다).

⑧ 볼이 던져지거나 혹은 쳐져서 슛이 되어 바스켓 안에 들어가면 골 성공이다. 만일 볼이 바스켓 가장자리에 머물거나 또는 슛을 했을 때에 상대가 바스켓을 움직이거나 했을 경우도 골 성공으로 간주된다.

⑨ 볼이 코트 밖으로 나갔을 경우는 최초로 코트 밖의 볼을 가진 플레이어가 코트 안에 스로 인한다. 그 때, 스로어는 5초간만 상대팀으로부터 방해 받지 않고 볼을 가질 수 있다. 만일, 어느 쪽 팀의 볼이 될지 판정이 되지 않을 때는 부심이 거기에서 똑바로 던져 넣는다. 스로 인 때에 5초 간을 넘으면, 볼은 상대쪽에게 주어진다. 만일, 스로 인 때 어느 쪽인가의 팀이 게임을 지연시키려고 했을 경우는 부심은 그 팀에게 파울을 선고한다.

⑩ 부심은 플레이어를 심판하고, 파울을 기록하고, 연속 3회의 파울이 있었을 경우는 주심에게 이것을 알린다. 주심은 제5조에 의해 플레이어를 실격시키는 권한을 갖는다.

⑪ 주심은 볼 플레이를 판정하고, 언제 볼이 인 플레이가 되는

지, 인 바운드가 되는지, 어느 쪽의 팀에게 주어지는지 등을 결정하고, 경기 시간을 계측한다. 또한, 골 성공을 확인하고, 그 수도 센다. 이 외에, 다른 게임에서 주심이 보통하고 있는 것 같은 임무도 맡는다.

⑫ 경기 시간은 15분 하프로 하고, 중간에 5분간의 하프 타임을 둔다.

⑬ 골 성공이 많았던 쪽의 팀이 승자가 된다. 만일, 동점의 경우는 주장의 동의하에 다음 골이 성공할 때까지 게임을 계속한다.

1. 경기 규칙

(1) 경기 시간

① 일반·대학·고교는 모두, 하프 타임 10분을 끼운 전후반 각 20분이다.

② 동점의 경우는 2분간의 휴식후, 1회 5분의 연장 시한을 필요한 횟수만큼 실시한다. 다음은 연장마다 바스켓을 교환한다.

	전반	하프 타임	후반	연장 시간			
				타임 아웃	제1 연장	타임 아웃	제2연장 이 상
고교생 이상	20분	10분	20분	2분	5분	2분	5분 승부가 날 때까지
중학생	15분	10분	15분	2분	3분	2분	3분 승부가 날 때까지

(2) 경기 인원수 및 코치

① 1팀 경기할 수 있는 인원수는 12명이다.

② 팀중은 양팀 5명씩의 플레이어(그 중 1사람을 주장)가 플레이한다.

③ 플레이어는 규칙에 따라서 교대할 수 있다.

④ 교체 선수는 7명까지로 둘 수 있다.

⑤ 경기자 이외에 코치 1명을 둔다(어시스턴트 코치 1명을 둘 수 있다).

(3) 게임의 개시

① 게임은 센터 서클에서 주심의 토스업으로 시작된다. 후반, 각 연장 시간도 같다.

② 양팀은 후반 바스켓을 교환한다.

③ 게임전은 양팀 모두 5명의 플레이어가 모여 있어야 한다.

④ 개시 예정 시각부터 15분 지나도 준비가 되지 않는 팀은 게임을 몰수당해서 상대팀의 승리로 한다.

토스업

(4) 점프 볼

① 볼을 탭하는 양팀의 점퍼는 각각 자신의 골대쪽의 반원안에 서서, 한쪽 다리는 2사람 사이의 라인 중앙 가까이에 둔다.

② 심판에 의해 토스업 당한 볼이, 최고점에 달한 후, 탭당함으로써 게임이 시작된다.

③ 볼이 어느 쪽의 점퍼에게도 탭당하지 않고 마루에 닿았을 때는 같은 조건에서 다시 한다.

④ 점퍼는 볼이 최고점에 이르기 전에 탭해서는 안 된다. 볼이 탭당하기 전에 점프의 위치를 떠나서는 안 된다.

⑤ 어느 쪽의 점퍼도 볼을 2회까지밖에 탭할 수 없다. 2회째의 탭을 한 후는 볼이 점퍼 이외 8명의 플레이어나, 마루, 백 보드의 어느 것인가에 닿을 때까지는 볼을 만져서는 안 된다.

⑥ 점퍼 이외의 8명의 플레이어는 볼이 탭당할 때까지, 서클 밖에 있어야 한다.

⑦ 1팀 2명의 플레이어가 서클 주위에 서로 이웃해서 위치했을 때는 상대팀의 희망이 있으면 한쪽의 위치는 양보해야 한다.

상대의 요망이 있으면, 서클 주위에 서는 플레이어는 교대로 들어가야 한다.

⑧ 점프 볼의 바이얼레이션은 즉시 벌칙을 받는다.

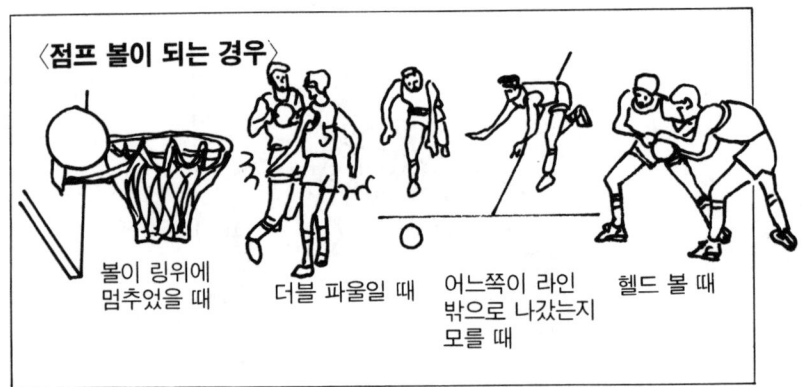

〈점프 볼이 되는 경우〉
볼이 링위에 멈추었을 때 / 더블 파울일 때 / 어느쪽이 라인 밖으로 나갔는지 모를 때 / 헬드 볼 때

(5) 골과 점수

골이란 어라이브의 볼이 위에서 바스켓 안에 들어가서 멈추거나 통과한 것을 말한다.

- 스리 포인트 라인 안쪽에서의 슛에 의한 골 ················ 2점
- 스리 포인트 에어리어에서의 슛에 의한 골 ················ 3점
- 스리 스로에 의한 골 ···································· 1점

① 프리 스로

원 스로	성공·실패——없음
원 앤드 원 스로	성공——원 스로 실패——없음
2스로	성공·실패——원 스로
3스로	1투째·성공·실패에 관계없이 3개 칠 수 있다.

- 볼이 우연히 밑에서 바스켓으로 들어갔을 때는 볼은 데드가 되고, 가까운 서클에서 점프 볼에 의해 재개된다.

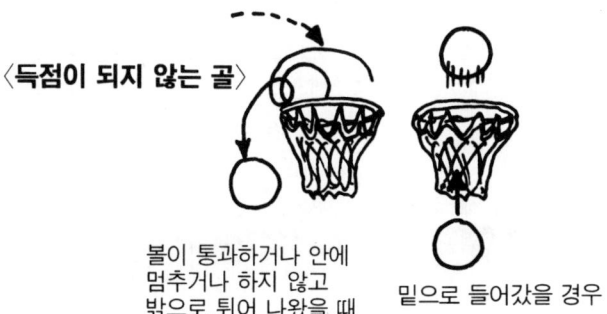

〈득점이 되지 않는 골〉

볼이 통과하거나 안에 멈추거나 하지 않고 밖으로 튀어 나왔을 때

밑으로 들어갔을 경우

② 필드 골
• 플레이어가 고의로 볼을 밑에서 바스켓에 넣었을 때는 바이얼레이션이다.

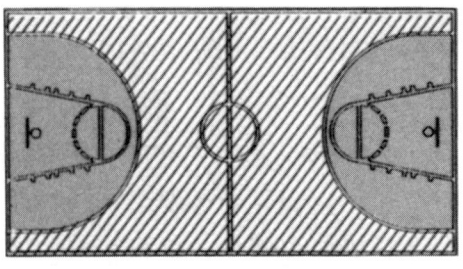

▓ 2점
▨ 3점
(라인을 밟으면 2점)

(6) 바스켓 인터페어

바스켓 인터페어란 슛, 프리 스로에서 볼이 최고점에 이르렀다 떨어지기 시작하고 나서 볼이 링보다 위에 있을 때, 링을 타고 있을 때, 바스켓 속에 있을 때에, 그 볼 바스켓 백 보드에 닿았느냐 어떠냐에 따른 것에 대한 규정이다.

볼의 상태	디 펜 스	오 펜 스
슛 최고점에 달하기 전	• 볼을 만질 수 있다.	• 볼을 만질 수 있다.

슛 최고점부터 링에서 위까지		• 링에 닿을 때까지 볼을 만질 수 없다. • 링에 닿지 않은 사실이 분명해지면 볼을 만질 수 있다. ※ 패스의 볼은 관계없다.	• 링에 닿을 때까지 볼을 만질 수 없다. ※ 패스의 볼을 포함한다.
슛 링위		• 볼을 만질 수 있다. • 바스켓, 백 보드에 닿을 수 없다.	• 볼을 만질 수 있다. • 바스켓, 백 보드를 만질 수 없다.
바스켓의 안		• 백 보드를 만질 수 있다. • 볼, 바스켓을 만질 수 없다.	• 볼, 바스켓, 백 보드를 만질 수 있다. ※ 제한 없음
프리 스로 볼이 공중에 있다. 볼이 링 위에 있다. 볼이 바스켓안에 있다.		• 볼, 바스켓, 백 보드를 만질 수 없다.	• 볼, 바스켓, 백 보드를 만질 수 없다. • 볼, 바스켓을 만질 수 있다.

〈인터페어의 예〉

① 상대가 슛을 해서 최고점에 이른 후 만져서는 안 된다.

② 링위에 볼이 있을 때 양팀 모두 백 보드, 바스켓을 만져서는 안 된다.

(7) 골 후의 스로 인

① 필드 골, 최후의 프리 스로가 성공한 후는 득점당한 팀의 플레이어가 바스켓 후방의 엔드 라인의 임의의 장소에서 스로 인을 한다. 단, 스로 인이 끝날 때까지 5초를 넘어서는 안 된다.

② 상대 팀의 플레이어가 게임의 진행을 지연시키려고 볼을 만지거나 했을 경우에는 테크니컬 파울이다.

③ 인텐셔널 파울 디스퀄러파잉 파울 플레이어 이외의 테크니컬 파울에 대한 프리 스로 후는 슛의 성부에 관계없이 슈터측 팀의 플레이어가 센터 라인의 아웃에서 스로 인한다.

(8) 게임의 승패와 몰수

게임의 승패는 경기 시간 내의 득점이 많은 팀을 승자로 한다. 게임의 몰수는 다음과 같은 경우에 이루어진다.

① 주심이 권했는데 계속 플레이하기를 거부했을 경우
② 게임중 1팀의 플레이어수가 1사람이 되었을 경우

몰수 우승이 된 팀의 그때까지의 득점이 많으면, 몰수시의 득점이 그 게임의 득점이 된다. 그렇지 않은 경우는 2대 0으로 한다.

(9) 동점과 연장

후반이 끝났을 때에 양팀의 득점이 같으면, 1회 5분의 연장시한을 필요한 횟수만큼 실시한다.

① 제1연장 시한 전에 양팀은 다시 공격할 바스켓을 정한다. 다음은 연장마다 바스켓을 교환한다.
② 각 연장 시한 전에 2분의 타임 아웃을 둔다.
③ 각 연장 시한 처음에는 볼은 센터 서클에서 점프 볼에 의해 개시된다.

(10) 경기 시간의 끝

각 시한은 경기 시간의 마지막을 나타내는 타이머의 신호로 끝난다.

① 파울이 시한의 끝과 거의 동시에 일어났을 때, 프리 스로가 있는 경우는 즉시 실시하고 끝난다.
② 슛의 볼이 공중에 있는 동안에 종료의 신호가 있었을 때, 슛이 성공하면 득점은 인정된다.

(11) 시계의 규정
① 게임 워치

각 하프, 각 연장 시한 처음에 볼이 점퍼에게 탭당했을 때, 게임 워치를 움직여서, 각 시한의 마지막에 멈춘다. 게임 워치와 볼의 상태와의 관계는 다음과 같이 된다.

		볼 의 상 태	게임 워치	C.T.O, 교대
인플레이	점 프	심판이 써클에 들어갔을 때	멈춰 있다 (타임 아웃)	불인정
	프리 스로	심판이 프리 스로 레인에 들어갔을 때	멈춰 있다 (타임 아웃)	불인정
	아웃에서의 스로 인	심판이 스로 인하는 플레이어에게 볼을 주었을 때	멈춰 있다 (타임 아웃)	불인정
어라이브	점 프	볼이 최고점에 이르고 나서 점퍼에게 탭당했을 때	움직이기 시작한다 (타임 인)	불인정
	프리 스로	볼이 슈터에게 건네졌을 때	멈춰 있다 (타임 아웃)	불인정
	아웃에서의 스로 인	볼이 코트 안의 플레이어에게 닿았을 때	움직이기 시작한다 (타임 인)	불인정
데드	숏	골이 이루어졌을 때	움직이고 있다, 멈추지 않는다(C.T.O가 인정되었을 때는 즉시 멈춘다).	상대의 골이 이루어졌을 때. 청구하고 있으면 C.T.O만 인정된다.
	프리 스로	골이 이루어졌을 때	멈춰 있다 (타임 아웃)	불인정. 최후의 프리 스로가 성공했을 때, 슈터만 교대 인정된다.
		● 플레이어 이외의 테크니컬 파울 및 파울 특별한 경우	멈춰 있다 (타임 아웃)	불인정

기 타	• 나중에 프리 스로가 계속되는 경우 • 바이얼레이션이 일어났을 때 • 볼이 인플레이 또는 어라이브로 파울이 일어났을 때 • 헬드 볼이 일어났을 때 • 볼이 바스켓의 기둥에 얹혔을 때 • 심판의 호루라기가 울렸을 때 • 30초 타이머의 신호가 있었을 때		C.T.O 인정된다. 파울, 헬드 볼 때 양팀에 교대 인정된다. 바이얼레이션, 30초 신호 때 볼이 주어지는 팀에게 교대 인정된다. 그 교대가 있으면 다른 팀에게도 인정된다.

※C.T.O(Charged Time Out)──차지드 타임 아웃

❷ 타임 아웃

㉠ 심판이 바이얼레이션, 파울, 헬드 볼, 플레이를 중단했을 때, 30초의 신호가 있었을 때

㉡ 차지드 타임 아웃을 청구하고 있는 팀의 상대 팀이 필드 골로 득점했을 때

❸ 차지드 타임 아웃

㉠ 타임 아웃을 청구할 수 있는 것은 코치 또는 어시스턴트 코치이다.

㉡ 볼이 데드로 게임 워치가 멈춰져 있는 동안에 주어진다.

㉢ 1분마다 1회의 타임 아웃이 기록된다.

㉣ 1팀은 각 하프에 2회씩, 각 연장시에 1회씩 청구할 수 있다.

㉮ 사용하지 않았던 타임 아웃은 미룰 수 없다.
　다음의 경우는 청구하지 않아도 타임 아웃이 된다.
　㉠ 정당한 이유가 없는데 교대에 시간이 너무 걸렸을 때.
　㉡ 실격 또는 5회의 파울을 범한 플레이어의 교대가 1분을 넘었을 때.
　㉢ 부상한 플레이어가 플레이에 참가할 수 없음을 안 후, 재빨리 교대하지 않았을 때.

④ 타임 인
　타이머는 다음 순간에 게임 워치를 움직인다.
　㉠ 점프에서 어라이브가 되는 경우는 토스업된 볼이 최고점에 이르고 나서 비로소 점퍼에게 탭당했을 때
　㉡ 프리 스로가 실패로 볼이 계속해서 어라이브가 되는 경우는 볼이 코트 안의 플레이어에게 닿았을 때
　㉢ 아웃에서의 스로 인에서 어라이브가 되는 경우는 볼이 코트 내의 플레이어에게 닿았을 때

(12) 교　대
　① 교대는 다음 경우때 어느 쪽의 팀이나 허용된다. 헬드 볼, 파울, 차지드 타임 아웃, 심판 플레이를 중단했을 때.
　② 바이얼레이션후는 아웃에서의 스로 인을 하는 팀만이 교대가 허용된다. 이 교대가 있었을 때에 한해서 상대 팀도 교대를 할 수 있다.
　③ 프리 스로 때는 플레이어 파울의 마지막 프리 스로가 들어간 후, 슈터에 한해서 교대가 허용된다. 그 신청은 처음에 해 둔다.

④ 점퍼는 교대가 허용되지 않는다.

(13) 플레이어의 위치
플레이어의 위치는 그 플레이어가 닿아 있는 마루에 의해 정해진다. 뛰어서 공중에 있을 때는 뛰기 직전에 닿고 있던 마루에 있는 것으로 간주된다.

(14) 볼의 취급법
① 볼은 손으로 만져야 한다.
② 볼을 들고 달리는 것, 볼을 차는 것, 발로 멈추는 것, 주먹으로 치는 행위를 해서는 안 된다.

발로 볼을 차지 않는다

볼을 주먹으로 때리지 않는다

(15) 아웃 오브 바운드(아웃이라고 줄인다)

다음의 경우 플레이어 또는 볼이 아웃이 된다.

① 플레이어가 경계선 위 또는 경계선 밖의 마루에 닿았을 때

② 볼이 아웃의 플레이어에게 닿았을 때

③ 볼이 경계선 위 또는 경계선 밖의 플레이어 이외의 사람, 마루 그 밖의 것에 닿았을 때

④ 볼이 백 보드의 기둥 또는 뒤에 닿았을 때

(16) 드리블

볼을 갖고 있는 플레이어가 던지거나, 치거나, 밀거나 해서 볼을 마루에 튀게 하고, 또는 굴리거나 해서, 다른 플레이어가 만지기 전에 다시 한번 볼을 만졌을 경우는 드리블을 한 것이 된다.

① 드리블중은 한번 볼에 닿을 때마다 볼은 마루에 닿아야 한다.

② 손이 볼에 닿고 있지 않을 때에는 드리블러는 몇 걸음 나아가도 좋다.

③ 드리블의 마지막은 드리블러의 양손이 동시에 볼에 닿았을 때, 드리블러가 한손 또는 양손으로 볼을 받들었을 때이다. 단, 드리

블의 마지막에 펌블을 했을 경우, 그 볼을 다시 줍는 것은 바이얼레이션이 아니다.

(17) 프로그레싱 위드 더 볼

볼을 가진 플레이어가 규정의 범위를 넘어서 행동하는 것은 바이얼레이션(트래블링)이다.

이 범위를 넘어서 플레이했을 경우는 트래블링이다.

볼을 받는 상태		분류	피 벗	드 리 블
어느쪽으로도 나아가지 않고	양발을 붙인채 양발로 내린다.	①	어느쪽의 다리를 피벗 풋으로써 피벗 해도 좋다.	• 피벗했을 때, 피벗 풋이 마루를 떠나기 전에 볼을 손에서 떼어야 한다. • 피벗하지 않을 때, 점프하기 전에 볼을 손에서 떼어야 한다.
	한발을 붙인 채 한발로 내린다.	②	제1의 다리를 피벗 풋으로써만 피벗 풋 해도 좋다(제1의 다리를 마루에 붙인 채 제2의 다리를 마루에 내리는 것은 피벗이다).	
진행하면서	양다리 동시에 붙인다.	③	①과 동일	
	걸으면서			
	한다리(제1의 다리)로 내려서 스톱	④	②와 동일	

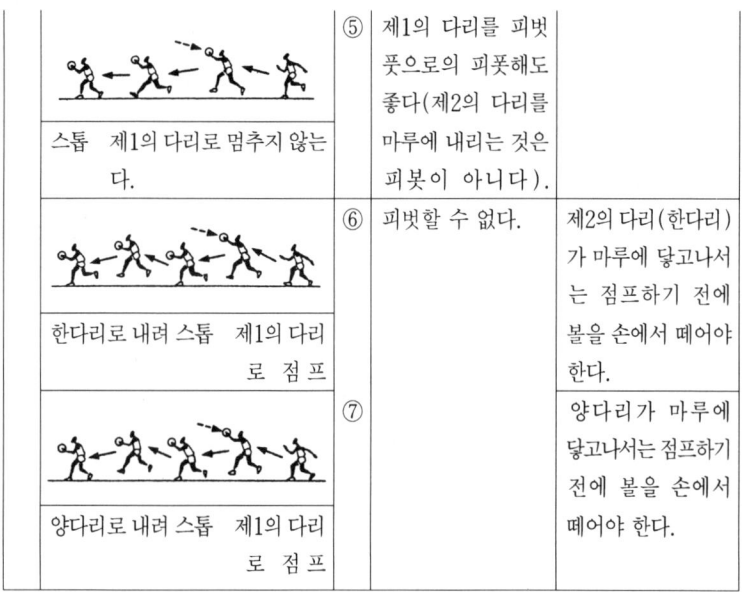

	⑤	제1의 다리를 피벗 풋으로의 피봇해도 좋다(제2의 다리를 마루에 내리는 것은 피봇이 아니다).	
스톱 제1의 다리로 멈추지 않는다.			
한다리로 내려 스톱 제1의 다리로 점프	⑥	피벗할 수 없다.	제2의 다리(한다리)가 마루에 닿고나서는 점프하기 전에 볼을 손에서 떼어야 한다.
양다리로 내려 스톱 제1의 다리로 점프	⑦		양다리가 마루에 닿고나서는 점프하기 전에 볼을 손에서 떼어야 한다.

(18) 헬드 볼

① 양팀의 플레이어가 볼에 한손 또는 양손을 단단히 얹었을 때 헬드 볼이 선고된다.

② 방어측 플레이어의 손이 얹혀 있을 뿐으로는 성립하지 않는다.

③ 헬드 볼이 되었을 때는 가까운 서클에서 그 두사람의 플레이어에 의해 점프 볼이 된다.

④ 가까운 서클이 정하기 어려울 때는 센터 서클에서의 점프로 한다.

⑤ 3명 이상의 플레이어가 한손 또는 양손을 단단히 얹고 있었을 때는 그중에서 신장이 비슷한 양팀의 플레이어가 점프를 한다.

(19) 헬드 볼이 되는 특별한 경우

① 양팀의 플레이어가 동시에 마지막으로 만지고 볼이 아웃이 되었을 때, 아웃되기 전에 누가 마지막으로 만졌는지 잘 모를 때, 양심판의 판정이 달랐을 때는 볼이 아웃이 된 장소에 가까운 서클에서 그 2명의 플레이어의 점프로 한다.

② 볼이 바스켓의 기둥에 얹혔을 때

(20) 오버 타임의 바이얼레이션
① 3초 룰

㉠ 볼을 갖고 있는 팀의 플레이어는 상대의 바스켓에 가까운 제한 구역내에 3초를 넘게 머물러서는 안 된다.

㉡ 아웃으로부터의 스로 인 때도 적용되어 3초는 스로 인하는 플레이어에게 볼이 주어졌을 때부터 세어진다.

㉢ 제한 구역을 구획하고 있는 선의 일부에 닿는 플레이어는 제한 구역 내에 있는 것으로 간주된다.

㉣ 슛의 볼이 공중에 있을 때, 그 볼이 되튀겨 올 때, 볼이 데드일 때는 어느쪽의 볼도 아니므로 3초 룰은 적용되지 않는다.

② 5초 룰

볼을 갖고 있는 플레이어가 상대에게 접근해서 방어당하고 패스를 한다, 슛을 한다, 굴린다, 드리블을 하는 등의 어느 것도 하지 않고 5초를 넘었을 때는 바이얼레이션이 된다.

③ 10초 룰

㉠ 백 코트 내에서 어라이브의 볼을 가진 팀은 갖고 나서 10초 이내에 볼을 프런트 코트로 보내야 한다.

ⓛ 프런트 코트로 보낸다란 볼이 프런트 코트의 마루에 닿거나, 프런트 코트에 있는 그 팀이 플레이어에게 닿는 것을 말한다.

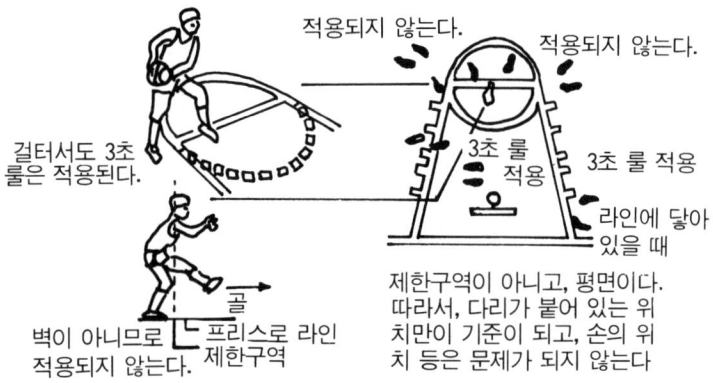

④ 30초 룰

㉠ 코트 내에서 어라이브 볼을 가진 팀은 30초 이내에 슛을 해야 한다.

㉡ 다음의 경우는 30초계를 일시 정지하고, 새로운 30초는 재지 않고, 나머지 시간을 잰다.

· 볼이 아웃이 되어 그때까지 볼을 갖고 있던 팀이 스로인을 하고 다시 코트 내에서 볼을 가졌을 때.

· 볼을 갖고 있는 팀의 부상자를 보호하기 위해서 심판이 게임 중단을 명령하고, 그 팀이 스로 인을 해서 다시 코트 내에서 볼을 가졌을 때.

㉢ 상기 이외의 경우는 다시 30초를 잰다.

(예) 방어측 플레이어가 볼을 차거나, 주먹으로 치거나 해서

볼을 갖고 있던 팀의 스로 인이 될 때. 파울후, 같은 팀의 스로 인으로 재개될 때

(21) 백패스 룰

프런트 코트에서 볼을 가진 팀은 그 볼을 백 코트로 되돌릴 수 없다. 팀이 볼을 백 코트로 되돌린다란 팀이 가진 볼이 프런트 코트에서 그 팀의 플레이어에게 마지막으로 닿고, 백 코트에 있는 같은 팀 플레이어에게 최초로 닿든가, 백 코트에 닿은 후에 같은 팀 플레이어(프런트 코트에 있는 플레이어라도)에 최초로 닿는 것을 말한다.

〈센터 점프의 볼〉

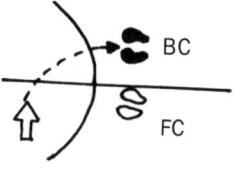

백패스가 되지 않는다. 탭당한 볼을 프런트 코트에 있다가 공중에서 볼을 잡아 백코트에 내렸다.

백패스가 되지 않는다. 프런트 코트에 있는 플레이어에 닿고, 백 코트의 플레이어가 볼을 잡았다.

탭해서 닿을 뿐으로 백 코트에 있는 사람이 닿는다.

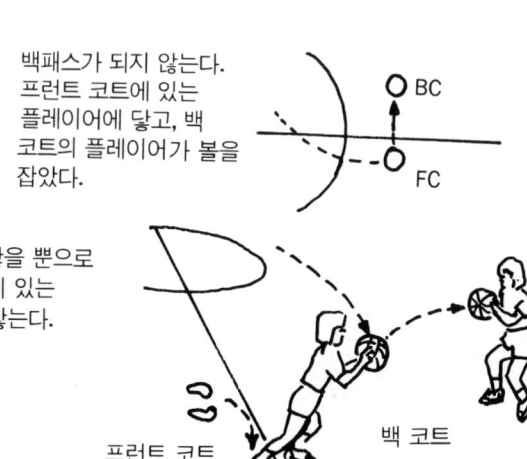

프런트 코트   백 코트

〈프런트 코트에서의 점프 볼〉

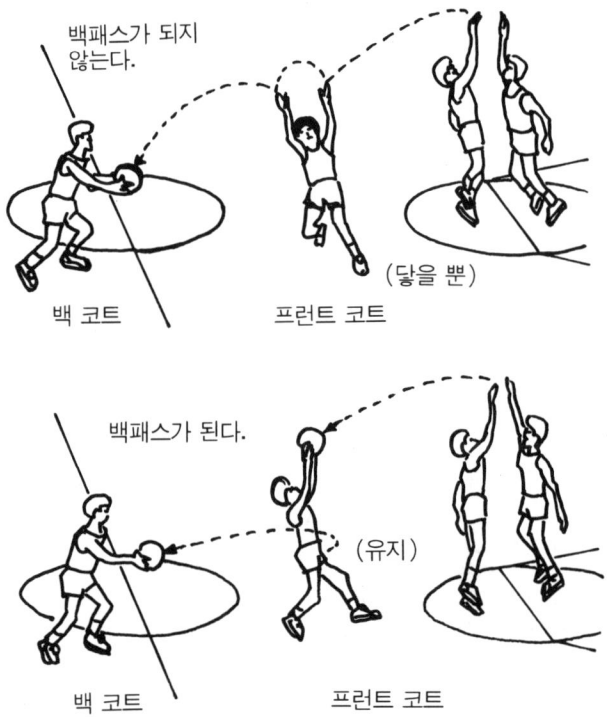

〈아웃에서의 스로인〉

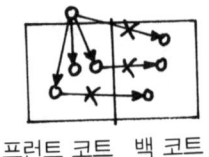

프런트 코트 백 코트

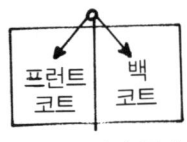

어느쪽이나 좋다.

(22) 규칙 위반과 벌칙

① 바이얼레이션

바이얼레이션이란 몸의 접촉 또는 스포츠맨답지 않은 행위를 제외한 규칙에 대한 위반으로 벌칙으로써 상대팀에게 볼이 주어진다.

② 파울

파울이란 몸의 접촉으로 인한 규칙에 대한 위반 또는 스포츠맨답지 않은 행위이다. 파울은 기록되고 규칙에 정해진 벌이 주어진다.

③ 위반후의 게임 재개 방법

㉠ 아웃에서의 스로 인에 의해
㉡ 가까운 서클에서의 점프에 의해
㉢ 프리 스로에 의해

④ 바이얼레이션이 선고되었을 때

① 볼은 데드가 된다.
② 바이얼레이션이 일어난 장소에 가장 가까운 사이드 라인의 아웃 위치에서 상대 팀에게 볼이 주어져서 스로 인된다.

⑤ 파울이 선고되었을 때

㉠ 파울을 선고당한 플레이어는 스코어러쪽을 향해 손을 머리 위로 높이 올린다.
㉡ 숏의 동작중이 아닌 플레이어가 파울 당했을 때는 그 장소에 가장 가까운 사이드 라인 위치에서 상대 팀에게 볼이 주어진다.
㉢ 숏의 동작중인 플레이어가 파울당했을 때
 · 그 숏이 성공했을 때는 득점으로 하고, 다시 1개의 프리 스로

를 준다.

　　ⓒ 그 슛이 실패일 때는 2개 또는 3개의 프리 스로를 준다.

⑥ 스로 인의 방법

　　㉠ 아웃에서 볼을 스로 인하는 플레이어는 정해진 아웃의 위치에 선다. 사이드 라인의 아웃에서 스로 인하는 플레이어는 볼을 손떼기 전에 1보의 폭만큼 움직이는 것이 허용된다.

　　ⓒ 센터 라인의 아웃에서의 스로 인 때는 플레이어는 센터라인의 연장 부분을 걸터 선다.

　　ⓒ 볼을 가진 플레이어는 5초 이내에 코트 내의 플레이어를 향해 스로 인한다.

　　㉣ 스로 인할 때에 라인은 밟아도 되지만, 코트 내에 닿아서는 안 된다.

　　㉤ 볼이 코트 내에 패스되려고 하고 있는 동안은 다른 어느 플레이어도 경계선 위쪽으로 몸의 어느 부분도 내밀어서는 안 된다.

⑦ 프리 스로

　　프리 스로란 프리 스로 라인의 바로 뒤의 위치에서 방해받지 않고 슛을 해서 점수를 얻을 수 있도록 한명의 플레이어에게 주어지는 특전이다.

　　㉠ 퍼스널 파울로 프리 스로가 주어질 때는 심판은 파울당한 플레이어를 슈터로서 지정한다. 지정된 슈터가 부상 등으로 퇴장해야 할 때는 교대한 플레이어가 프리 스로를 한다.

　　ⓒ 슈터는 볼이 넘어가고 나서 5초 이내에 바스켓을 향해 슛을 한다.

　　ⓒ 슈터가 슛하려고 하고 있을 때, 다른 플레이어는 다음 어느것

인가의 위치를 차지할 수 있다.

· 슈터의 상대 팀 2명의 플레이어는 프리 스로 인을 따른 바스켓에 가장 가까운 양쪽의 정위치를 차지한다.

· 다른 플레이어는 앞의 플레이어에 이어서 프리 스로 레인을 따라 서클의 방향에 엇갈려서 위치를 차지한다.

· 나머지의 플레이어는 프리 스로 인으로부터 1m 이상 떨어진다.

(23) 부당한 행위
① 테크니컬 파울이 되는 행위

게임은 양팀의 플레이어, 교대 요원, 코치, 어시스턴트 코치, 팀 관계자 그리고 심판과 테이블 오피셜즈, 이들 모든 사람들의 완전한 협력에 의해 성립하는 것이다. 양팀은 승리를 얻기 위해서 전력을 다해야 하지만, 이것은 스포츠맨십과 페어 플레이의 정신에 근거한 것이어야 한다. 이 규율의 협력과 페어 플레이의 정신을 현저히 또는 반복해서 위반할 경우는 규칙에 따라 테크니컬 파울이 선고되어 벌칙을 받아야 한다.

㉠ 플레이어의 테크니컬 파울

플레이어는 스포츠맨답지 않은 행위를 하거나, 심판의 선고를 무시하거나 해서는 안 된다.

- 실례되는 태도로 심판에게 말을 걸거나 만지거나 한다.
- 버릇없이 군다.
- 상대에게 짓궂은 언동을 하거나, 눈앞에서 손을 흔들어 시야를 방해한다.

●볼이 재빨리 스로 인되는 것을 방해하여 게임의 진행을 지연시킨다.(딜레잉 더 게임)

●파울을 선고받았을 때 올바르게 손을 올리지 않는다.

●스코어러와 주심에게 보고하지 않고 유니폼, 번호를 바꾼다.

●교대 요원이 교대 때

· 스코어러에게 신고하지 않고 코트에 들어간다.

· 하프 타임을 제외하고, 심판에게 보고하지 않고 코트에 들어간다.

· 한번 퇴장하고, 같은 타임 아웃 사이에 다시 코트에 들어간다.

●링을 잡는다.

(벌칙) 각각의 위반에 대해 1개의 파울이 위반한 플레이어에게 기록되고, 상대팀에게 2개의 프리 스로가 주어진다. 슈터는 주장이 지정한다.

ⓒ 코치, 어시스턴트 코치, 교대 요원, 팀 관계자의 테크니컬 파울

●코트에 들어온다. 단, 심판의 허가를 얻어 부상자를 보호하는 경우는 제외한다.

●소정의 자리를 떠나서, 코트내의 플레이를 쫓는 것.

●심판(테이블 오피셜즈를 포함한다)이나 상대에 대해 예의없이 말을 거는 것.

(벌칙) 각각의 위반에 대해 파울이 그 팀이 코치에게 기록되고, 상대 팀에게 2개의 프리 스로가 주어진다. 숏의 성부에 관계없이 볼은 센터 라인의 아웃에서 슈터쪽 플레이어에게 주어진다.

② 퍼스널 파울이 되는 행위

퍼스널 파울이란 상대와의 신체 접촉에 의한 플레이어의 파울이다.

㉠ 블로킹——상대의 진행을, 몸을 사용해서 방해하는 것.

㉡ 홀딩——손이나 팔로 상대를 눌러서 행동의 진행을 방해하는 것.

㉢ 푸싱——손이나 몸으로 상대를 밀어젖히거나, 밀고 움직이려고 하는 것.

㉣ 헨드 체킹——방어측 플레이어가 상대의 진행을 막기 위해서 혹은 방어를 하기 쉽게 하기 위해서 상대에게 손을 대는 것.

㉤ 차징——무리하게 진행해서 상대에게 부딪치는 것.

㉥ 이리걸 유즈 오브 핸즈——손으로 상대를 치거나 잡거나 하는 것.

단, 볼을 플레이하려고 그만 볼과 함께 상대의 손목부터 앞 부분에만 닿았을 때는 허용된다.

ⓐ 방어측 플레이어는 볼을 플레이하려고 하고 있다고 해서 볼을 갖고 있는 플레이어와 접촉을 일으켜도 좋다고 하는 것은 아니다. 방어측 플레이어가 불리한 위치에서 볼을 뺏으려고 하다가 신체 접촉을 일으켰으면 당연 그 플레이어는 벌칙을 받는다.

ⓑ 드리블러는 다음 행위를 해서는 안 된다.

• 진로에 있는 상대를 부딪치거나, 접촉을 일으키거나 하는 것
• 2명의 상대 사이나 상대와 경계선의 사이를 신체 접촉없이 빠져 나갈 수 있는 것 같지도 않은데 드리블로 빼려고 하는 것

ⓒ 스크린하려고 하는 플레이어는 별로 볼을 플레이하려고 하지

않고 다음행위를 해서 신체 접촉을 일으켜서는 안 된다.
 • 상대가 보통으로 움직이기 시작해도 푸싱이나 차징이 일어날 만큼 상대 가까이에 위치를 차지해서는 안 된다.
 • 움직이고 있는 상대의 진로에 푸싱이나 차징을 피할 수 없을 만큼 갑자 뛰어 들어서 위치를 잡아서는 안 된다.
 (벌칙) 파울을 한 플레이어에게 1개의 퍼스널 파울이 부과되고, 다음 처치가 취해진다.
 • 슛의 동작중이 아닌 플레이어가 파울당했을 때는 파울이 있었던 장소에 가장 가까운 사이드 라인의 아웃에서 파울당한 팀에게 볼이 주어져 스로인으로 게임이 재개된다.
 • 슛의 동작중인 플레이어가 파울당했을 때는
 · 그 슛이 성공했을 때는 득점으로 하고, 다시 1개의 프리 스로가 주어진다.
 · 그 슛이 스리 포인트 라인 안쪽에서의 슛으로 실패했을 때는 2개의 프리 스로가 주어진다.
 · 그 슛이 스리 포인트 에리어에서의 슛으로 실패했을 때는 3개의 프리 스로를 주어진다.
 ⓓ 인텐셔널 파울 : 고의의 파울이라고 심판이 판단한 퍼스널 파울이다.
 (벌칙) 파울한 플레이어에게 1개의 퍼스널 파울이 부과되고, 상대에게 2개의 프리 스로가 주어지며 또 슈터쪽의 볼로 스로 인된다. 인텐셔널 파울을 반복해서 범한 플레이어는 실격시켜도 좋다.
 ⓔ 디스콸러파잉 파울 : 플레이어의 테크니컬 파울, 플레이어의 퍼스널 파울로 특히 악질인 것, 상당히 스포츠맨답지 않은 파울을

말한다.

(벌칙) 파울한 플레이어는 즉시 실격, 퇴장을 명령당한다. 파울은 그 플레이어에게 기록되고, 상대에게 2개의 프리 스로가 주어지며 또 슈터측의 볼로 스로 인된다.

ⓕ 더블 파울 : 양팀의 플레이어가 거의 동시에 서로 퍼스널 파울을 했을 경우를 말한다.

(벌칙) 양플레이어에게 파울이 부과되고, 가장 가까운 서클에서 파울을 한 2사람의 플레이어의 점프로 한다. 더블 파울과 거의 동시에 숏 또는 프리 스로가 성공해서 득점이 인정되었을 때는 엔드 라인의 아웃에서 상대 팀에 의해 스로 인된다.

ⓖ 숏 동작중의 플레이어측에 대한 파울 : 파울당한 팀의 플레이어가 파울이 일어나기 전부터 시작한 일련의 동작으로 필드 골에 성공하면, 호루라기가 울리고 나서 볼이 손을 떠났을 경우라도 득점으로 한다. 호루라기가 울린 후에 완전히 새로운 숏의 노력을 시작했을 때는 들어가도 득점이 안 된다.

③ 파울의 조치

㉠ 파울의 특별한 경우 : 2개 이상의 파울이 거의 동시에 일어났을 경우와 파울에 이어지는 데드 사이에 파울이 일어났을 경우, 심판은 다음과 같이 조치한다.

ⓐ 파울은 위반 때마다 부과된다.

ⓑ 양팀에 부과되는 벌칙의 무게가 같다고 간주될 때는 가까운 서클에서 점프 볼로 한다.

ⓒ 양팀에 부과되는 벌칙의 무게가 같다고 간주되지 않을 때는 파울이 일어난 순으로 벌칙을 적용한다.

ⓒ 플레이어의 5회 파울 : 플레이어가 퍼스널 파울과 테크니컬 파울을 합쳐서 5회의 파울을 범했을 경우에는 그 이후 그 게임에 참가할 수 없다.

ⓒ 1팀의 7회를 넘는 파울 : 1팀이 각 하프에 퍼스널 파울이나 테크니컬 파울이나, 7회의 플레이어 파울을 범한 후는 그 후에 일어난 모든 퍼스널 파울에 대해 벌로써 원 앤드 원의 프리 스로가 상대 팀에게 주어진다.

ⓔ 원 앤드 원 룰 : 1팀이 각 하프에 7회의 플레이어 파울을 범한 후에 그 팀의 플레이어가 퍼스널 파울을 범했을 때는 파울당한 플레이어에게 1개의 프리 스로가 주어진다. 이 프리 스로가 성공일 때는 다시 1개의 프리 스로가 주어진다.

2. 심판법

(1) 심 판

심판은 주심(레프리), 부심(엄파이어) 각 1명으로 하고, 타이머, 스코어러, 30초 타이머, 어시스턴트 스코어러 각 1명이 테이블 오피셜즈로서 심판의 보좌를 한다.

(2) 주심의 임무와 권한

① 시합 개시전에 시설, 기구를 점검한다.

② 플레이어의 복장을 체크하고, 위험하다고 생각되는 것의 착용을 금지한다.

③ 골을 득점으로 하느냐 어떠냐에 대해서 양심판의 의견이 다를

때에는 주심이 결정한다.
　④ 사정에 따라 게임을 몰수하는 권한이 있다.
　⑤ 규칙에 나타나 있지 않는 모든 사항에 결정을 내리는 권한을 가진다.

(3) 양심판의 임무
　① 볼을 인 플레이로 한다.
　② 필요한 때에 호루라기를 불어 플레이를 중단한다.
　③ 벌을 부과한다.
　④ 타임 아웃을 명한다.
　⑤ 교대 요원을 코트로 부른다.
　⑥ 파울후나 사이드 라인의 아웃에서의 스로 인 볼을 플레이어에게 건네준다.
　⑦ 3초 · 5초 · 10초 룰의 초수를 잠자코 센다.

(4) 스코어러의 임무
　① 득점의 기록과 그때까지의 득점 합계를 분명히 해 둔다.
　② 플레이어나 코치의 파울을 기록하고, 플레이어의 5회째, 코치의 3회째의 파울을 주심에게 알린다.
　③ 차지드 타임 아웃을 기록하고, 2회째를 범했을 때에는 심판에게 알린다.
　④ 각 하프에 7회의 플레이어 파울을 범했을 때는 심판에게 알린다.
　⑤ 교대 신청을 받아 심판에게 알린다.

(5) 타이머의 임무

① 전후반 개시 시각의 3분 이상 이전에 주심에게 알린다.

② 경기 시간과 경기 정지 시간을 잰다.

③ 타임 아웃용의 워치를 조작해서 50초를 경과하면 스코어러에게 전해 심판에게 신호시킨다.

④ 각 시한의 종료를 부저, 피스톨 또는 벨로 알린다.

(6) 30초 타이머의 임무

30초 룰에 의한 시간을 재서 30초를 신호한다.

(7) 게임의 진행 방법

① 게임전에

㉠ 주심은 각 하프의 개시 3분전과 게임의 개시를 호루라기를 불어 양팀에 알린다.

㉡ 스타트 멤버의 확인.

㉢ 게임 주장의 확인.

② 각 하프의 개시와 점프 볼

㉠ 주심은 각 하프의 개시 때 양팀의 공격하는 바스켓을 지시한다.

㉡ 각 하프의 개시 때는 주심이 토스업을 한다.

㉢ 부심은 점프 볼에서의 위반에 주의하면서 볼을 얻은 팀의 공격하는 방향으로 이동한다.

③ 바이얼레이션을 선고했을 때

㉠ 호루라기를 불어 게임 클록을 멈추는 신호를 한다(이하 심판

의 신호—Ⅰ 참조).

　ⓛ 바이얼레이션의 종류를 신호로 나타낸다.

　ⓒ 스로 인의 위치와 공격하는 방향을 나타낸다.

　ⓔ 스로 인까지 타임 아웃의 신호를 계속한다.

　ⓜ 코트 내의 플레이어에게 볼이 닿은 순간에 타임 인의 신호를 한다.

④ 파울을 선고했을 때

　㉠ 호루라기를 불어 게임 클록을 멈추는 신호를 한다(이하 심판의 신호Ⅰ 참조).

　ⓛ 파울한 플레이어를 가리킨다.

　ⓒ 파울의 종류를 제스처로 나타낸다.

　ⓔ 프리 스로가 있으면 프리 스로 라인을 가리키고, 프리 스로가 없으면 사이드 라인을 가리킨다.

　ⓜ 스코어러를 향해 파울한 플레이어의 번호와 종류를 제스처로 나타낸다.

⑤ 프리 스로 때

　㉠ 볼을 건네주는 심판

　ⓐ 볼을 건네주기 전에, 교대나 차지드 타임 아웃이 없는지 확인한다.

　ⓑ 프리 스로의 수를 나타내고 프리 스로 레인에 들어간다(인플레이).

　ⓒ 숏의 수를 나타내고 볼을 건네준다.

　ⓓ 프리 스로 레인에서 나와 프리 스로의 신호를 한다.

　ⓛ 엔드 라인측의 심판

ⓐ 코트 밖에서 프리 스로의 신호를 한다.

ⓑ 프리 스로가 계속될 때는 볼을 재빨리 처리하고, 건네주는 심판에게 건네준다.

⑥ 스로 인 때

㉠ 사이드 라인의 아웃에서의 스로 인, 파울후, 타임 아웃후의 재개에는 심판이 볼을 플레이어에게 건네준다.

㉡ 센터 라인에서의 스로 인은 센터 포인트를 걸터 서서 한다.

(8) 심판의 움직임

심판은 2명이 협력해서 하는 것이다. 상대 심판을 항상 시야에 넣고, 서로 폴로해서 게임을 스무드하게 진행한다.

〈원칙적인 움직이는 법〉

㉠ 올코트에서의 움직임

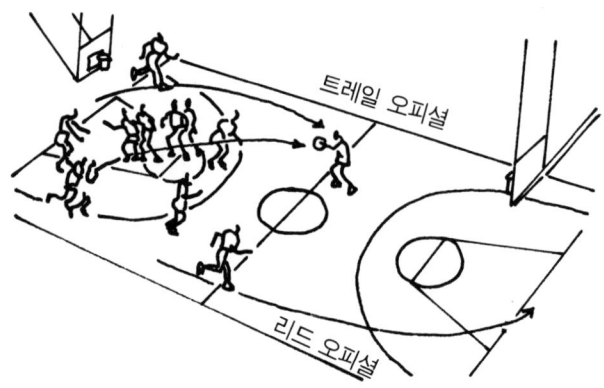

ⓛ 하프에서의 움직임

ⓒ 프리 스로에서

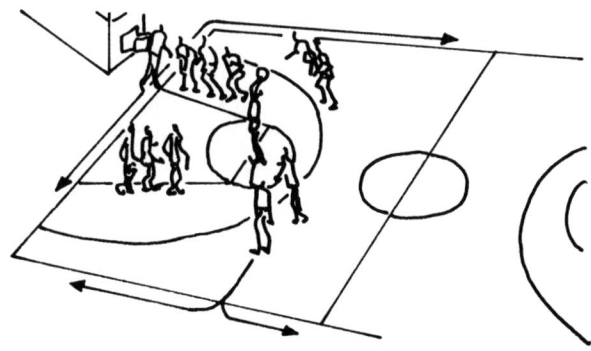

㉣ 센터 점프에서

〈심판의 신호〉

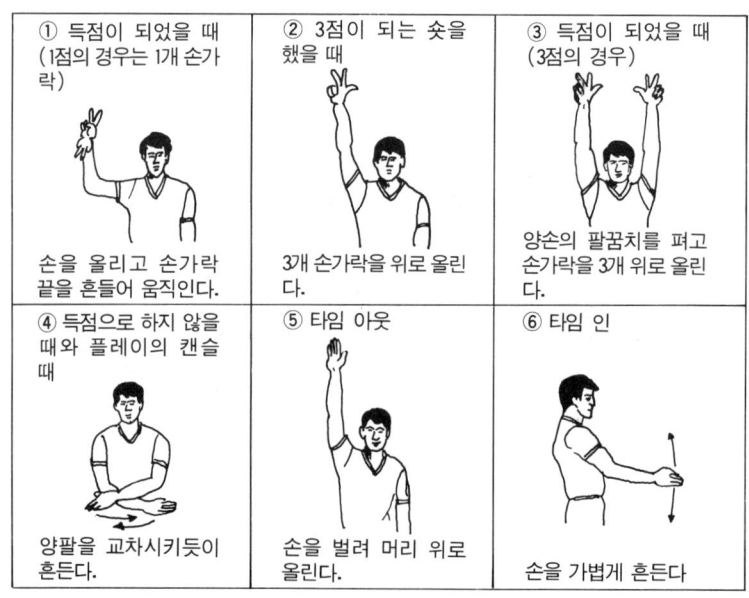

① 득점이 되었을 때 (1점의 경우는 1개 손가락)
손을 올리고 손가락 끝을 흔들어 움직인다.

② 3점이 되는 슛을 했을 때
3개 손가락을 위로 올린다.

③ 득점이 되었을 때 (3점의 경우)
양손의 팔꿈치를 펴고 손가락을 3개 위로 올린다.

④ 득점으로 하지 않을 때와 플레이의 캔슬 때
양팔을 교차시키듯이 흔든다.

⑤ 타임 아웃
손을 벌려 머리 위로 올린다.

⑥ 타임 인
손을 가볍게 흔든다

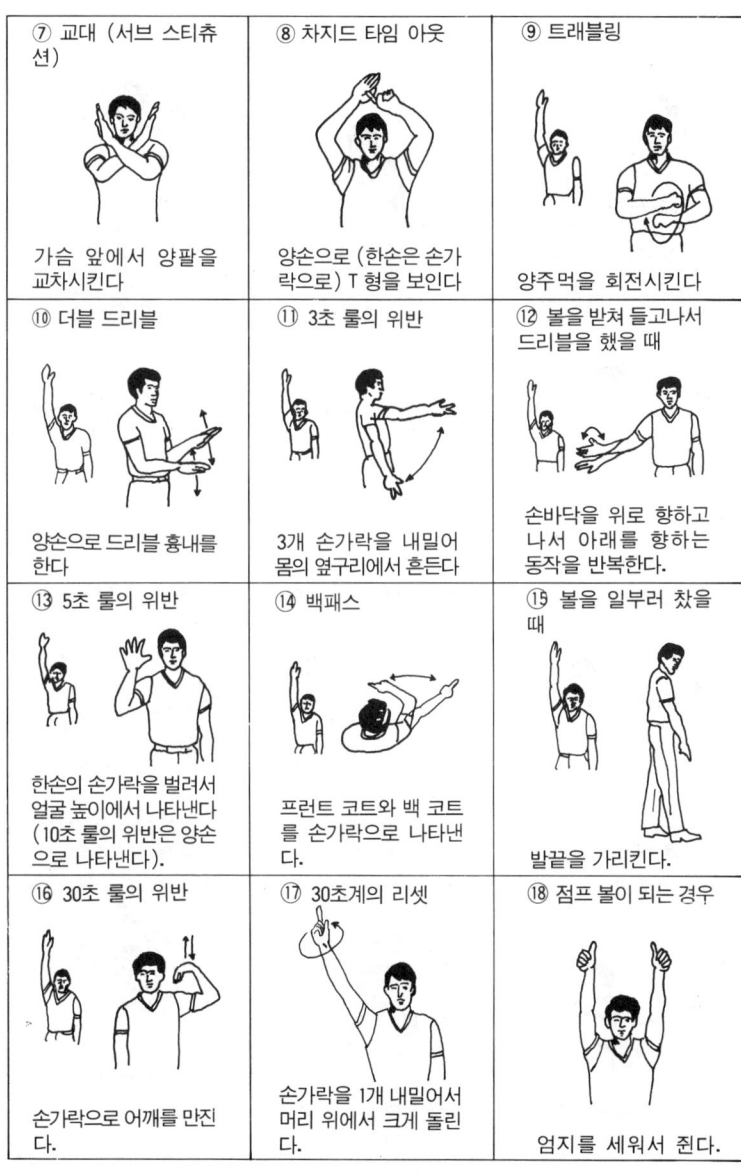

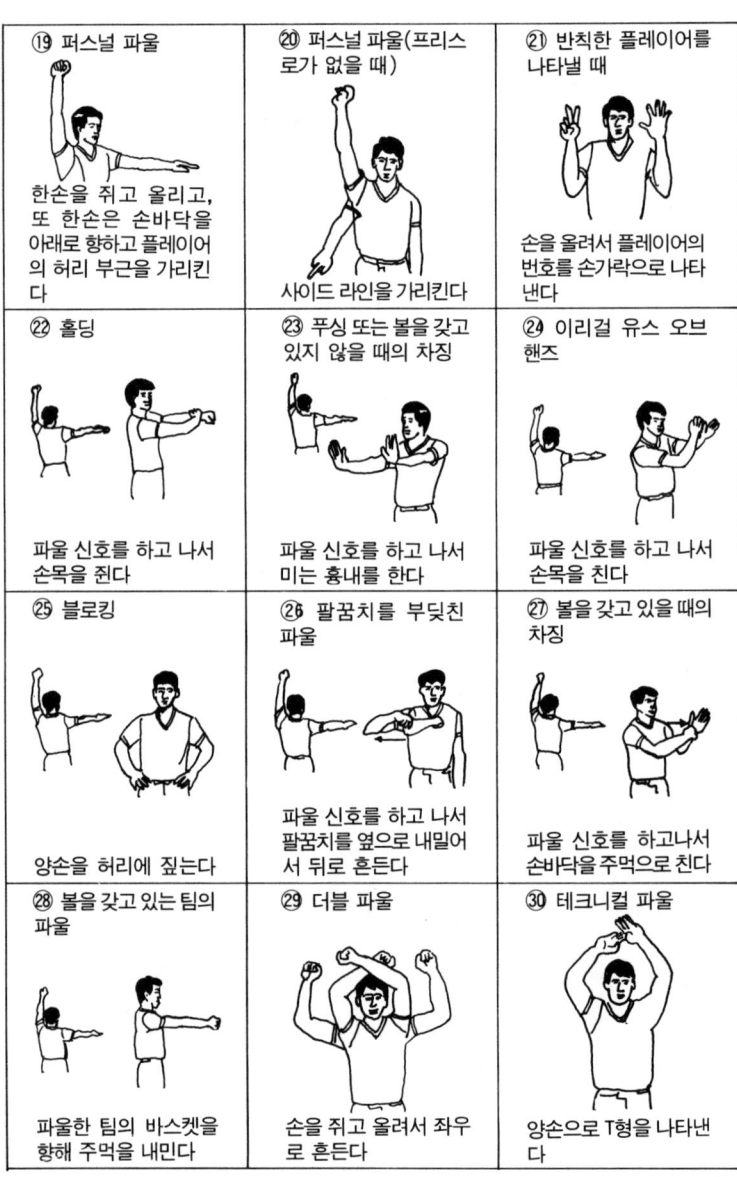

PART 3. 최고의 플레이어가 되기 위해서는   509

부록

농구의 기초 상식

부록 1. 농구의 역사적 배경
부록 2. 릴랙스에 대해서
부록 3. 용어와 색인

부록1 농구의 역사적 배경

빈 대학의 메힐 교수(Dr. E. Mehl)가 수년 전에 '2개의 복숭아 바구니가 세계를 정복했다'고 썼지만, 바로 그대로이다. 농구는 이제 가장 유명한 세계의 플레이로 발달했다. 현재 FIBA(Federation International Basketabll Amateur)의 멤버는 80여 개국에 이르고, 모든 인종, 모든 국가, 모든 연령층에 1억이 넘는 플레이어가 농구를 하고 있다. 페루 산의 계곡에서도, 아프리카의 어느 오아시스에서도, 스웨덴의 숲 속에서도, 남아프리카의 대초원에서도, 또 미국에서도, 러시아에서도, 바야흐로 농구는 어디에서나 알려져 있다.

FIBA는 바로 모든 민족의 결합체이다. 농구가 궁극하는 바는 태고의 태양 숭배와 대지의 숭배에 뿌리내리는 플레이이다. 1,000년 가까이나 이전에 노르만인(북방인)은 부리타뉴(Bretagne), 피카르디(Picardie)와 노르망디(Normandie)에서 소위 '술루 피카르드'(Soule-picarde)를 하고 있었다. 술루 피카르디라고 하는 것은 한 팀이 상대팀의 한 사람이 방어하는 체 속에 볼을 던져 넣는 게임이었다. 프랑스의 연구에 따르면, 이 게임은 농구의 원초 형태로 태양 숭배와 관계가 있다고 일컬어지고 있다. 이 태양제는 브리타뉴의 농민들에 의해 남성 성자 즉, Saint Soul로서 존경받았었다(시엘테마 Scheltema의 '태고의 예술'에 의한다).

페르시아의 철학자 오마르 카이얌(Omar Kayyam 기원 1100년)은 그의 격언집 속에서 말하고 있다. '너는 운명과 싸우는 볼이다. 신들은 의지가 없는 볼을 던져서 1000년 이내에 체(포획체)를 노리고 있기 때문이다.' 따라서 농구는 800년 이전에, 이미 있는 형태로 알려져 있었던 사실이 증명되었을 뿐만 아니라, 자부하는 표현을 하자면, 이 격언에 따라서, 다음과 같이 말할 수 있지 않을까? 농구야말로 이 말의 가장 근원적인 의미에 있어서 올림픽 게임의 하나로 열거해야 한다고.

유카탄 반도의 발굴물은 농구 경기는 이미 마야(Maya) 및 아즈텍(Azteken) 시대에 '포크 타포크'(Pok-Tapok)라고 하는 이름으로 알려져 있었음을 증명하고 있다. C.W. 세람(Ceram)은 이것에 대해서, 그의 저서 「신들·무덤·학자」(1950년 Rowohlt 서점 ;……중에 다음과 같이 쓰고 있다. '치헨 잇차(Chichen Itza ; 유카탄 반도의 북단)에서는 다른 어디보다도 많은 것이 발굴되었다. 기념할 만한 월야(月夜)에 톰슨이 본 것과는 전혀 다른 모습을 오늘날에도 볼 수 있다……. 그들은 큰 구희장(球戲場)을 몇 개나 걸어서 돌았다.

그 중의 최대의 것은 길이 160m, 폭 40m나 되고, 여기에서 마야의 '쥬네스 도레'가 농구 경기와 비슷한 어떤 게임에 열중했다. 그의 소설 「흰 신들」 중에서 우리들은 그 게임의 색채가 풍부한 모습을 알 수 있다. 그 구희하는 집 안의 코트는 2개의 다른 색으로 칠해져 있고, 그 중앙의 한쪽 벽에 맷돌과 같은 구멍이 뚫린 돌이 있고, 생고무로 만든 볼을 이 구멍에 던져 넣어서 플레이를 했다.

펠셔(Felscher)는 그의 보고 'Korbball-Basketball'('Leibesüubungen' 1936년 제3호) 속에서 1603년의 디트리히 드 브루이(Dietrich de Bruys)의 동판 설명에 다음과 같은 말이 있음을 쓰고 있다 : '…… 그것에 의해 그들도 역시 볼로 다음과 같이 플레이했다 : 넓은 장소의 중앙에 나무가 세워진다. 그 나무는 높이 8~9 에를레, 그 위에 등심초로 짠 사각의 것이 얹히고, 그것에 볼을 넣은 사람은 그 포상으로서 특별한 것을 받았다.'

빈 대학의 메힐 교수의 보고(Leibesübungen 1936년 제12호)에 따라서, G.A.A 피트(Vieth)는 그가 1918년에 낸 「체육백과사전」에 플로리다의 주민에 대해서 기술하고 있다. '그들은 버드나무로 짠 체가 달린 매우 높은 막대를 세운다. 그 체는 못에 걸려 있기 때문에 매우 돌기 쉽게 되어 있다. 플레이어들은 이 체를 노린다. 이 체를 충분히 돌린 사람의 숙련을 사람들은 존경했다.' 메힐 교수는 이 플레이가 팀 게임으로서 이루어졌다고 해석했다.

전술한 펠셔의 보고에 따르면, 오토 헤르먼 크루게(Otto Hermann Kluge)는 이 브루이의 동판화에 의해 농구 경기의 사고 방식을 갑자기 깨달았다. 따라서 크루게는 독일에 있어서는 '농구' 경기의 창립자라고 말할 수 있을 것이다.

브라운슈빅(북독일의 지방 및 도시명)의 체조 지도자 아우구스트 헤르먼(August Hermann)은 '소년 및 국민의 경기 장려 중앙위원회'의 지지에 의해 '농구 경기'를 1896년에 독일에 수입했다. 헤르먼의 아들이 보스턴에서 체조 지도자를 하고 있었기 때문에, 그는 네이스미스 교수의 노력을 확실히 알고 있었을 것이다. 네이스미스는 1891년에 농구를 오늘날과 같은 형태로 정리해서 1892년에 룰을 명확히 완성했다. 더욱 흥미 있는 사실은 농구가 이루어지기 시작한 수년간 합중국에 있어서 선수권을 몇 년이나 계속 쟁취한 것은, 독일인 팀이었던 점이다. 즉, 그들은 111회 게임을 해서 1회도 지지 않았다. 그 플레이어들은 20년간 함께 뭉쳐서 그 사이에 참가한 모든 게임의 91.2%를 승리로 이끌었다.

1924년 파리 올림픽 대회 때에 농구는 유럽에 있어서 시범 경기로서 처음 대규모로 공개되었으며, 이후 전 유럽에서 승리의 행진을 계속해 왔다. 1936년 베를린 대회에 있어서는 농구가 올림픽 정식 종목에 채택되었고, 곧 21개국의 참가를 얻어 올림픽 경기의 최대 이벤트가 되었다.

이렇게 해서 남녀를 불문하고 세계 선수권, 대륙 선수권, 대학 선수권 등은 이 게임의 세계적 규모를 계속 증명하고 있다. 농구는 이미 유럽의 스포츠 행사에는 빼 놓을 수 없는 게임이다.

부록2 릴랙스에 대해서

릴랙스(Relax), 로케룽(Lockerung)은 쓸데없는 힘 주기가 없다, 이완, 탄력 등의 의미이다.

근육이 느슨해지다──길고, 가늘고, 부드러워 혈행도 좋다.

근육이 긴장된다──짧고, 굵고, 단단해져서 혈행도 나쁘다.

최초로 몸에 익혀야 하는 것은 플레이를 할 때, 항상 릴랙스하는 것이다. 릴랙세이션(Relaxation)의 이점은 다음 두 가지로 요약할 수 있을 것이다.

1) 릴랙스하고 있으면, 힘차게, 그리고 빠르게 신체를 움직일 수 있다. 긴장하고 있으면 이것이 불가능하다. 예를 들면, 스프린터는 긴장하면 할수록 빠르게 달릴 수 없게 된다. 공을 던지거나, 차거나 등등의 움직임에 대해서도, 힘이 들어가고, 힘을 주고 있으면 스피드가 둔해지고, 힘도 완전히 발휘할 수 없다. 그 때문에 플레이어는 언제 어떤 순간에도, 사용하지 않는 근육을 모두 릴랙스하는 것을 몸에 익혀야 하고, 특히 이제부터 사용하려고 하는 근육은 특히 늦춰 두어야 한다.

2) 이것은 육상 경기중, 장거리에서는 특히 중요시되고 있지만, 농구에서도 게임하고 있는 동안 릴랙스하고 있는 것과 하지 않는 것과는 큰 차이가 생긴다. 릴랙스하고 있지 않는 플레이어는 상대와 싸우는 이상으로 자신과 격렬하게 싸워야 한다. 즉, 브레이크를 건 채로 차를 운전하는 것과 같다.

릴랙세이션은 연습에 의해 몸에 익힐 수 있는 것이기 때문에, 평소에 항상 유의해서 각종의 긴장 운동을 실시함과 동시에, 자신에게 릴랙스, 릴랙스라고 속삭여서 항상 염두에 두는 마음가짐이 필요하다. 릴랙세이션 없이는 코디네이션도 타이밍도 얻을 수 없다. 릴랙세이션은 말하자면 그 기본이다.

모든 스포츠 특히 구기 그 중에서도 농구는 매우 복잡한 기술을 필요로 한다. 각 근육이 순서있게 각각 질서를 유지해서 작용하지 않으면, 정확하고 조화있는 미세한 더구나 빠른 움직임(코디네이션 협조)은 이룰 수 없고, 또 그 때 그 때에 시기(Time)를 놓치지 않는 움직임(타이밍이 좋은 움직임)도 이룰 수 없다.

기술을 습득하기 위해서는 우선 올바르게 동작하고, 움직이는 것을 배우고, 또한 이것을 반복해서 자동적으로 이룰 수 있게 되어야 한다. 즉, 무의식중에 그 움직임을 하게 되어야 한다.

농구는 폭발적인 노력의 연속이기 때문에, 특히 릴랙세이션을 몸에 익힐 필요가 있다. 같은 플레이어가 이것을 몸에 익혔을 뿐으로 몰라보게 달라지게 된다. 강화 운동과 이 릴랙스를 특히 중시해야 한다. 릴랙스하는 능력도 마음 가짐과 연습으로 몸에 익혀 높일 수 있음을 잊어서는 안 된다. 그리고 이것은 연습으로 이룰 수 있다.

부록3 용어와 색인

오소독스(Orthodox) : 일반적으로 옳다고 인정된 것, 정통파의.

오펜스(Offense) : 공격

오펜시브 플레이어(offensive-player) : 공격측의 플레이어

캐링 더 볼(carrying-the-ball) : 볼을 들고 2보 이상 걷는 것

크리스 크로스(Criss-Cross) : 3명이 교차해서 움직이면서 하는 플레이

서클 패스(Circle-pass) : 원형으로 실시하는 패스 연습

점프 볼(Jump-ball) : 점프 서클에서 양쪽 팀에서 1명씩의 플레이어가 심판이 올리는 볼을 탭하는 플레이

쇼크 슛(shock-shoot) : 부딪치는 힘을 이용해서 던지는 것이지만, 언더핸드 슛이다.

쇼트 슛(short-shoot) : 단거리에서의 슛

심판(Referee : Umpire) : 농구에서는 심판은 주심(레프리), 부심(엄파이어) 두 명이 하고, 거의 같은 일을 한다.

슬라롬 드리블(Slalom-dribble) : 스키에서와 같이 사행해서 곡선을 그리고 드리블하는 것

스탠딩 슛(standing-shoot) : 선 채 하는 슛

스크루 점프(Screw-jump) : 신체를 비틀듯이 하면서 뛴다.

스로 인(Throw-in) : 코트 밖에서 던져 넣는 플레이

스코어러(Scorer) : 기록 담당자

타이머(Timer) : 경기 시간을 계산하는 담당원

타임 아웃(Time-out) : 게임중 플레이를 멈추는 것, 차지드 타임

아웃을 가리키고 있는 경우도 있다.

더블 드리블(Double-dribble) : 드리블을 끝내고 나서 다시 드리블을 계속해서 하는 것

차징(Charging) : 상대에게 충돌하는 것

디펜스(Defence, Defence) : 수비, 방어

디펜시브 플레이어(Defensive-player) : 수비측의 플레이어

딜레잉 더 게임(Delaying-the-game) : 게임을 지연시키는 것

델타 패스(Delta-pass) : 3각형으로 된 패스 연습

드리블(Dribble) : 패스와 마찬가지로 볼을 진행시키는 방법. 손가락 끝을 벌리고 손목이나 팔꿈치를 부드럽게 해서 바닥에 볼을 튀겨서 실시하는 동작

드리블 릴레이(Dribble-relay) : 손으로 볼을 바닥에 튀기면서 전진하고, 반환점을 돌아 다음에 잇는 경주

네트(Net) : 골이 들어갔는지 어떤지를 확실히 알기 위해서 이용되는 망, 약 60cm.

파트너 연습(Partner-exercise) : 서로 협력하면서 실시하는 연습

패스(Pass) : 볼을 서로 주고 받는 것

바운드 패스(Bound-pass) : 볼을 바닥에 튀겨서 행하는 패스를 말한다.

백보드(Back-board) : 골대 뒤쪽에 설치하는 뒤판, 판자의 이용

하프 타임(Half-time) : 게임의 반 시간이 지났을 때의 휴식 시간

퍼스널 파울(Personal-foul) : 상대를 밀거나, 부딪치거나, 잡거나 해서 해를 주는 파울을 말한다. 5회 범하면 퇴장당한다.

피벗(Pivot) : 볼을 가진 플레이어가 한 발을 바닥에 붙인 채로

다른 발을 전방 또는 후방으로 바꾸면서 몸을 회전시키는 플레이

피벗 풋(Pivot-foot) : 축이 되는 발, 바뀌지 않는 발

페인트(Feint) : 견제(페이크, 속이다)

필드 스로(Field-throw) : 야투

훅 슛(Hook-shoot) : 머리 위로 볼을 끌어당기고 손끝으로 걸듯이 해서 던지는 슛

프리 스로(Free-throw) : 자유투

파울(Foul) : 퍼스널 파울과 테크니컬 파울 2종류가 있다.

푸시 패스(Push-pass) : 밀어내듯이 하는 패스

푸싱(Pushing) : 상대를 밀든가 찌르는 것, 퍼스널 파울이 된다.

헬드 볼(Held-ball) : 양쪽 플레이어가 볼에 손을 얹고 서로 쟁탈하는 것

홀딩(Holding) : 상대를 잡는 것. 퍼스널 파울이 된다.

볼을 들고 달리다(Running-with-the-ball) : 플레이어가 행동할 수 있는 제한으로 그 제한 이상 걸었을 경우는 캐링 더 볼이 된다.

보스 핸드 오버헤드 슛(Both-hand-overhead-shoot) : 양손으로 머리 위에서의 슛

보스 핸드 패스(Both-hand-pass) : 양손 패스

복싱 자세(Boxing-stance) : 복싱 자세

미들 슛(Middle-shoot) : 중거리에서의 슛

러닝 슛(Running-shoot) : 달리면서 하는 슛

원 핸드 슛(One-hand-shoot) : 한손의 슛